基 本 講 義

民法総則・民法概論

［第2版］

小賀野 晶一 ［著］

成文堂

第 2 版はしがき

　第 2 版では，初版における記述の誤りを正すとともに，より明快な記述に努めた。民法は今日，現代化の過程にあり，同時に広がりを示している。このような民法大宇宙の実態を自覚するとともに，あらためて民法の基本とは何かを探究しなければならない。

　私たちは，このたびのコロナ渦の経験に学び新しい生活を開始するために，伝統的な考え方や制度の修正を必要としている。自らの生活のあり方を見つめ直すことによって，民法が発展する契機となるであろう。

　改訂にあたり成文堂社長阿部成一氏のご高配と編集部篠崎雄彦氏のご尽力を賜わった。記して感謝申し上げる。

2020 年 12 月

　　　　　　　　　　　　　　　　　　　　小 賀 野 晶 一

はしがき

　民法は，私的生活を規律する規範であり，私たちの生活及び生活関係に関する私法の一般法である。民法制度，すなわち民法が導入している制度は生活及び生活関係に関する一般的制度として，私法の根幹となり自由主義社会を支えてきた。民法制度が存在しないと，今日の経済的，社会的活動は全く成り立たない。民法は人，物，権利（私権）の法体系を構成し，人，物，権利（私権）について規律している。権利は，権利の主体と権利の客体がそろって初めて実効的になる。民法制度は私たちが生活をしていくうえでの法律技術，あるいは「生活技術」（生活の方法）を提供しているとみることができる。

　日本では民法典が1898年に施行されて120年が経過した。近代法として成立した民法は，社会の変化に伴って変化し，現代化している。民法現代化は，民法特別法を充実させ，民法の広がりを見せている。民法を学習するにあたっては，このような民法を，私たちの生活及び生活関係の変化のなかで捉えるために，私たちはどのような社会に生きているのか，これからどのような社会をめざすべきかを明らかにすることが望まれる。今日の少子・高齢社会（以下「高齢社会」という）のなかで私たちは様々な生活上の問題に直面しているが，ここにおいて民法はどのような役割を果たすことができるか。このような問題意識のもとに，「民法規範の研究」を研究課題として掲げさせていただき，本書では民法の規範定立に努めたい。

　民法の債権関係については，2017年民法（債権関係）改正法が成立し，契約を中心にして債権のルールが改められた。（2020年4月1日施行）。この改正にあたっては「国民のための民法」が目標とされたが，重要な視点として評価することができる。本書では改正法の主要な修正点に言及した。

　本書の内容はすべて先学の業績に負っている。本書は民法典第1編「総則」（民法総則）における人，物，権利の規律を基礎にし，民法概論（財産法）として，人と人の関係（民法総則，債権法），人と物の関係（民法総則，物権法）について概観する。民法典の編別に民法を解説した姉妹版拙著『現代民法講義』（成文堂）

とは趣（おもむき）が変わった。『現代民法講義』は 2017 年民法（債権関係）改正前の民法の姿を概観するものとして充実させたい。

　最後に，秋田大学，千葉大学，中央大学には継続して教育，研究の場を与えていただき，また，早稲田大学，法政大学，明治大学，上智大学，筑波大学，日本大学などにおいて非常勤講師を経験することができた。永きにわたり恵まれた環境を与えていただいてきたことに深く感謝したい。

　本書の出版にあたっては成文堂社長阿部成一氏のご高配を賜り，本書の企画・内容について編集部篠崎雄彦氏のご尽力を賜った。篠崎氏の激励と教示をいただくことがなければ本書は存在しなかった。ここにおふたりとあたたかいご配慮をいただいた成文堂の皆様に心より御礼申し上げる。

　2019 年 3 月

小 賀 野 晶 一

目　次

本書の特徴

　民法の基本とは何かは民法の捉え方の違いもあり論者によって同一とはいえない。本書は私的生活の規範，すなわち民法を理解するために必要な情報を体系的に整理した知識を「基本」と捉える。日本の民法を理解するためには民法総則の理解が不可欠である。

　本書は，このような考え方のもとに，民法における人，物，権利の各制度の基本を確かめ，民法の規律を人と人の関係，人と物の関係，の2つの分析軸のもとで概観したものである。

　日本民法典はパンデクテン方式という体系を採用しているため，「総則」を起点に各則の規律が展開する。民法典には各所に「総則」が置かれているが，その基本になるのが民法典第1編「総則」，すなわち民法総則である。民法総則を展開し具体的に規律するのが民法典の第2編「物権」と第3編「債権」である。ここに物権と債権は財産権を構成する。また，民法典第4編「親族」と第5編「相続」は「身分権」等について規律しているが，財産権とは異なる1つの規範体系が構築されている。本書は前3編を中心に財産法を概観する。

　民法は近代法の産物であり，近代法が対象とする合理人，合理的行動の標準（規律，規範）を体系化している。近代法の原則は修正されてきているが，民法は今日なお近代法としての特徴を維持している。本書はこのような民法の歩みを辿り，民法が地域社会に果たしてきた意義と課題について検討する。個人や団体の意思決定はどのように行われるか，意思決定に支障がある場合にどのように支援するかなど，民法規範のあり方を追求し，民法が今日直面する問題を民法の現代化のなかで捉えたい。そして，読者各位には本書を基本にして応用編の民法教科書や関係する文献に進んでいただきたい。本書が民法入門の一助になることがあれば幸いである。

図　本書の構成——私的生活の規範

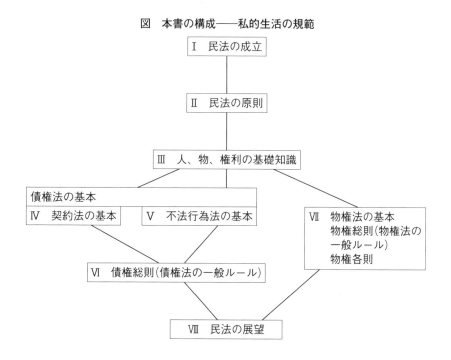

図　本書の主要な構成と民法典（財産編）の構成

【本書】　　　　　　　　　　　　　　　　【民法典】

　　　→　契約（債権各則）　　　　　　　総則（第1編）

総則　→　不法行為（債権各則）　　　　　物権（第2編。物権総則，物権各則）

　　　→　債権総則　　　　　　　　　　　債権（第3編。債権総則，債権各則）

　　　→　物権（物権総則，物権各則）

凡　　例

判例時報　→　判時

判例評論　→　判評

判例タイムズ　→　判タ

判例地方自治　→　判自

法学教室　→　法教

ジュリスト　→　ジュリ

最高裁判所民事裁判例集　→　民集

大審院民事判決録（民事）　→　民録

大審院刑事判決録（刑事）　→　刑録

交通事故民事裁判例集　→　交民

Ⅰ　民法の成立

　日本の民法は，明治期に制定された民法典を中心にして形成された。民法は近代法として，個人の意思を重視する新しい考え方を導入した。ここでは判例法も重要な役割を果たした。本書Ⅰすなわち本章では，民法の成立の経緯や民法の意義を確かめ，民法が人々の生活及び生活関係についてどのような規律をしているかについて概観する。民法典は日本が近代国家，近代社会を形成する制度的基礎となった。日本民法の遺伝子（DNA）はここに求めることができる。

第1　民法典の制定

1　概　観

　民法（civil law）はいつ，どのようにして成立したか。民法は日本が近代国家として認められるための基礎的条件であったため，明治政府は民法典の制定を急務の国家課題とした。日本における民法の成立は民法典制定を契機にする。民法典制定は日本近代史の画期となる出来事である。

　日本民法典は大陸法系を採用し，フランスとドイツの双方の民法・民法草案を参考にした（旧民法についてはボアソナード，明治民法典については起草委員の穂積陳重，富井政章，梅謙次郎が尽力した。この間に，旧民法典の施行をめぐり断行派と延期派との間で法典論争が行われた）。法典編纂の方式はドイツ民法に倣いパンデクテン方式を採用した。民法の制度をみると，例えば，成年後見制度とその前身である禁治産者・準禁治産制度はフランス法を参考にした。また，日本民法はフランスやドイツに倣い成文法主義を採用しており（これに対してイギリス，アメリカなどは判例法主義を採用），民法の存在根拠，すなわち法源は，民法典が中心になる。判例法は民法典とともに重要な役割を果たしている（判例法系を採用するコモンローの諸国・地域では，判例法とともに制定法が重要な役割をしている）。

　なお，各国・地域の人々は政治的，経済的，社会的な特殊事情を除けば，物を取得し消費することによって生存しておりそれぞれの生活の実態は基本的には同じであろう。かかる生活をどのように規律するかにおいて，大陸法系と判例法系に分かれ，法の本質は共通している。

　明治民法典の総則・物権・債権編は 1896（明治 29）年 4 月に公布，親族・相続編は 1898（明治 31）年 6 月に公布，ともに 1898（明治 31）年 7 月 16 日に施行された。その後，財産編については部分的に修正され（民法の一部改正），今日に至っている。親族編・相続編は，大日本帝国憲法のもとに家制度に立脚し，家族や家のあり方が家督（家の財産）と戸主を基本にして構成されていたが，第 2 次大戦後に制定された日本国憲法の原理（特に男女平等の考え方）に適合しなくなり，両編は 1947 年に全部改正された。これを明治民法（典）と区別して昭和民法（典）と称することもある（大村敦志『民法改正を考える』（岩波新書）30 頁（岩波書店，2011 年）。以下「大村・新書」という）。

　民法典の制定及びこれに伴う民法の成立は，明治期の日本が海外から近代国家として認められる法的条件とされた。民法典は自らに与えられた近代法としての使命を担ってきたのである。

② 民法典の構成──民法規範の体系

　私たちの生活及び生活関係に関する民法規範は，民法典の 5 つの編に条文（規定）として整理されている。第 1 編は，生活及び生活関係に関する総則を扱い，民法の一般ルールを定めている。そして，第 2 編と第 3 編は財産に関する社会生活あるいは社会的関係について（財産法という），第 4 編は親族（家族），第 5 編は相続（財産等の権利・義務の承継）についてそれぞれ規律する。第 4 編（第 5 編）は身分法と分類されることもある。

　民法の対象である生活及び生活関係は当初，均一の規範によって金融等の取引も日常生活も等しく規律することができたが，この両者で生活及び生活関係は質的に異なる。両者を一括することは適切でなくなってきているが，解釈論によるアプローチの視点は従来，取引安全や契約・意思表示における第三者保護に重点があった。生活及び生活関係が複雑化した今日，両者を厳密に分けることは困難なところもあるが，民法へのアプローチとして取引に

関する法 (取引法) と生活に関する法 (生活法) に分けることが必要であろう (大村敦志『生活民法入門』(東京大学出版会, 2003 年) は民法を生活民法と取引民法に分類し, 民法による規律の性質の違いに着眼する)。

　法規範には裁判規範 (裁判のルール) と行為規範 (生活のルール) があるが, 民法ではこのどちらの規範も重要である。法規範というとき, 裁判規範を指す場合, 行為規範を指す場合, あるいはその双方を指す場合がある。

パンデクテン方式の維持　パンデクテン方式とは民法典の編纂のあり方としてその分野における一般ルールを一括し「総則」として前置する方式をいう。明治民法典は, 民法典全体の総則的規定をまず掲げ (民法総則), 以下, 物権, 債権, 親族, 相続の各編を配列し, 各編の最初に総則となる規定を掲げている。そして, 財産法を物権法と債権法に峻別する。パンデクテン方式は民法の各規定を系統的に整理することにおいて明快である。

　2017 年民法 (債権関係) 改正では, パンデクテン方式を維持するかどうかが問題になり, 近時の国際的動向も参考にパンデクテン方式の問題点が指摘され, 例えば法律行為・契約の方法ではなく, 端的に契約の方法を採用すべきではないかとする見解などが主張された。この主張は民法の実質的な規範のあり方として傾聴に値する。しかし, 法制審議会における議論の末, 従来の方式を維持することとした (新法は 2020 年 4 月 1 日施行)。

　パンデクテン方式は, 近代民法の規律, 内容を体系的に整理する巧みな技術といえる。しかし, 総則の各規定は概して抽象的であり, 国民の理解を困難にしていることは否めない。ただし, 例えば人 (家族法を含む)・財産 (物に対する権利)・財産取得方法 (契約を中心にし, 不法行為法を含む) の 3 分法をとる方式 (インスティチューション方式又はローマ方式という) がパンデクテン方式よりも優れているかというと, 専門家の評価は分かれる。重要なことは, 民法の体系や個々の規定が民法現代化の現実に対応し, 実務の発展に資するものかどうかである。民法典の形式や内容が国民に理解し易いかどうかは, 民法典の構成や規定の内容とともに, 大学や生涯学習における民法教育のあり方が問われるであろう。

図 I—1 民法典の構成 (2017 年改正前と改正後)

第1編：総則（1条～174条ノ2）→（1条～169条） 第2編：物権（175条～398条ノ22）→（175条～398条の22） 第3編：債権（399条～724条）→（399条～724条の2） 第4編：親族（725条～881条）→（725条～881条） 第5編：相続（882条～1044条）→（882条～1044条）

第2 判例法の形成

　私たちの生活及び生活関係をめぐってはしばしば紛争が発生し，紛争のいくつかは裁判に至り，膨大な裁判例が蓄積している。裁判例は，個々の紛争処理の働きをしているが，同時に，より一般的に判例法を形成し規範を定立している。生活及び生活関係をとりまく状況は変化しており，この変化に民法も対応することが必要である。民法典の改正はその最も徹底した対応であるが，判例法の役割は大きい。民法典と判例法は車の両輪となり，民法の存在根拠（法源）となっている。生活及び生活関係を適切に規律するためには，法律の規定を弾力的に解釈，適用することが必要であり，判例法は法律の規定を修正し，あるいは新たな法規範を創造する役割を担っている（判例法の法創造機能）。

　慣習（取引上の種々の慣習のほか，生活に関する入会，講などもその1つ）や条理（ものごとの道理）も補充的に法源となり得る。慣習，条理のほか，法意，社会通念などの視点は弾力的な解釈，運用に資する場合がある。

第3 民法とはどのような法か

1 概観——人，物，権利の法体系

　民法は私たちの生活及び生活関係を規律するために，人，物，権利のそれぞれの制度を導入し，そのための規定を設けている。ここにいう権利は民法上の権利であり，広義には私権をいう。

　民法典の総則（民法総則）の編は，通則，人，法人，物，法律行為，期間の

計算，時効の 7 章で構成される（1 条〜174 条の 2）。このうち，通則では，民法の基本原則と解釈の基準について定めている。

　権利の主体である人・法人，権利の客体である物，さらに法律行為，時効等の制度（民法制度）はいずれも，民法の基本的制度であり，財産法，すなわち物権法及び債権法の基礎となるものである。また，ここに民法典におけるパンデクテン方式の特徴を確認することができる。

　総則は，民法の全分野の総則の役割をしているが，財産法の規律に重点がある。財産法は取引秩序を重視した合理的な規範を追求する。民法は取引安全（取引の動的安全）を重視するが，取引の静的安全との調整も図っている（例えば，民法 20 条，21 条について後述）。総則の諸規定・諸制度は，人，生活及び権利の大切な骨組みを提供している。

図 I—2 民法における人，物，権利の法体系

```
1  民法体系の骨格となる概念
　　(1) 権利の主体（人）  (2) 権利の客体（物）
　　(3) 権利（私権）
2  権利（私権）の態様——財産権と人格権
 I  人と人の関係（債権——財産権）
　　契約   →  約定債権  ←   意思表示
　　事務管理 →  法定債権  ← 「非」意思表示
　　不当利得 →  法定債権  ← 「非」意思表示
　　不法行為 →  法定債権  ← 「非」意思表示
 II  人と物の関係（物権——財産権）
　　物権（原始取得，承継取得）  ←  物権法定主義
 III  人格権   ←    人の生命，身体，自由，名誉等の権利
 IV  身分権   →    親族の権利，相続の権利
```

2 民法の特徴

(1) 私法の一般法

　民法は，私たちの生活及び生活関係について一般的に規律する一般法である。

　民法が規律の対象とする生活及び生活関係については，地域あるいは都市

における生活及び生活関係，すなわち地域生活（あるいは都市生活）として捉え，人と人の関係，人と物の関係を観察することによって地域生活における問題の本質を捉えることができるであろう。

　人と人のいわば横の関係を規律する法を私法といい，民法は私法に属する。

　法における私法の分野に対して，人と国家・地方公共団体等のいわば縦の関係を規律する法を公法といい，憲法，行政法（各種立法）などが規律する。私たちの生活及び生活関係は私法だけでなく公法によっても規律されている。

　日本民法学の基礎を構築した我妻は私法と公法に言及し，公法関係が国民としての生活関係であるのに対し，「私法は人類としての生活関係を規律する」と述べ，民法を私法・公法2元論のなかで考察する（我妻栄著遠藤浩・川井健補訂『民法案内1 私法の道しるべ』52頁（勁草書房，2013年）。同『民法大意（2版）上巻』2頁以下（岩波書店，1971年）参照）。そして，このような考え方は民法学の前提とされてきた。

　以上のように，私たちの生活及び生活関係は社会経済の変化など種々の要因によって変化し，財産法の規律も変化したが，基本的には私法の伝統的枠組のなかで捉えられている。しかし，この点については今日，私法・公法2元論を含め私法の伝統的枠組をそのまま維持することができるかどうかが問題になる。

⑵　**実体法**

　私たちの権利・義務に関して規律する法を実体法といい，民法は権利のうち私権について規律している。

　民法における権利（私権）には財産権（物権と債権），人格権，身分権がある（本書の対象は財産権と人格権を中心に扱う）。例えば，債権の1つである損害賠償請求権をとりあげると，民法は損害賠償請求権という権利の発生，権利の内容，権利の消滅などについて規律している。

　これに対して，損害賠償請求権をどのように実現するかという規律は民法ではなく，訴訟法あるいは手続法といわれる民事訴訟法などによって規律される。

3　権利はどのように実現されるか——民事訴訟法など

　民法上の権利を実現するためには，そのための手続が必要である。民法は権利について規律する実体法であるのに対し，裁判等において権利を実現する手続について規律するのが訴訟法あるいは手続法といわれる法である。代表的な法律が民事訴訟法であり，民事保全法，民事執行法などもこの法分野に属する。権利は，実体法と手続法の双方が機能することによって，実現することができる。

　民事訴訟（民事裁判）は当事者の立証活動によって進められる。その主要な考え方は当事者主義，弁論主義，処分権主義（民事訴訟法246条）などにみることができる。

　民事弁護における立証活動は，訴訟物（例えば，売買契約に基づく代金支払請求権，消費貸借契約に基づく貸金返還請求権，所有権に基づく不動産明渡請求権等）を特定することによって行われる。その中心となるのが要件事実である。要件事実は，民法の各条文に定める権利の発生要件を分析し，権利ごとに確定しなければならないものであり，実体法の解釈問題といわれる。要件事実論は民法と民事訴訟法を結びつける役割がある。

　民事訴訟では，原告側は，請求原因として，原告の請求を特定の権利主張として構成するために必要な事実（権利の発生原因）を主張し，これに対して被告側はこれを否認し，あるいは，抗弁を主張する。抗弁とは，請求原因事実があるとして，それと両立する別個の事実を主張して，原告主張の権利を否定するものをいう。抗弁には，権利障害の抗弁（錯誤等），権利消滅の抗弁（弁済等），権利行使阻止の抗弁（同時履行の抗弁権等）などがある。抗弁に対して，再抗弁，再々抗弁が主張されることもある。規範的評価の問題（規範的要件）については，相手方は規範的要件の成立を根拠づける具体的事実（評価根拠事実）を主張立証することが必要である。規範的要件とは，信義誠実（1条2項），権利濫用（1条3項），公序良俗（90条）のほか，正当な理由（110条），背信的悪意，過失などをいう。

4　民法の法源——民法典が支柱

　民法は私法秩序に関する規律し，私的規範を明らかにするものであるが，

その存在根拠はどこにあるか。その中心となるのは日本など成文法の国では民法典であるが，民法典に限定されない。より広く民法として求められる規範を明らかにすることが必要である。

　民法は民法典を中核とし，判例法のほか，慣習法，条理などによって補充された全体が法体系を構成している。民法は民法典を含む，より広義の概念である。民法典を含めて民法と称することも多く，あるいは法律としての民法を明確にするために民法典と称することもあるので，どちらで用いられているかはそれぞれの文脈で判断することになる。

　民法は，民法特別法や判例法の影響を受けて，展開してきた。民法典の規定は判例法によって生命が吹き込まれる。判例法を理解することにより，樹木の幹は頑強になり美しい枝葉が付いてくる。個々の裁判例は個々の紛争処理事例としてそれ自体に価値があるが，その奥にある紛争処理法理（裁判規範）としての判例法が存在する。

5　生活技術の法としての民法

　民法は，私たちの生活及び生活関係の一般法として，種々の制度を導入している。民法が導入する制度は生活技術（the art of life）の制度として捉えることができる。民法を生活技術の法として捉えると，民法とは何かを自覚的に考え民法の体系を鳥瞰することに資するであろう。この場合，生活技術を固定的，静的な概念（知識）として捉えるではなく，社会の変化に応じて変化する動的な概念（知識）として捉えることが必要である。

6　民法の成立

　民法が対象とする生活及び生活関係は，人と人の関係，人と物の関係として整理される。近代法として成立した民法はこのような関係を固定化しないで時間・空間の変化や広がりのなかで展開してきた。こうして今日，民法の大宇宙が形成されたのである。

図I—3 民法の要点

(1) 生活・生活関係

太郎 → 生活又は生活関係の構築
（花子）

(2) 人と人、人と物

太郎（花子）と人あるいは物の関係

太郎 → 人（債権）
（花子）
↓
物（物権）

(3) 時間と空間

太郎（花子）の時間における位置づけ

過去 → 現在 → 未来
太郎（花子）

太郎（花子）の空間における位置づけ

II　民法の原則

民法はどのような考え方を基礎にしているか。

第1に，民法は近代法としての原則を明らかにしている。また，民法も他の法律と同様，最高法規である日本国憲法の規律のもとにあり，とりわけ国民主権及び基本的人権の尊重を確認することが必要である。

第2に，民法典は，第1編「総則」第1章「通則」として，①民法の基本原則（1条），②解釈の基準（2条）について規律している。通則は1947年の民法改正によって導入され，第2次世界大戦後の新しい私法秩序の確立をめざす民法の最も中心に位置するルールである。

第3に，解釈論の方法が形成されている。日本の民法学教育の大半はここに重点が置かれ，ここから民法解釈論の壮大な各論が展開している。民法学の発展には解釈論が有する意義と限界を明らかにすることが有益であろう。

第1　近代法の原則

1　近代法の3原則

近代法として成立した民法典は人の意思，その意思に基づく自由な活動を最大限に保障している。これを可能にする技術が法律行為であり，法律行為を構成する意思表示や意思能力に関する規律である。

法律行為の態様としては，契約，単独行為，合同行為がある。契約（例えば売買契約）は2人の対向する意思表示（「売る」という意思表示と，これに対向する「買う」という意思表示），単独行為（遺言など）は1人の意思表示，合同行為（法人の設立行為など）は共通目的に向かう複数の意思表示から構成される。法律行為の仕組みは近代法の理念である私的意思自治の原則に基づく。近代法は所有権絶対，契約自由，過失責任の3つの原則を掲げた。民法は社会経済の発展の基礎となったが，私的意思自治の原則が民法に導入され保障されたことが

大きい。本書で概観するように，民法現代化のなかで近代法原則は修正されてきたが，私たちの行動と規範の基礎に私的意思自治の原則が存在している。

⑴　所有権絶対の原則

民法は，所有者は，法令の制限内において自由にその所有物の使用，収益及び処分をなす権利を有すると規定する（206条）。

近代法は所有権の絶対性あるいは不可侵性を強調した。近代法の3原則の関係をみると，所有権絶対の原則は，憲法の財産権保障の規定（29条）のもとで，自由主義経済社会の基盤となった。所有権絶対の原則は，所有権の自由を意味する。これにより行為者の自由を保障している。

所有権絶対の原則の基盤のうえに，契約自由の原則，過失責任の原則と相まって，個人の意思とその意思に基づく自由な活動が保障された。こうして，私たちは生活の拠点となる住居が確保され，生活のための物を取得・利用・消費し，様々なサービスを享受することができるのである。

本条は近代法原則の所有権の自由は明らかにするとともに，それが「法令の制限内において」認められることを明らかにし，近代法原則の修正についても踏み込んでいる。民法現代化の過程において，所有権制限の法令は増加している。

⑵　契約自由の原則

民法は近代法原則の1つである契約自由の原則を導入した。人は契約を締結するに際し，相手方を自由に選択し（相手方選択の自由），また，契約の方式や内容を自由に決定することができる（方式の自由，内容の自由）。契約を締結しない自由もある。これにより行為者の自由な活動を保障している。

改正法は，521条で，①何人も，法令に特別の定めがある場合を除き，契約をするかどうかを自由に決定することができる，②契約の当事者は，法令の制限内において，契約の内容を自由に決定することができると定めた。本条は近代法原則の契約の自由は明らかにするとともに，それが「法令に特別の定めがある場合を除き」，「法令の制限内において」認められることを明らかにし，近代法原則の修正について明示した。

契約は生活及び生活関係の方法として重要な役割をしている。契約という方法を用いることによって私たちは生活をし，社会経済活動を行うことが可能になる。人は原則として，自由に契約を締結し，他者との間で契約関係（債権と債務の関係）に立つことができる。

(3)　過失責任の原則

近代法原則の1つである過失責任の原則は，「過失なければ責任なし」といわれるように，行為者に故意又は過失がなければその行為によって結果が発生しても結果に対して責任を負わないという考え方（過失責任主義）をいう。これにより行為者の自由を保障している。

不法行為責任は故意・過失，権利侵害・法律上保護される利益の侵害（違法性），因果関係，損害発生の事実が必要であり（民法709条），かかる事実は被害者側が主張・立証しなければならない（責任能力がなかったことや，違法性阻却事由があったことの抗弁は加害者側にある）。責任能力については民法712条及び713条の規定がある。実質的にも，自己の行為がどのような意味をもつかを理解できない者に責任を負わせるのは酷である（民事訴訟では不法行為時に加害者に責任能力がなかったという事実は抗弁となる）。過失責任主義に立つ以上，責任能力がない者に対し責任を追及することはできない。民法はこのような考え方に立ち，いわゆる結果責任を認めていない。結果責任は自由，活発な行為を阻害する。

民法は近代法の原則である過失責任主義を明らかにしているが，いくつかの特別法によって無過失責任の規定が導入され，また，民法の解釈論も事案によっては過失の立証責任を緩和し，過失責任主義を修正している。

2　人の自由な活動の保障

民法の最大の成果，すなわち，民法は私たちの生活に何をもたらしたかというと，以上に述べてきたように私法の一般法として私たちの自由な活動を保障したことにある。

民法は生まれてきたすべての人（自然人）に等しく権利能力を付与する（権利能力は一定の団体にも付与されておりこれを法人という）。動物や樹木には権利能

力はない。そこで働く原理は，私的意思自治の原則である（私的意思自治は，私的自治，意思自由などともいわれる）。私的意思自治は，所有権絶対，契約自由，過失責任の近代法の3原則とともに，私法の基本原理を構成し，私たちの自由な活動を保障する。1898年に民法典が施行されて120年が経過し，この間に民法典の改正，民法法特別法の制定，民法に関する判例の蓄積，これらに伴う解釈論の精緻化など，民法の展開がみられる。こうして，近代法原則である所有権絶対，契約自由，過失責任の各原則はそれぞれ修正されていった（近代法原則の修正）。すなわち，解釈や立法によって所有権や契約は一定の制限がなされ，過失責任は無過失責任へ修正されたのである。

　近代法原則のもとで保障された自由は，近代法原則の修正により制限され，実質的平等がめざされることになり，一部実現していった。もっとも，ここでの修正は私的意思自治を否定するものではなく，これを補完するものと捉えるべきである。民法の現代化を辿るためには，近代法原則とその修正を確認することが有益である。そして，近代法がその規律や制度の前提とする合理人・合理的行動の標準が地域生活にもたらす意義と問題点を明らかにし，民法を展望することが必要である。このことについては本書Ⅷ「民法の展望」においてあらためて検討する。

3　有産者の法──伝統的な捉え方

　我妻は民法を「有産者のための民法」と捉え，財産法の理論を体系化した（我妻栄『新訂民法総則（民法講義Ⅰ）』67頁（岩波書店，1965年）など岩波書店・民法講義シリーズのほか，勁草書房の『民法案内』，ダットサン民法の各巻を参照）。我妻はまた，資本主義的経済組織の発達に伴い財産の債権化傾向が認められることを明らかにした（同『民法大意（2版）上巻』71頁（岩波書店，1971年）のほか，同『近代法における債権の優越的地位』（有斐閣，1953年）参照）。このような財産法の捉え方は，私法の伝統的法理として日本民法学の方向を決定づけ今日に継承されている。

④ 民法の現代化

⑴　第3の法制改革期

　日本は3つの法制改革を経験した（星野英一『民法のすすめ』212頁（岩波新書，1998年），大村）。第1期は，明治民法（1898年施行）であり，日本の近代化の基礎になった。民法の創生期である。第2期は，昭和民法（1948年施行）であり，親族編・相続編の全部改正が行われた。1条，2条が追加された。第3は，平成民法であり，第3期の法制改革の時代であり，以下に述べる債権法改正はここに位置づけられる。第2期，第3期は民法現代化の時代でもある。

⑵　2017年民法（債権関係）改正の経緯

　2009年10月，法務大臣は法制審議会に対して次のような諮問をした（諮問88号（平成21年10月28日総会）「民法（債権関係）の見直しについて」）。

　「民事基本法典である民法のうち債権関係の規定について，同法制定以来の社会・経済の変化への対応を図り，国民一般に分かりやすいものとする等の観点から，国民の日常生活や経済活動にかかわりの深い契約に関する規定を中心に見直しを行う必要があると思われるので，その要綱を示されたい。」

　2015年3月31日，民法の一部を改正する法律案（第189回閣第63号）が国会に提出された。提出の理由は，「社会経済情勢の変化に鑑み，消滅時効の期間の統一化等の時効に関する規定の整備，法定利率を変動させる規定の新設，保証人の保護を図るための保証債務に関する規定の整備，定型約款に関する規定の新設等を行う必要がある。これが，この法律案を提出する理由である。」というものである。なお，ここに具体的に挙げられている項目は例示である。

　法制審議会民法（債権関係）部会では，民法のうち債権関係の規定の見直しについての調査，審議をした（審議の状況はウエブサイトで公表され，また商事法務編『民法（債権関係）部会資料集』第1集，第2集（商事法務）として公刊された）。そして，「中間的な論点整理」の公表，パブリックコメントの手続を経て，「中間試案」を公表した（商事法務編『民法（債権関係）の改正に関する中間試案の補足説明』(2013年)）。その後，改正要綱案の作成等を経て，2017年5月26日，民法の一部を改正する法律案が可決，成立（同年6月2日に交付，法律第44号）（施行日は，一部の規定を除き，公布の日から起算して3年を超えない範囲内において政令で定める

日），同月同日，民法の一部を改正する法律の施行に伴う関係法律の整備等に関する法律案が可決，成立（同年6月2日公布，法律第45号）（施行日は，一部の規定を除き，民法の一部を改正する法律の施行の日）。

改正法は2020年4月1日に施行された（経過措置については「附則」（第189回国会閣法63号）参照）。

改正作業における視点 債権関係の規定のうち，契約ルールを中心に見直しが行われた。具体的には，民法第3編「債権」の規定のほか，同法第1編「総則」のうち第5章（法律行為），第6章（期間の計算）及び第7章（時効）の規定が検討対象であり，このうち事務管理，不当利得及び不法行為の規定は，契約関係の規定の見直しに伴って必要となる範囲に限定したものである。

内田は諮問88号を受け，民法改正の課題として「現代化の課題」を掲げ，次の3点を指摘した（内田貴『民法改正　契約のルールが百年ぶりに変わる』（ちくま新書）150頁以下（筑摩書房，2011年）（以下，本書において「内田・新書」という）。すなわち，第1は，明らかに時代に合わなくなった民法の規定を現代化するという課題であり，これに関するものとして消滅時効，法定利率を挙げた。第2は，民法典が起草された時代には存在しなかった現象に対応するための新たな課題であり，これに関するものとして約款，サービス契約や銀行取引契約などの新しい契約形態を挙げた。第3は，東日本大震災に象徴されるように，自然災害の多い日本に適した民法にするための課題であり，消滅時効の停止，事情変更の原則の明文化，契約改定を挙げた。

見直しの対象 見直しの対象は，総則，債権総則，契約法（契約総則，契約各則），不法行為法に及ぶ。主な項目は以下の通りである。すなわち，公序良俗，意思能力，意思表示，代理，無効・取消し，条件・期限，消滅時効，債権の目的（法定利率を除く），法定利率，履行請求権等，債務不履行による損害賠償，契約の解除，危険負担，債権者代位権，詐害行為取消権，多数当事者，保証債務，債権譲渡，有価証券，債務引受，契約上の地位の移転，弁済，相殺，更改，契約に関する基本原則，契約の成立，定型約款，第三者のためにする契約，売買，贈与，消費貸借，賃貸借，使用貸借，請負，委任，雇用，寄託，組合など，である。

第2　民法の基本原則（1条）

1　概観——基本原則（1条）

　民法の基本原則は，通則の1条に定められている。すなわち，権利の公共性，信義則（信義誠実），権利濫用禁止，のそれぞれの原則をいう。これらの原則は判例の規範を受け，民法の個別規定の解釈指針として明文化され，あるいは民法の基本となる規範の確立に貢献している。

　本書Ⅰで概観したように，民法の原則として，第1に，近代法原則及びその修正された原則を挙げることができる。このような原則に加えて，第2に，民法の基本原則を導入したのである。ここでは私権や権利のあり方が明らかにされている。

　(1)私権は公共の福祉に適合しなければならない（1項）。
　(2)権利の行使及び義務の履行は，信義に従い誠実に行われなければならない（2項）。
　(3)権利の濫用は，これを許さない（3項）。

2　私権の公共性

　私権は公共の福祉に適合しなければならない（1条1項）。財産権の内容が公共の福祉に適合すべきことは，憲法上の要請である（憲法29条2項）。例えば，土地基本法（1989年）は基本理念として，土地について公共の福祉を優先すべきであるとする。

3　信義則（信義・誠実の原則）

　権利の行使及び義務の履行は，信義に従い誠実に行われなければならない（2項）。信義則は，契約法において，契約の交渉及び契約の成立から，履行の終了までの，それぞれの段階において要求されている。そこでは契約の本来の義務（給付義務）に加え，付随義務が認められる。例えば，契約の交渉を始めた当事者の一方が誠意を尽くさなかったために契約の成立に至らなかった

場合に，信義則を理由に契約締結上の過失が認められることがある。また，契約が成立しても，例えば経済的事情の急変等により契約を履行させることが酷な場合に，信義則を理由にして契約内容の改訂や契約の解除が認められる場合がある（事情変更の原則という）。

信義則の適用事例　信義則は，契約，不法行為など，民法の広範な分野において適用され，それぞれに重要な規範を定立している。

例えば，事情変更による契約の解除（大判昭 19・12・6 大審院民事判例集 23 巻 613 頁），賃貸借契約における信頼関係理論（最判昭 44・4・24 民集 23 巻 4 号 855 頁），売買における買主の引取義務（最判昭 46・12・16 民集 25 巻 9 号 1472 頁），安全配慮義務（最判昭 50・2・25 民集 29 巻 2 号 143 頁），消滅時効の援用否定（最判昭 51・5・25 民集 30 巻 4 号 554 頁），契約準備段階における過失（契約締結上の過失）（最判昭 59・9・18 判時 1137 号 51 頁，判タ 542 号 200 頁，契約準備段階における信義則上の注意義務（最判平 19・2・27 判時 1964 号 45 頁），など。

【判例】
　○**事情変更の原則の適用について**。予見可能性及び帰責事由の存否は，契約上の地位が譲渡された場合でも，契約締結当時の契約当事者について判断すべきである（ゴルフクラブ会員権等存在確認請求事件最判平 9・7・1 民集 51 巻 6 号 2452 頁）。
　「上告人らの請求を棄却すべきものとした原審の判断は是認することができない。その理由は，次のとおりである。
　上告人らと大日本ゴルフ観光の会員契約については，本件ゴルフ場ののり面の崩壊とこれに対し防災措置を講ずべき必要が生じたという契約締結後の事情の変更があったものということができる。
　しかし，事情変更の原則を適用するためには，契約締結後の事情の変更が，当事者にとって予見することができず，かつ，当事者の責めに帰することのできない事由によって生じたものであることが必要であり，かつ，右の予見可能性や帰責事由の存否は，契約上の地位の譲渡があった場合においても，契約締結当時の契約当事者についてこれを判断すべきである。したがって，モーリーインターナショナルにとっての予見可能性について説示したのみで，契約締結当時の契約当事者である大日本ゴルフ観光の予見可能性及び帰責事由について何ら検討を加えることのないまま本件に事情変更の原則を適用すべきものとした原審の判断は，既にこの点において，是認することができない。
　さらに進んで検討するのに，一般に，事情変更の原則の適用に関していえば，自然

の地形を変更しゴルフ場を造成するゴルフ場経営会社は，特段の事情のない限り，ゴルフ場ののり面に崩壊が生じ得ることについて予見不可能であったとはいえず，また，これについて帰責事由がなかったということもできない。けだし，自然の地形に手を加えて建設されたかかる施設は，自然現象によるものであると人為的原因によるものであるとを問わず，将来にわたり災害の生ずる可能性を否定することはできず，これらの危険に対して防災措置を講ずべき必要の生ずることも全く予見し得ない事柄とはいえないからである。」

○**有責配偶者の離婚請求と信義則**（最大判昭 62・9・2 民集 41 巻 6 号 1423 頁）

「思うに，婚姻の本質は，両性が永続的な精神的及び肉体的結合を目的として真摯な意思をもって共同生活を営むことにあるから，夫婦の一方又は双方が既に右の意思を確定的に喪失するとともに，夫婦としての共同生活の実体を欠くようになり，その回復の見込みが全くない状態に至った場合には，当該婚姻は，もはや社会生活上の実質的基礎を失っているものというべきであり，かかる状態においてなお戸籍上だけの婚姻を存続させることは，かえって不自然であるということができよう。しかしながら，離婚は社会的・法的秩序としての婚姻を廃絶するものであるから，離婚請求は，正義・公平の観念，社会的倫理観に反するものであってはならないことは当然であって，この意味で離婚請求は，身分法をも包含する民法全体の指導理念たる信義誠実の原則に照らしても容認され得るものであることを要するものといわなければならない。」

4　権利濫用の禁止

権利の濫用は，これを許さない（3 項）。判例における権利濫用論は，信義則と同様，基本となるべき民法規範を定立してきた。

【判例】

○**信玄公旗掛松事件**（大判大 8・3・3 民録 25 輯 356 頁）

現在の中央本線日春駅近くに，その昔，武田信玄公が旗を立て掛けたと伝承された老松があったが，その近くを走る蒸気機関車の煙によって枯死したために，松の所有者が鉄道院（国）に対して民法に基づき損害賠償請求をした事案（当時はまだ国家賠償法は制定されていなかった）。大審院は，ある行為が社会観念上被害者において認容すべからざるものと一般に認められる程度をこえたときには，権利行為の適当な範囲にあるものとはいえず，権利濫用にあたり，不法行為が成立するとし，松の枯死が被告の違法な行為に基づくとして損害賠償責任を認めた。

○**宇奈月温泉事件**（大判昭 10・10・5 大審院民事判例集 14 輯 1965 頁）

権利濫用禁止の先例となる判例。所有権の侵害があっても，それによる損失の程度がいうに足りないほどの軽微であり，しかもこれを除去するのに莫大の費用を要する

場合に，第三者が不当な利得を企図し，別段の必要がないのに侵害に係る物件を買収し，所有者として侵害の除去を求めることは，社会観念上所有権の目的に違背し，その機能として許されるべき範囲を超脱するものであって，権利の濫用になる。

　○対抗力を具備しない土地賃借人に対する新地主の明渡請求に対して，土地賃貸人が建物保存登記を妨げ，新地主が賃貸人と実質的に同じである等の事情が存する場合は権利濫用にあたる（最判昭38・5・24民集17巻5号639頁）。

　○建物の汚水を公共下水道に流入させるため隣接地に下水管を敷設する必要がある場合において，建物が建築基準法に違反して建築されたものであるため除却命令の対象となることが明らかであるときは，建物の所有者において右の違法状態を解消させ，確定的に建物が除却命令の対象とならなくなったなど，建物が今後とも存続し得る事情を明らかにしない限り，建物の所有者が隣接地の所有者に対し右下水道管の敷設工事の承諾及び右工事の妨害禁止を求めることは，権利の濫用になる（最判平5・9・24民集47巻7号5035頁）。

　○**子の引渡請求と権利濫用**（最決平29・12・5民集71巻10号1803頁）

5　一般条項

　民法1条に定められる私権の公共性，信義則，権利濫用禁止の各規定は，一般的，抽象的な内容にとどまっているため，一般条項といわれる。

　一般条項は当該具体的規定を補充する役割を果たすことがある。また，個別規定がない場合に，一般条項の適用が考えられる。一般条項に関する判例は従来，私的規範の濃密化に貢献してきた。

　ところで，民法典の規定を事案に適用する場合に解釈論の姿勢としては，当該事案に関する個別規定があればこれを適用すべきであり，一般条項の安易な適用は適切でない。もっとも，判例において一般条項が果たした意義を確認すべきである。高齢社会の今日，社会の状況に弾力的に対応することが必要になってきており，一般条項の新たな機能が期待されているといえる（消費者法のあり方として本書Ⅳで検討する）。

第3　解釈の基準（2条）

1　個人の尊厳と両性の本質的平等

この法律は，個人の尊厳と両性の本質的平等を旨として，解釈しなければ

ならない (2条)。両性，すなわち男女については，明治民法は，「妻は無能力」の規定を設け，また，相続制度において男女を差別していた。第2次世界大戦後，新たに制定された日本国憲法の基本的人権の尊重と男女平等の保障の考え方を受け，本章 (Ⅱ) 冒頭に述べたように1947年の民法改正によって本条が追加され，民法における男女の平等の規定が導入された。

第4　解釈論の方法

1　解釈論の技術

　民法の規定を事案に適用するにあたっては規定の文言や内容を解釈することが行われる。

　解釈の技術（方法，テクニック）には，文理解釈，類推解釈，拡張解釈，縮小解釈，反対解釈のほか，勿論解釈，補充解釈等があり，これらを事案に応じて弾力的に使い分けることが必要である。ちなみに，罪刑法定主義に立つ刑法のもとでは類推解釈，拡張解釈は原則として禁止される（電気窃盗事件を契機に刑法典に「電気は財物とみなす」との規定（245条）が設けられた）。

利益衡量　民法の解釈は，諸利益を比較衡量するというやり方，すなわち，利益衡量（利益考量）によって行われる。裁判では，原告の主張と被告の主張を天秤にかけ，総合的にみてどちらがより説得力があるかを求めている。このような考え方は利益衡量論として民法理論の要となっている。

形式論と実質論　解釈論の根拠には形式論（法律論）と実質論がある。運用は，通常は解釈と同列に扱われるが，厳密には解釈し運用するという順序になり，実務におけるその意義や働きは必ずしも同じではない。例えば解釈論としてはやや飛躍しているような場合でも，運用がなされることもあろう。

解釈論と運用論，制度論，立法論　解釈論は，法運用の前提となり，法規範を明確化させるものでなければならない。

　契約の解釈は，当事者の意思解釈の問題であり，当該規定の趣旨，性質を考慮するなど総合的にアプローチすることが必要である。解釈の技術はここ

で有用である。学界では解釈論の精緻化が進められその成果が民法教科書に現れているが，実務の発展に資することを目的とする実務理論を追求することも望まれる（例えば，成年後見法の解釈論において身上監護を重視すること，不法行為法の相当因果関係論に注目することもその一つである）。ここでは法学における規範定立の営みが重要である。

　人々の考え方・行動や社会は変化するから，現行法の解釈論，さらに運用論にはどうしても限界がある。事案によっては，解釈論は論理とともに，立法政策（ポリシー）を追求することも必要である。現行法によって対応することができなくなった場合には，制度論，立法論が必要となる。

［2］　解釈論の視点──一般的確実性と具体的妥当性

　民法の解釈論は民法典や民法特別法の規定を適用するにあたって行われる。民法典の改正，特別法の制定・改正は常に適時に行われてきたということはいえず，慎重に進められてきた。社会経済の変化等に的確に対応するために，解釈論の研究が進められたことは不可避であったといえよう。

　民法の解釈論は一般的確実性と具体的妥当性の調和をめざしている（我妻・前掲書『民法大意（2版）上巻』30頁-31頁）。かかる営みのなかで今日，解釈論の論理性，精緻性が競われている。解釈論の論理性・精緻性は法学の発展を示すものである。他方，解釈論でできることとできないことを明確にすることも必要である。解釈論の状況は制度論，立法論の必要性を示唆することもある。

　解釈論のあり方に関する問題であるが，解釈・適用の対象は人間の心や行動であることを考慮し，人間の心や行動の特徴を理解することも必要である。人間は精密機械のように判断し行動しているわけではなく，曖昧な部分も少なくないから，解釈論もこのことを踏まえより柔軟に捉えることも必要であろう。前述のように，契約の成立には当事者の意思表示の本質的部分（要素）における合致を必要としそれで足りるが，本質的要素を当事者双方が厳密に理解しているとは限らない。当事者を法的に拘束するに値する確定的な合意があったかどうかが重要であろう。この点について従来，近代法の考え方のもとに個人の意思を絶対的に重視する「意思絶対主義」に立っていたが，高

齢社会の今日，事案によってはこれを修正することが必要になっている。

　例えば，後にとりあげる成年後見制度は，判断能力が低下した人，判断能力に不安を感じている人に対して民法（あるいは民法学）としてどのように関与することが望ましいかという問題として捉え，規範定立をし，解釈論，制度論，立法論を展開することが目標となる（近江幸治『民法講義Ⅰ　民法総則（7版）』52 頁（成文堂，2018 年）参照）。

　民法学では望ましい規範のあり方を明らかにし，規範定立の作業を行うことが重要である。規範定立は，解釈論，制度論，立法論のいずれにおいても参考になる（高島平蔵『民法制度の基礎理論』（敬文堂，1987 年），同『思想の中の民法学』197 頁以下（敬文堂，1997 年）参照）。ちなみに，刑事法では刑事政策が重要な役割を果たしているが，民事法においても民事政策は重要になってきた。規範定立は民事政策の基礎としても有用であろう。

III　人，物，権利の基礎知識

　民法は私たちの生活及び生活関係を規律し，人，物，権利から構成される法体系である。ここに民法が規律する生活関係は，私たち人と人の互いの関係であり，図式的には「横の生活関係」である。

　民法は，私たちの生活及び生活関係に関する種々の「制度」を導入している。民法が導入する制度を民法制度ということができる。民法制度は生活の技術といってもよい。民法を技術学として捉える学説（髙嶋平蔵）もある。

　民法が規律する生活技術のなかでも，支柱となるのは人であり，物であり，権利である。本章では民法総則を基礎にして第1に，人，法人，物，権利を，第2に，権利の取得・消滅に関する時効，第3に，期間の計算について概観する。本書IV～VIIは本書IIIで概観する基礎知識をベースにしている。

図III—1　民法の規律と「民法総則」

	【民法総則】	（権利＝私権）	総則（民法典第1編）の規律の具体的展開
【民法の規律】	人とは何か　人と人の関係（債権）	→	債権法（民法典第3編）
	物とは何か　人と物の関係（物権）	→	物権法（民法典第2編）
	親族の関係（親族権）	→	親族法（民法典第4編）
	相続の関係（相続権）	→	相続法（民法典第5編）

第1　人——権利の主体

1　概　観

　人の規定は，民法典第1編「総則」第2章に置かれている（2017年改正民法（改正法）は第1節「権利能力」，第2節「意思能力」，第3節「行為能力」，第4節「住所」，第5節「不在者の財産の管理及び失踪の宣告」，第6節「同時死亡の推定」に整理）。民法

における人とは何か。人は，他の生物（動物や植物）にない特典が与えられている。

　権利の主体となることができるのは，人である。民法における人は広義では，自然人と法人である。用語の問題であるが，2004年の民法典現代語化の改正により，民法典第1編第2章人（＝自然人），第3章法人と整理された。本書は「広義の人」には自然人だけでなく法人も含まれ，「狭義の人」は自然人のみを指すものと整理し，単に人というときは，生身の人間を指すとき以外は原則として法人も含まれるとする。

　人（自然人）とは私たちのような生命体としての人間をいい，法人とは法律によって一定の目的のために権利能力を付与された団体をいう。

　権利の主体である人は，人と人との関係で権利を有し（債権の関係），人と物との関係で権利を有する（物権の関係）。権利は，義務をもたらし，両者はともに法規範を形成する。

図Ⅲ—2　民法と人

人	⇔	人（債権）
人	→	物（物権）

2　権利能力

　私権の享有は，出生に始まる（3条1項）。すなわち，人は，出生と同時に，等しく権利能力を取得する。権利能力とは，権利の主体となり得る能力のことをいう。権利能力は法人格ともいう。

　近代法は，すべての人に，等しく，権利能力を与えた。人は，生まれてから死ぬまでの間，権利能力を有し，権利（や義務）の主体となる。ただし，外国人の権利能力は，法令によって禁止（鉱業法など），あるいは制限（外国人土地法など）される場合がある（3条2項）。国際化の時代に入り，大勢の外国人が日本に入国，労働，生活をし，政策的に推進されているが（2018年改正出入国管理・難民認定法など），かかる外国人（不法入国，不法滞在の者もいる）の私法上，公法上の地位，権利保障のあり方を明らかにすることが課題となっている。

　以下(1)(2)にみるように，権利の主体論では現在，医学や医療技術の発展を

背景に，権利能力の始期と終期のそれぞれについて新しい問題に直面している。

(1)　権利能力の始期

　出生とは，民法では，胎児のからだの全部が母体から出た状態をいう。刑法では，身体の一部が出た状態と解されるが，これは民法と刑法 (Criminal Law) とで保護法益が異なるからである（概念の相対性）。

　胎児とは，受胎から出生までのものをいう。

　胎児の保護　民法は，不法行為に基づく損害賠償請求 (721条)，相続 (886条1項)，遺贈 (965条) について，胎児はすでに生まれたものとみなしている。その結果，例えば A は，自己が胎児の間に相続が開始しても，出生後，相続人としての権利を主張することができる。

　「胎児はすでに生まれたものとみなす」については，胎児は生きて生まれた場合には胎児の時点から権利能力を有したものと解する法定停止条件説（通説）と，胎児は胎児として権利能力を有し，死産であったときは遡って権利能力を喪失すると解する法定解除条件説に分かれている。

　胎児に権利能力があれば胎児に間に法定代理人（親権者など）が付いて胎児のために権利行使をすることができる。胎児を保護するために，解除条件説が妥当であろう。これは権利能力という技術において，生命の絶対的価値を法解釈のうえで徹底しようとするものといえる。

　最近では，科学・技術の発展により，人工生殖等による新しい生命が誕生している。命の始まりについては，受胎，受精，子宮への着床と胎盤の形成，胚などをめぐり，生命倫理の問題に加え，親族法における代理母など親子関係等の法的問題が生じている。

(2)　権利能力の終期

　権利能力の終期は，死亡である。つまり，人は死亡によって権利の主体としての地位を失う。

　死亡とは，心臓の停止，呼吸の停止，瞳孔散大の 3 徴候のすべてを充たした状態をいう。これは法律に規定されているわけではなく，医学的知見に基づいた一種の慣習である。民法の解釈上は脳死を死亡と認めていないが，死

亡をどのように定義するかは民法上の検討課題となり得る。

図Ⅲ—3　権利能力の取得（○）と喪失（●）

参考　脳死問題と社会的合意論，時期尚早論

　臓器の移植に関する法律（1997年）（臓器移植法）は，脳死した者の身体を死体に含め（6条1項），脳死した者の身体からの臓器移植を認める。

　本法の立法化に際して，反対論は脳死を死と考えることについて社会的合意がない，時期尚早であるなどの主張がなされたが，かかる立論に対しては，何をもって社会的合意というのか，何時になったらその時期が到来するのかなどが説明されるべきではないかとする批判がなされた（加藤一郎「脳死の社会的承認について」ジュリ845号43頁以下（1985年））。法学者の勇気ある発言として記憶し，そのうえで生とは何か，死とは何かを考えることが重要である。

【判例】

自然の権利訴訟

　○アマミノクロウサギ訴訟（第1審鹿児島地判平13・1・22，控訴審福岡高宮崎支判平14・3・19）

　森林法10条の2（林地開発許可制度）に基づく森林開発行為の許可処分の無効確認及び森林開発行為の許可処分の取消請求。争点は原告らが原告適格を有するかであり，「自然の権利」及び「自然享有権」と森林法10条の2第2項3号の保護する個別的利益を有するかが問われた。

3　意思能力

　第1編総則第2章「人」は能力について，第1節：権利能力（3条），第2節：意思能力（3条の2），第3節：行為能力（4条〜21条）について規定する。

　契約など法律行為がその目的を達するためには，個々人が意思能力を有することが必要である。意思能力は，民法における私的意思自治の原則が機能するための前提となる概念である。

　論理的には，意思能力がなければ当該法律行為の要素である意思表示は無効であり，法律行為も無効となるのが自然である。改正前民法はこれを自明のこととして，特に規定を置かなかった。改正法は意思能力の規定を新設し，「法律行為の当事者が意思表示をした時に意思能力を有しなかったときは，その法律行為は，無効とする。」と定めた (3 条の2)。近代法としての民法の根本を明文化したものである。もっとも，改正法は意思能力の定義規定は置いていない。中間試案では法律行為制度の存置について疑問が述べられたが，仮にこれを存置するなら法律行為の概念や法律行為能力の定義が必要であるとの考え方に立ち，意思能力については「その法律行為をすることの意味を理解する能力」としていた。

　意思表示を無効にするためには行為 (表意) 時に表意者に意思能力がなかったことを主張・立証しなければならず，主張・立証に成功しないと意思表示は有効のままである。これは民法の合理人・合理的行動の標準の規律，規範の現れである。

　意思能力は民法によって導入された法的概念であり，自分の行った行為 (法律行為) の意味を理解する判断力をいう。近時は意思能力を個別，具体的な法律行為を対象とし，相対的に捉えようとする見解が有力である (意思能力の相対化)。意思表示の基礎となる意思能力の医学的，科学的知見は必ずしも明確にされていない。

意思表示論(法律行為論)における意思主義と表示主義　法律行為の態様である契約，単独行為あるいは合同行為は，いずれも意思あるいは意思表示を要素としている。意思表示のルールは民法総則に定められている。そして，契約締結における意思表示に瑕疵がある場合には，意思表示の取消しの対象になる。取消しによって意思表示は無効になる。また，意思の欠缺がある場合には，意思表示は無効になる。契約の無効といってもよい。

　近代法の理念として，契約など法律行為が成立するためには個人の意思が要素となる。これを広義の意思主義という (大村敦志『新基本民法　総則編』63 頁 (有斐閣，2017 年) 参照)。より具体的には，例えば契約の成立には意思と意思の (本質的部分の) 合致 (合意) が必要であるが (大村・同 47 頁)，表示の合意があればよく，真意の合意は必要でない。これを表示主義といい，真意が必要だと

する考え方を狭義の意思主義という（大村・同48頁）。契約の解釈では意思主義と表示主義によって個別規定の解釈論が分かれることがある（例えば錯誤論等）。近代法の理念からは個人意思の尊重の趣旨から意思主義に立つべきであるが，そうすると取引安全が損なわれ，あるいは法秩序が安定しないことがある。また，表意者の真意を明らかにすることは実際には困難である。表意者自身がその真意を自覚していないことさえあり得る。そのために，契約の解釈論では表示主義が基本にされているのである。表示主義は民法の取引秩序として，取引安全を図っている。なお，意思表示論における意思と表示の構造は，例えば動機の錯誤論にみられるように解釈論を複雑にする要因となっている（2017年改正民法は錯誤の規定を修正した）。

　以上のように，解釈論では狭義の意思主義は採用されず表示主義が採られるが，表示も意思があっての表示であり，基本となっているのは個人の意思である。

4　行為能力

　民法上，人（自然人）はすべて権利能力を有するから，いずれの者も取引の主体としての地位が認められる。しかし，現実には判断能力の不十分な者が存在するので，この者を保護する必要がある。これが制限行為能力者制度である。

　意思能力とは別に，行為能力という概念がある。行為能力は，意思能力の有無を画一的に扱うための概念として用いられる（ドイツ法を参考にした講学上の概念）。民法は，意思能力の不十分な者で支援の必要のある成年被後見人等を未成年者とともに制限行為能力者という。なお，旧規定の禁治産・準禁治産者は，未成年者を含め行為無能力者と称した。

　制限行為能力者制度としては未成年者制度と成年後見制度がある。この制度は，制限行為能力者の自己決定権を尊重し，いわば側面から支援することを主眼とする。他方，この考え方を徹底すると取引安全に影響を及ぼし得る。民法は，制限行為能力者となり得る者をあらかじめ画一的に定めることによって，取引の相手方に予測を与え，また，後述のように催告権（20条）及び詐術（21条）の各規定を置くことによって取引安全に配慮している。

図Ⅲ—4　制限行為能力者制度における支援の考え方

(1)　事理弁識能力の未成熟　→　保護（未成年者制度）
(2)　事理弁識能力の低下　→　支援（成年後見制度）

(1)　未成年者制度

ア　同意による保護，取消しによる保護

　民法は20歳に満たない者を未成年者とし（4条），未成年者を制限行為能力者と位置づける（5条，6条）。未成年後見は未成年者を保護することを目的とする制度であり，民法の未成年者制度に位置づけられるものである。未成年者制度は本人の判断能力の未熟さに注目している。近時問われているのは未成年者の年齢であり，何歳までの者を判断能力の未熟な者，すなわち未成年者として画一的に保護するべきかという問題である。なお，成年後見法にせよ，消費者法にせよ，近時の法学の基本的考え方は，「保護から支援へ」動いており，関与のあり方として支援や参画が要請されている。未成年者制度についても「保護」からの脱却が必要である。

　未成年者は，親権及び後見の制度による保護の対象となる。親権者，未成年後見人は法定代理人として未成年者を保護する。未成年者が法定代理人の同意を得ないでした行為は原則として，未成年者ということだけで取り消すことができる（5条1項本文）。ただし，単に権利を得，又は義務を免れる法律行為については，未成年者は法定代理人の同意を得ないで行為をすることができ，同意を得ていないからといって取り消すことはできない（同条2項）。また，法定代理人が目的を定めて処分を許した財産は，その目的の範囲内において，未成年者が自由に処分することができる。目的を定めないで処分を許した財産を処分するときも，同様とする（同条3項）。

　未成年者が法律行為を行うには法定代理人の同意を必要とし，同意を得なかった場合には，未成年者又は法定代理人はその法律行為を取り消すことができる（5条1項本文，同2項）。ただし，(1)単に利益を得，又は義務を免れる行為（5条1項ただし書），(2)法定代理人が処分を許した財産の処分（5条3項。目的を定めた場合はその範囲内）については，未成年者は単独で確定的に有効な行為をすることができる。また，(3)一種又は数種の営業を許された未成年者は，

その営業に関しては成年者と同一の行為能力を有する（6条1項）。(4)未成年者が婚姻をすれば，成年に達したものとみなされ（753条），成年者として扱われる（成年擬制という）。その結果，あらゆる法律行為を確定的に有効に行うことができる。なお，未成年者のなかには実際には意思能力の十分な者が含まれているが，画一的扱いをする以上は避けることができない。

　未成年者の親権者や未成年後見人の保護・支援の内容の詳細は，第4編親族編（親族法）に規定されている。

イ　2018年民法改正

　2018年改正民法は成年年齢を20歳から18歳に引き下げ，18歳未満の者を未成年者とした（施行は2022年4月）。1876年の法令「太政官布告」では「1人前に成長した年齢」を20歳と定めて以来，140年振りの改正である。改正前民法は，未成年者とは20歳未満の者をいうとし（旧4条），その結果，20歳以上の者が成年者である。なお，同改正に伴い，女性の婚姻適齢も16歳から18歳に統一された。他方，養親となる年齢は20歳が維持された。

　本改正により，親の同意なしに契約を締結することができる。ローンを組むことも可能である。未成年を理由に契約を取り消すことができなくなる。18歳，19歳の若者は消費者被害のターゲットになっており，消費者保護の観点からは18歳引き下げは慎重でなければならないとする意見が主張されていた。

　なお，18歳未満に引き下げられても，飲酒，喫煙，ギャンブル（競馬・競輪・競艇・オートレース）が認められる年齢は改正前民法の20歳以上のままである（健康，非行のリスクなどが考慮されている）。また，少年法（罪を犯した少年について家庭裁判所に送致し保護処分を原則とする）の適用年齢については，20歳未満から18歳未満に引き下げるべきであるとする主張があるが，法制審議会の議論はまとまっていない。

(2)　成年後見制度

ア　成年後見制度の導入

　現行民法典の源である明治民法典（1898〔明治31〕年施行）は，心神喪失の常況にある者については禁治産，心神こう弱者（さらに浪費者）については準禁

治産の各制度を設けたが，近時の急速に展開する高齢社会の需要に的確に対応することができないことが明らかにされ，制度の利用も低迷していたことから，所管官庁の法務省のもとで民法改正作業が進められ，成年後見法が成立した。これにより禁治産・準禁治産制度（旧制度）から成年後見制度（新制度）への転換が成し遂げられた。

　成年後見制度は，判断能力が低下した本人の権利を保障する仕組みであり，本人の自己決定権の尊重，残存（現有）能力の尊重，ノーマライゼーションの実現を理念とする。改正法は人間の尊厳を進めるものとして，民法改正史のなかでも特筆すべきものである。

　成年後見制度は次の4つの法律（1999〔平成11〕年12月公布，2000〔平成12〕年4月施行）にその根拠をもつ。すなわち，①法定後見は，民法典の一部改正，②任意後見は，任意後見契約に関する法律，③後見登記は，後見登記等に関する法律，によってそれぞれ導入された。また，④関係規定の整備を図るため，民法の一部を改正する法律の施行に伴う関係法律の整備等に関する法律（整備法）が制定された。このように，成年後見制度は一般法である民法典とその特別法の複合形式として存在する。

　成年後見制度は判断能力が低下した人の権利保障（権利擁護）を目的としている。すなわち，社会福祉基礎構造改革における「措置から契約へ」，介護保険制度の導入による「介護の社会化」によって従来は措置の対象となっていた人が契約の当事者となるが，成年後見制度には契約における後見的役割が期待されているのである。

図Ⅲ—5　成年後見4法

(1)　法定の制度：法定後見（後見，保佐，補助）　←　民法典の改正
(2)　任意（契約）の制度：任意後見　←　任意後見契約に関する法律の制定
(3)　登記：後見登記　←　後見登記等に関する法律の制定
(4)　整備法

イ　法定後見と任意後見

　成年後見制度は，法定後見と任意後見の2つの支援の仕組みからなり，この双方について後見登記の手続が手当てされている。このうち法定後見につ

いては，禁治産・準禁治産を改め，成年後見・保佐・補助の3つの類型をおいた（判断能力低下が軽度の類型として補助を新設。重度の類型である成年後見は旧禁治産，中度の類型である保佐は旧準禁治産に対応する）。法定後見では，判断能力が低下した者について，法定された内容の支援が行われる（法定制度）。支援の方法は，代理権（後見，保佐，補助），同意権（保佐，補助），あるいは取消権（後見，保佐，補助）を中心とする。

　他方，任意後見のもとでは，任意後見人は代理権を授与され，当事者があらかじめ合意した契約内容に沿って支援が行われる。任意後見契約の締結は公正証書によって行われ，契約の履行は家庭裁判所の監督を受ける。

法定後見（民法典）　法定後見は，総則編に基本的な規定があり，支援の具体的内容等については親族編に規定がある（838条以下）。

　法定後見の支援は次の3つの類型がある。支援の客体となる者（本人）の事理弁識能力の低下の程度を基準にして，最も重い者から後見（成年後見），保佐，補助とされる（7条，11条，15条）。

　後見は，精神上の障害により事理弁識能力を欠く常況にある者（成年被後見人。7条），保佐は，精神上の障害により事理弁識能力が著しく不十分な者（被保佐人。11条）（浪費者であることは要件とされない。浪費者のうち事理弁識能力の不十分な者は保佐又は補助の各類型の対象となる），補助は，精神上の障害により事理弁識能力が不十分な者のうち，保佐，後見の程度に至らない軽度の状態にある者（被補助人。15条），である。

　法定後見における3類型は法的仕組みのあり方として意義を有するが，その能力論は必ずしも科学的な能力論と結びついているわけではない。支援のあり方としては科学的な能力論を参考にして個別，具体的に支援すべきであるとする考え方がある（一元論に親しむ）。運用論や制度論としても検討されるべき課題である。

　認知障害，知的障害，精神障害，自閉症などによって，民法7条・11条・15条の精神上の障害がもたらされることがあり得る。精神上の障害は，交通事故等の事故が契機となることもある。認知障害，知的障害，精神障害等があれば，直ちに事理弁識能力が低下するということではなく，また，直ちに後見，保佐，補助の客体になるものでもない。

任意後見（任意後見契約に関する法律）　本人は，自ら選んだ任意後見人に対し，精神上の障害により事理弁識能力が不十分な状況における自己の生活，療養看護及び財産管理に関する事務の全部又は一部について，その代理権を付与する委任契約を締結し，家庭裁判所が任意後見監督人を選任した時から契約の効力が発生する旨の特約を付すことにより，任意後見契約を締結することができる（任意後見契約に関する法律2条）。

任意後見契約は，法務省令で定める様式の公正証書によってしなければならない（同法3条）。公証人が関与することにより，適法かつ有効な契約の締結を可能にしようとするものである。

任意後見監督契約が登記された場合において，精神上の障害により本人の事理弁識能力が不十分な状況にあるときは，任意後見受任者に不適任な事由がある場合等を除き，家庭裁判所は，本人，配偶者，4親等内の親族又は任意後見受任者の申立てにより，任意後見監督人を選任する（同法4条1項本文）。

任意後見監督人は，①任意後見人の事務を監督し，②その事務に関し家庭裁判所に定期的に報告をすること，③急迫の事情がある場合に，任意後見人の代理権の範囲内において必要な処分をすること，④任意後見人又はその代表する者と本人との利益が相反する行為について本人を代表すること，を職務とする。任意後見監督人はいつでも，任意後見人に対し任意後見人の事務の報告を求め，又は任意後見人の事務もしくは本人の財産の状況を調査することができる。家庭裁判所は，必要があると認めるときは，任意後見監督人に対し，任意後見人の事務に関する報告を求め，任意後見人の事務若しくは本人の財産の状況の調査を命じ，その他任意後見監督人の職務について必要な処分を命ずることができる（7条1項〜3項）。

ウ　支援の内容——財産管理と身上監護

成年後見制度の支援の内容は財産管理と身上監護の事務（成年後見事務）である。財産管理は本人の財産を保全，管理する事務をいい，身上監護は財産管理以外の生活又は療養看護に関する事務をいう（858条参照）。身上監護の事務は，社会福祉系事務，医療系，その他の生活系の各事務に分類することができる。

成年後見制度の実務をみると，とりわけ身上監護の支援において，社会福

祉施設，病院，その他の生活関連施設など，地域における関係機関への「つなぎ役」としての役割を果たしている。かかる機能が発揮されることによって，本人の生活の質（Quality of Life）の維持・向上を図ることができる。ここでは民法と社会福祉との関係や連携のあり方が問われている。

エ　支援の方法——成年後見人，保佐人，補助人の事務

成年後見　後見開始の審判の対象となる者は，精神上の障害により事理を弁識する能力（事理弁識能力）を欠く常況にある者である（7条）。成年後見の類型は旧制度の禁治産に相当するところ，禁治産は心神喪失の常況にあることが要件とされていた。事理弁識能力を欠くことと心神喪失は，能力低下の程度においてほぼ同じ状況にあるものと捉えられている。本制度は制度の支援を受ける者について精神上の障害に着目しており，身体上の障害は制度の対象外である。

　成年被後見人の法律行為は，取り消すことができる。ただし，日用品の購入その他日常生活に関する行為については，この限りでない（9条）。本条ただし書は，成年後見制度における本人の残存能力尊重・自己決定権尊重の趣旨を明らかにするものである。すなわち，事理弁識能力を欠く常況にあるということは，常に能力を欠くと同義ではなく，ときに能力が回復することを認める。また，成年被後見人の日常生活行為が取消しの対象となっていては「日常生活に関する行為」という生活の基本に関する取引が制限されるおそれがあるからである。

保　佐　保佐開始の審判の対象になる者，すなわち保佐の支援を受ける者は，精神上の障害によって事理弁識能力が著しく不十分である者である（11条）。

　保佐人の職務は，一定の行為に対する①同意権，②取消権，③代理権の全部又は一部を行使することによって，本人のために財産管理や身上監護の事務を行うことである。

　民法は，被保佐人が行為をするにあたり保佐人の同意を要する行為（要同意事項）を列挙している（13条1項本文）。ただし，後見類型において前述したことと同じ理由から，9条ただし書に規定する行為は同意の対象から除かれる（同ただし書）。

　保佐人の同意を要する行為は，元本の領収，借財，保証，不動産の売買，訴訟行為，相続の承認や放棄，新築や増改築など，財産行為のうちでも重要な行為が列挙されている。このような行為については被保佐人を保護するため保佐人の同意を要求し，同意を得ないで行為がなされた場合には一定の者が取り消すことができるとしたものである。

　13条1項本文に列挙された行為以外の行為（9条ただし書の行為を除く）についても，家庭裁判所は一定の者の請求により，保佐人の同意を要する旨の審判をすることができる（13条2項）。保佐人の同意を得ないでした行為は，被保佐人又は保佐人がこれを取り消すことができる（13条4項。120条1項参照）。当該行為はこれを取り消すことにより無効になる。これにより，被保佐人は当該行為に基づく責任（例えば，契約における債務の履行）を免れる。

　代理権については，家庭裁判所は審判によって，当事者が申立てにより選択した「特定の法律行為」について代理権を付与することができる（代理権付与の審判）。すなわち，家庭裁判所は，11条本文に規定する者（本人，配偶者，4親等内の親族，後見人，後見監督人，補助人，補助監督人又は検察官）又は保佐人若しくは保佐監督人の請求によって，被保佐人のために特定の法律行為について保佐人に代理権を付与する旨の審判をすることができる（876条の4第1項）。本人以外の者の請求によって代理権付与の審判をするには，本人の同意がなければならない（同2項）。

　補　助　補助開始の審判の対象になる人は，精神上の障害によって事理弁識能力が不十分な者である（15条1項）。このような者は重要な財産行為を単独で適切にできるかが不安であり，一定の行為については同意を必要とし，あるいは本人のために第三者が代わって行った方がよい場合がある。

　補助開始の審判は，補助人の同意を要する旨の審判（17条第1項の審判）又は補助人に代理権を付与する旨の審判（876条の9第1項の審判）とともにしなければならない（15条3項）。本人以外の者の請求により補助開始の審判をするには本人の同意がなければならない（15条2項）。

　補助人の職務は，特定の法律行為について，①同意権，②取消権，③代理権の全部又は一部を行使することによって，本人のために財産管理や身上監

護の事務を行うことである。同意権，代理権については，それぞれ家庭裁判所の審判によって付与される。

　補助人は，その行った職務の内容（補助の事務）を定期的に家庭裁判所に報告しなければならない。補助人の家庭裁判所に対する報告義務は，本人の判断能力が回復して補助開始の審判が取り消されるか（18条），あるいは本人が死亡するまで継続する。家庭裁判所への報告は，補助人による成年後見業務の執行に対して家庭裁判所が監督機能を果たすために必要とされている。成年後見人，保佐人も同様である。

オ　制限行為能力者の相手方の催告権─相手方保護の1

　民法（20条）は，①制限行為能力者の相手方はその制限行為能力者が行為能力者となった後，その者に対し，1箇月以上の期間を定めて，その期間内にその取り消すことができる行為を追認するかどうかを確答すべき旨の催告をすることができること，その場合において，その者がその期間内に確答を発しないときはその行為を追認したものとみなすこと（1項），②制限行為能力者の相手方が，制限行為能力者が行為能力者とならない間に，その法定代理人，保佐人又は補助人に対しその権限内の行為について同様に催告をした場合において，これらの者が同項の期間内に確答を発しないときも同様とすること（2項），③特別の方式を要する行為については，上記の期間内にその方式を具備した旨の通知を発しないときは，その行為を取り消したものとみなすこと（3項），④制限行為能力者の相手方は，被保佐人又は17条1項の審判を受けた被補助人に対しては，上記の期間内にその保佐人又は補助人の追認を得るべき旨の催告をすることができ，この場合においてその被保佐人又は被補助人がその期間内にその追認を得た旨の通知を発しないときは，その行為を取り消したものとみなすこと（4項），を定めている。

　本条の催告権とは，制限行為能力者の相手方が，制限行為能力者が行った取り消すことができる行為を追認するかどうかを要求する権利をいう。

カ　制限行為能力者の詐術─相手方保護の1

　制限行為能力者が行為能力者であることを信じさせるため詐術を用いたときは，その行為を取り消すことができない（21条）。

　制限行為能力者制度，すなわち未成年者制度及び成年後見制度における本

人の利益と取引安全との調整を図るために，民法は前条の催告権の制度とともに，本条の，詐術による取消権剥奪の制度を設けた。すなわち，本条は制限行為能力者が，自己を行為能力者であると信じさせるために詐術を用いた場合には，その行為を取り消すことができないことを定めている。

　かかる詐術による取消権剥奪の制度は，判断能力が未熟かあるいは低下し，保護・支援の対象になるとはいえ，その者が詐術を用いた場合には制度の保護するに値しないとし，取消しの利益を受けることができないとするものである。

　判例は当初，詐術を狭義に解し，無能力者が相手方に能力者たることを信じさせるため積極的手段を用いることを求め，準禁治産者が金銭貸借の場合に無能力者でないことを通知し，又は無能力者であることを告げず，若しくは営業資本に使用するために借用することを明言したときに，詐術に当たらないとしていた（大判大 5・12・6 民録 22・2358）。しかし，その後，無能力者であることを黙秘することは，無能力者の他の言動などと相まって，相手方を誤信させ，又は誤信を強めたものと認められるときには民法 20 条にいう詐術に当たるとし，他方，黙秘することのみでは詐術に当たらないとした。すなわち，最判昭 44・2・13 民集 23 巻 2 号 291 頁は，「民法 20 条（現 21 条）にいう「詐術ヲ用ヰタルトキ」とは，無能力者が能力者であることを誤信させるために，相手方に対し積極的術策を用いた場合にかぎるものではなく，無能力者が，ふつうに人を欺くに足りる言動を用いて相手方の誤信を誘起し，又は誤信を強めた場合をも包含すると解すべきである。したがって，無能力者であることを黙秘していた場合でも，それが，無能力者の他の言動などと相俟って，相手方を誤信させ，又は誤信を強めたものと認められるときは，なお詐術に当たるというべきであるが，単に無能力者であることを黙秘していたことの一事をもって，右にいう詐術に当たるとするのは相当ではない。」と判断した。本人と取引の相手方との保護のバランスを考慮したものであるが，解釈論の重点は取引の動的安全に傾斜した。

キ　成年後見制度の課題

　判断能力の低下を基準にすると，成年後見制度は判断能力低下後（事後）の支援を目的としている。しかし，その実態は，欠格条項の存在，障害者権利

条約との抵触問題などの基本的人権に関する問題があり（田山輝明編著『成年後見制度と障害者権利条約 東西諸国における成年後見制度の課題と動向』（三省堂，2012 年）参照），財産管理にあたっては成年後見人等による違法行為もみられる。

　地域生活をみると，判断能力の低下はみられないが日常生活に不安を感じている人は少なくなく，いわゆる健常者といわれる人がしばしば消費者被害に遭い，契約のトラブルにまき込まれている。こうした状況に対応するためには，判断能力が低下する前から支援者が関与すること，すなわち事前の関与が望ましい。その人の過去からの時間，その人をとりまく空間をプロセスとして捉えることが必要である。現在，こうした視点から「事前から事後へ」連続的，一体的に支援を行い，地域生活の全体を支援する意思決定サポートシステムが構想されている。本人が何を望んでいるかを個々に追求し，日常生活自立支援事業など地域の資源を活用して総合的な支援を進めることが必要である（小賀野晶一・成本迅・藤田卓仙編『認知症と民法』（勁草書房，2018 年），成本迅・藤田卓仙・小賀野晶一編『認知症と医療』（勁草書房，2018 年），藤田卓仙・小賀野晶一・成本迅『認知症と情報』（勁草書房，2019 年））。

ク　郵便物等における改善

　成年後見人による死後の事務処理に関する規律の明確化が求められていたところ，2016 年，成年後見の事務の円滑化を図るための民法及び家事事件手続法の一部を改正する法律が制定され，立法上の手当がなされた。

　第 1 に，成年後見人が家庭裁判所の審判を得て成年被後見人宛郵便物の転送を受けることができるようになり（民法 860 条の 2，860 条の 3），第 2 に，成年後見人が成年被後見人の死亡後にも行うことができる事務（死後事務）の内容及びその手続が明確化された（民法 873 条の 2）。家事事件手続法はこの 2 点に関する審判手続の規定を新設した。

　873 条の 2 は成年被後見人の死亡後の成年後見人の権限について，成年後見人は成年被後見人が死亡した場合において，必要があるときは，成年被後見人の相続人の意思に反することが明らかなときを除き，相続人が相続財産を管理することができるに至るまで，次の①〜③の行為をすることができる（ただし，③の行為をするには，家庭裁判所の許可を得なければならない）と定め，①相続財産に属する特定の財産の保存に必要な行為，②相続財産に属する債務（弁

済期が到来しているものに限る）の弁済，③その死体の火葬又は埋葬に関する契約の締結その他相続財産の保存に必要な行為（①②の行為を除く）を掲げている。

改正法の上記規定は法定後見の成年後見類型のみを対象とし，保佐や補助の各類型には適用されず，任意後見や未成年後見にも適用されない。

ケ　医療契約（診療契約）とインフォームド・コンセント

医療契約とは，一定の医療（行為）の提供を目的とする医療側と患者側との契約をいう。医療契約の一方当事者である医師あるいは医療機関は，当該医療水準に基づく注意義務を負っている。その内容は医療機関の専門性，医療行為の態様等によって特徴づけられる。医療契約は役務提供型契約の1つであるが，一方当事者（患者側）のために他方当事者（医療側）の後見的関与を必要としていると考えることができる。

手術等の医的侵襲行為にあたっては医療機関（医師）による十分な説明と患者の同意（医療同意）が必要とされている。かかるインフォームド・コンセント（informed consent. 十分な説明と同意）は，医療契約のもとにおいて，説明から同意に至る連続するプロセスを形成しており，かかる動的な捉え方をすることが必要であろう。医療同意の問題は医療契約における後見的関与の1つとみることができる。

患者が医療同意の意味を理解できない場合にインフォームド・コンセントをどのように考えるかが問題となっている。これが医療同意の問題であり，第三者が医療同意の権限があるというためにはその根拠が必要である。医療同意における代理あるいは代諾・代行の性質を明らかにすることは，医療同意の根拠論となり得る。代理説は，財産法論理が支配する範囲では必要かつ有効な考え方であるが，医療同意は財産法の論理だけでは説明することができず，代理説には限界がある。

以上の問題は，終末期医療のあり方としても問題となる。胃ろう，人工呼吸器あるいは人工透析の方法を用いて延命を図る延命医療に対して，患者の尊厳（人間尊厳）のあり方が問われているのである。

以上，法学としては，民法をどのように捉えるかという基本問題であり，民法とその特別法との関係，民法と社会福祉との関係など，民法の及ぶ範囲

に関する議論が必要であろう。成年後見問題，意思決定支援のあり方など個々の問題について議論を開始することが必要である。そして，このようなアプローチの視点は，消費者問題など私たちの生活・生活関係に関するその他の課題にアプローチする一般的な視点となるものであろう。

⎡5　住所，不在者の財産の管理，失踪の宣告⎤

民法典の人の章では，権利能力，意思能力，行為能力に続けて，住所，不在者の財産管理，失踪の宣告，同時死亡の推定について規律する。

⑴　住　所

民法は各人の生活の本拠をその者の住所とみなしている（22条）。

⑵　不在者の財産管理

民法は，不在者であっても不在者の財産については第三者の利害が関係するので，その財産管理について規律する（25条以下）

⑶　失踪の宣告（失踪宣告）

事故，災害等（拉致被害者を含む）で行方不明になるなどして，生死不明の状態が一定期間継続することがあるが，かかる場合にその者が死亡したものとして権利・義務を整理する制度が失踪の宣告である（以下「失踪宣告」という）。

失踪宣告には失踪の態様により普通失踪と特別失踪があり，それぞれ要件が違っている（30条）。

失踪宣告がなされると死亡したものとみなされる（失踪宣告の効果）（31条）。失踪者が生存していた場合等は，本人又は利害関係人の請求により家庭裁判所は失踪宣告を取り消さなければならない（32条本文）。この場合において，その取消しは，失踪宣告後その取消し前に善意でした行為の効力に影響を及ぼさない（同条ただし書）。ただし書については，身分行為，特に再婚の効力，旧婚の効力などについて学説が分かれている。当事者の直近の意思を尊重し，婚姻秩序の安定を考えると，再婚のみを有効と解することになろう。失踪宣告により戸籍上は除籍の手続がとられ，失踪宣告の取消しにより除籍された

戸籍の回復の手続がとられる。

　失踪宣告の効果として死亡したものとみなされるが，実際には生存している場合があり，この場合にはその人の権利能力はその生活の範囲においてなくならないというのが民法のほぼ定説である。論理的には「死亡したものとみなされる」を文字通りに捉え，権利能力を喪失するという解釈も不可能ではない。この点，民法典の「死亡したものとみなされる」という表現はやや的確性を欠いている。

　なお，失踪宣告とは別に認定死亡 (戸籍法 89 条) の制度があり，こちらは戸籍上の処理として死亡として扱うものである。

図Ⅲ—6　失踪宣告

	【要件：生死不明の期間】	【効果：死亡とみなされる】
普通失踪	不在者が 7 年間	7 年の満了時
特別失踪	危難の去った後 1 年間	危難の去った時

戸　　籍　　戸籍には，本籍のほか，戸籍内の各人について，氏名，出生の年月日，戸籍に入った原因及び年月日，実父母の氏名及び実父母との続柄，養子であるときは養親の氏名及び養親との続柄，夫婦については夫又は妻である旨，他の戸籍から入った者についてはその戸籍の表示，その他法務省令で定める事項，を記載しなければならない (戸籍法 13 条)。戸籍に関する事務は，市町村長がこれを管掌する (同 1 条)。

　このように戸籍には，個人情報の基本的事項 (あるいは個人を特定するための基本的情報) が記載されている。

6　同時死亡の推定

　数人が死亡し，その死亡の先後が明らかでないときは，同時に死亡したものと推定される (32 条の 2)。死亡により権利能力がなくなるからその相互に相続は生じない。ただし，代襲相続は生じる (887 条 2 項，889 条 2 項)。同時死亡は，地震，津波など自然災害のほか，交通事故，爆発事故，火災などで生じている。

・みなす（31条），推定する（32条の2）

　反証（反対の証拠）を挙げて覆すことができるかどうかによって使い分けている。覆すことができないのが「みなす」であり（覆すためには取消しを必要とする），覆すことができるのが「推定する」である。

・善意（32条ただし書），悪意

　ある事情を知っているかどうかによって使い分けている。知らないのが「善意」であり，知っているのが「悪意」である。ちなみに，知らないことにつき過失がない場合を善意無過失，過失がある場合を善意有過失という。

第2　法人──もう1つの権利の主体

1　概　観

　法人の規定は，民法典第1編「総則」第3章に置かれている。

　民法は私たちの生活を規律するために，人，物，権利の制度（民法制度）を導入し，そのための規定を設けている。権利の主体として認められるものは，人＝自然人（民法典第1編第1章）だけでなく，法人がある。法人とは法によって認められた人をいう。私たちの人の行動には限界があり，この限界を克服する役割が法人には期待されている。今日，法人の果たす役割は特筆すべきものがある。

　他方，人以外の動物や，植物，自然には権利能力が付与されておらず，権利の主体となることができない。この意味では，民法は人間中心主義に立っている。そして，かかる人間中心主義の考え方は民法以外の他の法分野でも維持されている。

　法人を権利の主体として認める意味は，自然人の能力を補充し，あるいは，その活動範囲を拡大させることにある。また，団体をめぐる法的関係や団体の財産関係の処理を単純にする。法人は自然人とは異なる独自の社会的機能を果たしている。端的にいえば，法人は私たちの欲望を満たす制度（技術）でもある。その社会経済において果たしてきた価値・長所を延ばしつつ，他方，仕組みが悪用され弊害となっている部分を除去することが，法人制度が抱える課題である。

　法人は権利の主体として社会において活動し，社会との関係が生じるため，登記制度が設けられ，法人の設立，組織，消滅などは登記によって第三者に公示されている。

　法人の意思決定はどのように行われるか。法人といえども，法人のルールのもとで，「人」(本書Ⅲ第1) の意思決定が働いている。なお，本書において「人」について述べているところは，自然人，すなわち生身の生命体としての人間の部分を除いて，法人に妥当する。

［2］　法人法定主義

　法人は，民法やその他の法律の規定によらなければ，成立しない (33条1項)。学術，技芸，慈善，祭祀 (さいし)，宗教その他の公益を目的とする法人，営利事業を営むことを目的とする法人その他の法人の設立，組織，運営及び管理については，この法律その他の法律の定めるところによる (同2項)。法人は法律に基づいてのみ成立するという考え方を法人法定主義という。

　「その他の法律」によって設立される公益法人には，学校法人 (私立学校法)，宗教法人 (宗教法人法)，医療法人 (医療法) などがあり，主務官庁の許可が必要である (許可主義)。会社は営利を目的とする法人であり，会社法の定める要件が具備されれば設立が認められる (準則主義)。

　民法が定める法人は，一定の目的のために権利能力が認められた社団又は財団をいい，いずれも一般法人と公益法人がある。団体としての活動において，社団は人に，財団は財産に重点がある。

　法人は，個々の人 (自然人) の意思に基づいて設立され (かかる法律行為を合同行為という)，人によって運営される。これは私的意思自治の側面にほかならない。

　なお，法人は，その機関の活動によって権利を取得し，義務を負うという点で，その仕組みは代理と類似し，自然人の行動範囲を拡張させることにおいて，代理の機能と類似する。

(1)　権利能力

　法人の権利能力は，法人の目的によって制限される。すなわち，法人は，

法令の規定に従い，定款その他の基本約款で定められた目的の範囲内において，権利を有し，義務を負う（34条）。なお，自然人である人は権利能力の制限はないが，失踪宣告を受けると死亡したものとみなされ，仮に生存していた場合にはその生活の範囲内でのみ権利能力を有すると解される（通説，後述）。人はまた，行為能力の制限を受ける（未成年者制度，成年後見制度）。

　条文は「目的の範囲内」と規定するが，これを厳格に解すると相手方が目的範囲内と思って取引をしても，範囲外だとされ取引の効果を取得できなくなることがある。これでは取引安全が阻害される。したがって，目的の範囲内には，法人が目的を達成するために必要な行為が含まれる。

【判例】
　　○寄付（政治献金）は会社の目的の範囲内か
　　会社による政治資金の寄付（政治献金）は，客観的，抽象的に観察して，会社の社会的役割を果たすためになされたものと認められる限りにおいては，会社の定款所定の目的の範囲内の行為である（最判昭45・6・24民集24巻6号625頁）。

(2)　権利能力のない社団

　権利能力のない社団というためには，団体としての組織をそなえ，そこには多数決の原則が行われ，構成員の変更にもかかわらず，団体そのものが存続し，その組織によって代表の方法，総会の運営，財産の管理その他団体としての主要な点が確定しているものでなければならない（最判昭39・10・15民集18巻8号1671頁）。

　権利能力のない社団は，法人ではないが，法人と同様，構成員は有限責任とされている。訴訟の原告，被告にもなり得る（民事訴訟法29条）。ただし，その名で登記することはできない。権利能力のない財団についても権利能力のない社団と同様の考え方がとられている。

［3］　行為能力――法人の本質をどのように理解するか

　法人の行為能力をどのように考えるかについては，法人本質論と関連して論じられている。法人の行為は事実行為を含まず，法律行為に限られると解

すべきであるとすれば，代表理論によっても代理に関する規定が適用されるので実際上の差異はほとんどない。自然人で問われる意思能力は，法人では問われない。

　法人の本質について法人擬制説，法人否認説，法人実在説などの学説が主張された（各説につき諸論がある）が，今日では議論の実益がどれほどあるかが問われている。

　擬制説は，法人は実在せず，法の擬制したものに過ぎないという。その結果，法人の行為は認められず，代表機関の行為の効果が法人に帰属する。ここでの法的関係は，代表機関の行った代理行為の効果が本人たる法人に帰属するという。実在説は，法人は実在すると捉え，法人自身の行為を認める。ここでは代表機関が法人の行為を代表する。擬制説によるにせよ，実在説によるにせよ，代理あるいは代表という概念を用い，人の行為を必要とする。代表は代理の方法，代理の理論を参考にする。

　広義では，法人も代理も，財産管理の方法といえる。このため，民法教科書では「法人」は「代理」の近くに配置されることがある。本書は民法典の構成に従い，権利の主体としての法人を重視した。

［4　法人制度の改革］

　民法の法人法については，2006 年に改正が行われ，法人の設立，管理，解散に係る 38 条から 84 条までの規定が削除，新たに，一般社団法人及び一般財団法人に関する法律（以下，「一般法人法」ともいう）など 3 法（いわゆる公益法人制度改革 3 法）が制定された（2008 年 12 月 1 日施行）。

　一般社団法人と一般財団法人は，一般法人法によって認められる法人であり，剰余金の分配を目的としない社団及び財団について，準則主義（登記）によって法人格を取得することができる。旧規定では，民法によって設立される法人（民法法人）は公益法人のみであったが，新制度のもとではその行う事業の公益性の有無は問われない。設立は登記（法務局）のみ，監督官庁はない。設立・維持に必要な条件は，社団法人は一定数の理事・社員など，財団法人は一定数の理事ら，300 万円以上の財産拠出である。

　公益社団法人と公益財団法人は，一般社団法人と一般財団法人のうち，公

益法人認定法（公益社団法人及び公益財団法人の認定等に関する法律）に基づき内閣府に設けられる公益認定等委員会により公益性があると認定された法人をいう。設立は一般法人が公益認定を受けることである。監督官庁は内閣府や都道府県。設立・維持に必要な条件は，定期的な活動報告・収支報告（開示義務）など，である。

　民法上は，33条（法人の設立等），34条（法人の能力），35条（外国法人），36条（登記），37条（外国法人の登記）の5ヶ条のみとなった。

⑤　一般社団法人及び一般財団法人に関する法律（一般法人法）

　法人には社団法人と財団法人がある。ここに社団とは一定の目的のもとに結合し組織化された人の集団をいい，財団とは一定の目的に捧げられた財産を中心とする組織をいう。以下，一般法人法を概観する。

　一般社団法人及び一般財団法人の設立，組織，運営及び管理については，他の法律に特別の定めがある場合を除くほか，この法律の定めるところによる（1条）。

　一般社団法人及び一般財団法人は，法人とする（3条）。法人格は本条によって付与されている。各法人の具体的規定については，一般社団法人について規定し，主要規定については一般財団法人に準用する形をとっている。

⑴　一般社団法人

　一般社団法人を設立するには，その社員になろうとする者（以下「設立時社員」という。）が，共同して定款を作成し，その全員がこれに署名し，又は記名押印しなければならない（10条1項）。

　一般社団法人の定款には，次に掲げる事項を記載し，又は記録しなければならない（11条1項）。

　　　①目的，②名称，③主たる事務所の所在地，④設立時社員の氏名又は名称及び住所，⑤社員の資格の得喪に関する規定，⑥公告方法，⑦事業年度

　定款は，公証人の認証を受けなければ，その効力を生じない（13条）。

　一般社団法人は，その主たる事務所の所在地において設立の登記をするこ

とによって成立する (22条)。 一般社団法人では理事会を設置するかどうか
は任意とされている (60条2項)。一般社団法人は，理事会設置一般社団法人
と理事会非設置一般社団法人がある。

　理事は，定款に別段の定めがある場合を除き，一般社団法人 (理事会設置一
般社団法人を除く。) の業務を執行する (76条1項)。理事が2人以上ある場合に
は，一般社団法人の業務は，定款に別段の定めがある場合を除き，理事の過
半数をもって決定する (同2項)。

　理事は，一般社団法人を代表する。ただし，他に代表理事その他一般社団
法人を代表する者を定めた場合は，この限りでない (77条1項)。代表理事は，
一般社団法人の業務に関する一切の裁判上又は裁判外の行為をする権限を有
する (同4項)。

　一般社団法人は，代表理事その他の代表者がその職務を行うについて第三
者に加えた損害を賠償する責任を負う (78条)。

　理事は，法令及び定款並びに社員総会の決議を遵守し，一般社団法人のた
め忠実にその職務を行わなければならない (83条)。理事は，競業及び利益相
反取引の制限を受ける (84条1項)。理事会が設置されている場合には，業務
執行の決定は理事会が行う (90条2項1号)。

　理事，監事又は会計監査人 (以下「役員等」という) は，その任務を怠ったと
きは，一般社団法人に対し，これによって生じた損害を賠償する責任を負う
(111条1項)。

　役員等がその職務を行うについて悪意又は重大な過失があったときは，当
該役員等は，これによって第三者に生じた損害を賠償する責任を負う (117条
1項)。

　役員等が一般社団法人又は第三者に生じた損害を賠償する責任を負う場合
において，他の役員等も当該損害を賠償する責任を負うときは，これらの者
は，連帯債務者とする (118条)。

(2)　一般財団法人

　一般財団法人を設立するには，設立者 (設立者が2人以上あるときは，その全員) が
定款を作成し，これに署名し，又は記名押印しなければならない (152条1項)。

一般財団法人の定款には，次に掲げる事項を記載し，又は記録しなければならない（153条1項）。

①目的，②名称，③主たる事務所の所在地，④設立者の氏名又は名称及び住所，⑤設立に際して設立者（設立者が二人以上あるときは，各設立者）が拠出をする財産及びその価額，⑥設立時評議員（一般財団法人の設立に際して評議員となる者をいう），設立時理事（一般財団法人の設立に際して理事となる者をいう）及び設立時監事（一般財団法人の設立に際して監事となる者をいう）の選任に関する事項，⑦設立しようとする一般財団法人が会計監査人設置一般財団法人（会計監査人を置く一般財団法人又はこの法律の規定により会計監査人を置かなければならない一般財団法人をいう）であるときは，設立時会計監査人（一般財団法人の設立に際して会計監査人となる者をいう）の選任に関する事項，⑧評議員の選任及び解任の方法，⑨公告方法，⑩事業年度

152条1項及び2項の定款は，公証人の認証を受けなければ，その効力を生じない（155条）。

一般財団法人は，その主たる事務所の所在地において設立の登記をすることによって成立する（163条）。

一般財団法人は，評議員，評議員会，理事，理事会及び監事を置かなければならない（170条1項）。これらは必置とされているのである。一般財団法人は，定款の定めによって，会計監査人を置くことができる（同2項）。一般財団法人と評議員，理事，監事及び会計監査人との関係は，委任に関する規定に従う（172条1項）。

第2章第3節第3款（64条，67条3項及び70条を除く）の規定（「機関」の規定で，社員総会（35条〜59条），社員総会以外の機関の設置（60条〜62条），役員等の選任及び解任（63条〜75条），理事（76条〜89条），理事会（90条〜98条），監事（99条〜106条），会計監査人（107条〜110条），役員等の損害賠償責任（111条〜118条）の各規定——小賀野）は，一般財団法人の理事，監事及び会計監査人の選任及び解任について準用する。（以下割愛）

第2章第3節第8款（117条2項1号ロを除く）の規定は，一般財団法人の理事，監事及び会計監査人並びに評議員の損害賠償責任について準用する（198

条)。【以下,割愛。一般社団法人の「社員総会」を一般財団法人では「評議員会」と読み替えるなど,読み替えの定め】

> **6　公益認定──2006年「公益社団法人及び公益財団法人の認定等に関する法律」(2008年施行)**

　本法は,内外の社会経済情勢の変化に伴い,民間の団体が自発的に行う公益を目的とする事業の実施が公益の増進のために重要となっていることにかんがみ,当該事業を適正に実施し得る公益法人を認定する制度を設けるとともに,公益法人による当該事業の適正な実施を確保するための措置等を定め,もって公益の増進及び活力ある社会の実現に資することを目的とする(1条)。公益法人改革の根拠法である。本法に基づき,内閣府公益認定等委員会が設置された。内閣総理大臣の諮問に応じ,公益認定等に関する申請等に対する処分を審議し,また,同大臣の権限委任に基づき,公益法人に対する立入検査,監督,勧告を行うことができる。

　公益目的事業を行う一般社団法人又は一般財団法人は,行政庁の認定を受けることができる(4条)。公益社団法人とは4条の認定を受けた一般社団法人をいい,公益財団法人とは4条の認定を受けた一般財団法人をいう。公益法人とは公益社団法人又は公益財団法人をいう。公益目的事業とは学術,技芸,慈善その他の公益に関する別表各号に掲げる種類の事業であって,不特定かつ多数の者の利益の増進に寄与するものをいう(2条1号~4号)。

別表（2条関係）

①学術及び科学技術の振興を目的とする事業
②文化及び芸術の振興を目的とする事業
③障害者若しくは生活困窮者又は事故，災害若しくは犯罪による被害者の支援を目的と
　する事業
④高齢者の福祉の増進を目的とする事業
⑤勤労意欲のある者に対する就労の支援を目的とする事業
⑥公衆衛生の向上を目的とする事業
⑦児童又は青少年の健全な育成を目的とする事業
⑧勤労者の福祉の向上を目的とする事業
⑨教育，スポーツ等を通じて国民の心身の健全な発達に寄与し，又は豊かな人間性を涵
　かん養することを目的とする事業
⑩犯罪の防止又は治安の維持を目的とする事業
（以下，⑪～㉓は略）

7　NPO法人──特定非営利活動促進法

　本法は，特定非営利活動を行う団体に法人格を付与すること並びに運営組織及び事業活動が適正であって公益の増進に資する特定非営利活動法人の認定に係る制度を設けること等により，ボランティア活動をはじめとする市民が行う自由な社会貢献活動としての特定非営利活動の健全な発展を促進し，もって公益の増進に寄与することを目的とする（1条）。

　本法は，1995年阪神淡路大震災を契機に，近年特に活発になっているボランティア活動の団体に法人格を与えることによって，その活動を制度的に支える役割を果たしている。

　「特定非営利活動」とは，別表（後掲）に掲げる活動に該当する活動であって，不特定かつ多数のものの利益の増進に寄与することを目的とするものをいう（2条1項）。

　「特定非営利活動法人」とは，特定非営利活動を行うことを主たる目的とし，本法の定めるところにより設立された法人をいう。宗教の教義を広め，儀式行事を行い，及び信者を教化育成することを主たる目的とするものでないこと，政治上の主義を推進し，支持し，又はこれに反対することを主たる目的とするものでないこと，特定の公職（公職選挙法3条に規定する公職をいう）の候補者（当該候補者になろうとする者を含む）若しくは公職にある者又は政党を推薦

し，支持し，又はこれらに反対することを目的とするものでないこと（同2項2号参照）などの要件がある。

　特定非営利活動法人を設立しようとする者は，都道府県又は指定都市の条例で定めるところにより，次に掲げる書類を添付した申請書を所轄庁に提出して，設立の認証を受けなければならない（10条1項）。

　　①定款
　　②役員に係る次に掲げる書類
　　　イ　役員名簿（役員の氏名及び住所又は居所並びに各役員についての報酬の有無を記載した名簿をいう。）
　　　ロ　各役員が20条各号に該当しないこと及び21条の規定に違反しないことを誓約し，並びに就任を承諾する書面の謄本
　　　ハ　各役員の住所又は居所を証する書面として都道府県又は指定都市の条例で定めるもの
　　③社員のうち10人以上の者の氏名（法人にあっては，その名称及び代表者の氏名）及び住所又は居所を記載した書面
　　④2条2項2号及び12条1項3号に該当することを確認したことを示す書面
　　⑤設立趣旨書
　　⑥設立についての意思の決定を証する議事録の謄本
　　⑦設立当初の事業年度及び翌事業年度の事業計画書

　特定非営利活動法人は，その主たる事務所の所在地において設立の登記をすることによって成立する（13条1項）。特定非営利活動法人は，前項の登記をしたときは，遅滞なく，当該登記をしたことを証する登記事項証明書及び次条の財産目録を添えて，その旨を所轄庁に届け出なければならない（同2項）。設立の認証を受けた者が設立の認証があった日から6月を経過しても1項の登記をしないときは，所轄庁は，設立の認証を取り消すことができる（同3項）。

別表（2条関係）

①保健，医療又は福祉の増進を図る活動
②社会教育の推進を図る活動
③まちづくりの推進を図る活動
④観光の振興を図る活動
⑤農山漁村又は中山間地域の振興を図る活動
⑥学術，文化，芸術又はスポーツの振興を図る活動
⑦環境の保全を図る活動
⑧災害救援活動
⑨地域安全活動
⑩人権の擁護又は平和の推進を図る活動
　（以下，⑪〜⑳は略）

【判例】

法人格否認の法理

○最判昭44・2・27民集23巻2号52頁

本判決は，株式会社の名義でされた取引についても，株式会社の実質が個人企業と認められる場合には，これと取引をした相手方は，その背後にある実体たる個人の行為と認めて，個人の責任を追及することができ，また，個人名義でされた取引についても，商法504条によらないで，直ちにこれを会社の行為と認めることができるとした。

「思うに，株式会社は準則主義によって容易に設立され得，かつ，いわゆる一人会社すら可能であるため，株式会社形態がいわば単なる藁人形に過ぎず，会社即個人であり，個人即会社であって，その実質が全く個人企業と認められるが如き場合を生じるのであって，このような場合，これと取引する相手方としては，その取引がはたして会社としてなされたか，又は個人としてなされたか判然しないことすら多く，相手方の保護を必要とするのである。ここにおいて次のことが認められる。すなわち，このような場合，会社という法的形態の背後に存在する実体たる個人に迫る必要を生じるときは，会社名義でなされた取引であっても，相手方は会社という法人格を否認して恰も法人格のないと同様，その取引をば背後者たる個人の行為であると認めて，その責任を追求することを得，そして，また，個人名義でなされた行為であっても，相手方は敢て商法504条を俟つまでもなく，直ちにその行為を会社の行為であると認め得るのである。けだし，このように解しなければ，個人が株式会社形態を利用することによって，いわれなく相手方の利益が害される虞があるからである。」

第3　物——権利の客体

1　概　観

　私たちは物を支配し，あるいは物を利用して，生活している。民法典第1編「総則」第4章は，物について規定する。民法において物は権利の客体とされている。

　民法は人が物を支配する関係を物権と捉え，物権法として規律している（民法典第2編「物権」。本書Ⅶ）。以下，物とは何かを中心に，民法における物について概観する。

図Ⅲ—7　民法と物

```
権利（義務）
人　→　物（物権）
```

2　権利の客体

　物は，権利の客体（対象）として位置づけられている。すなわち，権利の客体となるのは，物である。

3　物の定義

　民法において物とは，有体物をいう（85条）。

　電気，光，エネルギーは有体物ではないが，民法の解釈論では，物とは，排他的な支配又は管理可能性があるものと捉え，電気，光，エネルギーも支配又は管理可能性を有するため，物にあたるとしている（拡張解釈）。法の規律を重視した機能的定義ともいえる。ただし，かかる解釈は有体物の日常の用法から離れるばかりでなく，物概念の捉え方としても問題があるとの指摘がなされている。

　物とは何かを追求することは，権利の客体となり得るものを明確にすることを意味する。

支配可能性　物は，物理的に支配することが可能でなければならない。物は通常，取引の対象となり得るものである。したがって，現在のところ，月やマリアナ海溝の底にある石などは，民法における物ではない。仮に，これらを物として契約の対象にしても，実現不可能である，あるいは不能を目的とするものとして無効になる。

　生存する人は，物とはいえない。死亡した人の臓器は物とみることもできるが，物として扱うことは倫理的に問題が生じる。

4　不動産と動産

　物は，不動産と動産に分かれる。不動産とは土地とその定着物（建物など）をいい，動産とは不動産以外のすべての物をいう（86条1項，2項）。民法は，土地と建物を別個の不動産として扱っている（直接明示する規定はないが，抵当権に関する370条参照）。比較法的には土地と建物を一体的に扱う例が多い。

　無記名債権（乗車券，商品券，展覧会等の入場券など）は動産とみなされ（同条3項），譲渡，対抗要件，即時取得等について動産の規定が適用される。

土地の定着物　土地の定着物としては，建物，排水溝，石垣，石段，樹木，鉄塔などがある。このうち建物は，土地とは別の独立した不動産とされている。これは日本法制の特徴である。

　一筆の土地又は一筆の一部分に生立する樹木の集団で，立木法によって登記（所有権保存登記）されたものは，土地から独立した不動産とみなされ，土地と分離して譲渡し，あるいは抵当権を設定することができる（立木法1条，2条）。

　なお，立木法の登記がなくても，明認方法が施された樹木は，取引上，土地とは独立した取扱いがなされている。

A(売主)とB(買主)の売買契約　典型例をみると，Aが所有する物についてAとBの売買をみると，その物の所有権は，売主Aと買主Bの売買の意思表示，すなわち当該の物（特定物）についてAの「売ります」，Bの「買います」の意思表示の合致によって移転する（最判昭33・6・20民集12巻10号1585頁）。代金の支払いや対抗要件（不動産は登記，動産は引渡し）の具備を必要としない。

　不動産と動産では，所有権の移転についての対抗要件（第三者に権利を主張す

るための要件）が異なる。不動産と動産を区別する実益の1つはここにある。他にも，不動産取引と動産取引では違うところがある（本書Ⅶで概観）。

5　主物と従物——従物は主物に従う

畳と家屋，納屋と家屋，石燈ろうと料理店などのように，それぞれ独立し，一方（前者）が他方（後者）の経済的効用を継続的に助けているような関係にある場合，一方を従物，他方を主物という。

主物が処分された場合には，従物もその処分に従う（87条2項）。また，主物に対抗要件が備われば，従物にも対抗力が生ずる。

従物論では，例えば抵当権の効力が及ぶ目的物の範囲はどこまでかという問題において議論されている。

6　元物と果実

収益を生じさせる物を元物といい，その物から生じる収益を果実という。果実には天然果実と法定果実がある。

天然果実とは，物の経済的用法に従い収取する産出物をいう（88条1項）。果実，野菜，羊毛，牛乳，牛・豚などの子，採掘鉱物，伐採樹木，土砂などがこれにあたる。天然果実は特約がなければ，その元物より分離するときにこれを収取する権利を有する者に帰属する。

法定果実とは，物の使用の対価として受ける金銭その他の物をいい，地代，家賃，利息などがこれにあたる。法定果実の収取権者が替わった場合には，特約がなければその権利の存続期間の日割で法定果実を配分する（89条2項）。

7　その他

物の区分として，代替物・不代替物（代替性があるか），特定物・不特定物（特定されているか），消費物・非消費物（消費することができるか），可分物・不可分物（可分かどうか）などがある。

近時は，集合物を客体とする取引（売買契約，担保権設定契約など）が行われ，実務，理論ともに集合物の重要性が増している。

【判例】
　集合物
　○構成部分の変動する集合動産についても，その種類，所在場所及び量的範囲を指定するなどなんらかの方法で目的物の範囲が特定される場合には，一個の集合物として譲渡担保の目的となり得る（最判昭 54・2・15 民集 33 巻 1 号 51 頁（乾燥ネギ事件））。

第 4　民法の権利

1　概　観

　民法における権利は人と人のいわば横の関係で生じるものであり，私権（あるいは私的権利）という。これに対して，例えば選挙権は，国や地方公共団体と私たちとのいわば縦の関係，すなわち公的立場で生じる権利であり，公権あるいは公的権利という。

　私権はその性質や内容の違いに注目すると財産権，人格権，身分権に分かれる。財産権は物権と債権に大別され，財産権は財産法（物権法，債権法）を構成する。財産権には物権，債権の他に，民法に接続して著作権，特許権，商標権等の知的財産権（無体財産権）があり，知的財産法（知財法）の分野が形成されている。補足すると，財産権は，人格権（生命，身体，自由，名誉，貞操などの人格的利益。民法 710 条参照）や身分権（親権，相続権など）と区別される。

2　物権──財産権の 1

　物権とは──人と物の関係（物権法）　民法は，物に対する人の権利を物権として捉えている。物権に関する法を物権法（law of realty の訳が当てられる）という。物権法は，人と物の関係について規律する。

　物権とは，物を直接，排他的に支配する権利をいう。物権の本質はここにある（詳細に解説する近江幸治『民法講義Ⅱ　物権法（3 版）』（成文堂，2006 年），簡潔，明快に解説する角紀代恵『コンパクト民法Ⅰ　民法総則・物権法総論（2 版）』（新世社，2018 年）など参照）。

　1 つの物のうえには，同じ物権は 1 つしか成立しない（一物一権主義）。また，

物権の効力は当事者だけでなく，第三者に及ぶ。以上は物権の本質から導かれる性質と捉えることができる。

図Ⅲ—8

| 物権 |
| 人　→　物 |

物権法の構成　　民法典第2編「物権」の構成は次のようになっている。第1章を物権総則（物権総論），第2章〜第10章を物権各則（物権各論）という（本書Ⅶで概観する）。

第1章「総則」（175条〜179条）

第2章「占有権」（占有権の取得（180条〜187条），占有権の効力（188条〜202条），占有権の消滅（203条・204条），準占有（205条）），第3章「所有権」（所有権の限界＜所有権の内容及び範囲（206条〜208条），相隣関係（209条〜238条）＞，所有権の取得（239条〜248条），共有（249条〜264条）），第4章「地上権」（265条〜269条の2），第5章「永小作権」（270条〜279条），第6章「地役権」（280条〜294条），第7章「留置権」（295条〜302条），第8章「先取特権」（総則（303条〜305条），先取特権の種類＜一般の先取特権（306条〜310条），動産の先取特権（311条〜324条），不動産の先取特権（325条〜328条）＞，先取特権の順位（329条〜332条），先取特権の効力（333条〜341条）），第9章「質権」（総則（342条〜351条），動産質（352条〜355条），不動産質（356条〜361条），権利質（362条〜368条）），第10章「抵当権」（総則（369条〜372条），抵当権の効力（373条〜395条），抵当権の消滅（396条〜398条），根抵当（398条の2〜398条の22），である。

3　債権——財産権の2

債権とは——人と人の関係（債権法）　　民法において，物権と対置される財産権は，債権である。債権とは，人に対して一定の（特定の）行為を請求する権利をいう。

債権には，当事者の約定によって成立する約定債権と，法律上当然に成立する法定債権がある。債権各則のもとに整理される「契約」によって発生す

る債権は約定債権，「事務管理」，「不当利得」，「不法行為」によって発生する債権は法定債権である。

　債権（債務）に関する法を債権法（law of obligations）といい，人と人の関係について規律する。債権法は前述した物権法とともに財産法（Property Law）を構成する。民法典は，債権法を債権総則（債権総論）と債権各則（債権各論）に分けて規律する。補足すると，民法典はパンデクテン方式のもとに，財産権を物権と債権に峻別し，そのうえで物権及び債権のそれぞれに共通するルール（さらには民法全体に共通するルール）を総則編として定めている。債権法では債権の一般ルールを定める「債権総則」を置いている（物権法も同様に「物権総則」がある）。

債権法の構成　「債権総則」，すなわち民法典第3編「債権」の第1章「総則」は，次のような構成になっている。

　第1節：債権の目的（399条〜411条），第2節：債権の効力（第1款：債務不履行の責任等（412条〜422条の2），第2款：債権者代位権（423条〜423条の7），第3款：詐害行為取消権（第1目：詐害行為取消権の要件（424条〜424条の5），第2目：詐害行為取消権の行使の方法等（424条の6〜424条の9），第3目：詐害行為取消権の行使の効果（425条〜425条の4），第4目：詐害行為取消権の期間の制限（426条）），第3節：多数当事者の債権及び債務（第1款：総則（427条），第2款：不可分債権及び不可分債務（428条〜431条），第3款：連帯債権（432条〜435条の2），第4款：連帯債務（436条〜445条），第5款：保証債務（第1目：総則（446条〜465条），第2目：個人根保証契約（465条の2〜465条の5），第3目：事業に係る債務についての保証契約の特則（465条の6〜465条の10））），第4節：債権の譲渡（466条〜469条），第5節：債務の引受け（第1款：併存的債務引受（470条・471条），第2款：免責的債務引受（472条〜472条の4），第6節：債権の消滅（第1款：弁済（第1目：総則（473条〜493条），第2目：弁済の目的物の供託（494条〜498条），第3目：弁済による代位（499条〜504条）），第2款：相殺（505条〜512条の2），第3款：更改（513条〜518条），第4款：免除（519条），第5款：混同（520条））），第7節：有価証券（第1款：指図証券（520条の2〜520条の12），第2款：記名式所持人払証券（520条の13〜520条の18），第3款：その他の記名証券（520条の19），第4款：無記名証券（520条の20））。

　以上が「債権総則」である。ここでの一般ルールのもとに，債権の発生原

因として民法は，契約，事務管理，不当利得及び不法行為を掲げており，これらは「債権各則」として民法典第3編の「債権」の第2章〜第5章が規律している。すなわち，第2章：契約（521条〜696条），第3章：事務管理（697条〜702条），第4章：不当利得（703条〜708条），第5章：不法行為（709条〜724条の2）が配置されている。債権はその発生原因に着目すると，契約によって発生するもの（約定債権）と，法律上の原因，すなわち事務管理，不当利得，不法行為の各事由によって発生するもの（法定債権）がある。

図Ⅲ—9

```
債権（債務）
人　→　人
```

財産権としての債権　　第1に，債権は，財産権として対外的効力を有する。改正法は，債権の対外的効力である債権者代位権（第1章第2節「債権の効力」の第2款），債権者取消権（同第3款第1目「詐害行為取消権の要件」，第2目「詐害行為取消権の行使の方法等」，第3目「詐害行為取消権の行使の効果」，第4目「詐害行為取消権の期間の制限」）の合理化を図った。

　第2に，債権は，財産権として譲渡の対象になり得る。改正法は債権の財産権としての価値を評価し，企業の規模，金融機関の関与など市場の実態に沿うように債権譲渡法の合理化を図った（第4節：債権の譲渡（466条〜479条））。

債権法の特徴　　人々の生活及び生活関係は債権の方法によって行われるところが大きく，債権法のあり方をどのように捉えるかは近代法における重要テーマとされた。債権の制度は，物権の制度を基盤にして，地域における私たちの生活及び生活関係（人と人の関係）を規律している。したがって，このたびの民法改正は，契約法あるいは債権法を中心に，私たちの生活の根幹に関する民法規範のあり方を問うものであった。

　我妻栄が論文「近代法における債権の優越的地位」を発表して相応の年が経過しており，債権法の新しい姿を提示することは意義深い。債権制度の現状を把握し，グローバル社会に通用する契約法及び契約制度を創設する必要がある。民法改正はこれに応えようとするものであることが強調された。

4　その他の財産権

信託の受益権　信託の受益権も財産権であるが，その法的性質については債権と捉えるもの，物権的に捉えるものなど見解が分かれる。

知的財産権　知的財産権（無体財産権ともいう）としては，特許権，著作権，実用新案権などがあり，これらの権利も財産権に属する。

情　報　知的財産の問題でもあるが，情報に関する規律のあり方が問題になる。近年におけるIT（情報技術）やAI（人工知能）の革新的進歩に伴い，民法の財産権やサービスのあり方が問われている。民法の財産権概念をそのまま維持することができるか，キャッシュレス化に伴い決済を中心に債権法を修正する必要はないかなどについて，情報法，独占禁止法などの関連分野とともに，私法の一般法としての民法の態度を明らかにすることが必要である。

5　人格権

財産権は物の価値，すなわち財産的利益に注目したのに対して，人格権は人の価値，人格的利益に注目したものである。

人格権とは　人格権とは，人の生命，身体，自由，名誉，貞操などの人格的利益をいう。人格権は人に関する権利であり，財産権，すなわち財産に関する権利とは異なる。

人格権の根拠　人格権の民法上の根拠となる民法710条は，「他人の身体，自由もしくは名誉を侵害した場合又は他人の財産権を侵害した場合のいずれであるかを問わず，709条の規定により損害賠償の責任を負う者は，財産以外の損害に対しても，その賠償をしなければならない」と定めている。710条の規定は，709条（「故意又は過失によって，他人の権利又は法律上保護される利益を侵害した者は，これによって生じた損害を賠償する責任を負う」）を基礎にし，711条の規定（「他人の生命を侵害した者は，被害者の父母，配偶者及び子に対しては，その財産権が侵害されなかった場合においても，損害の賠償をしなければならない」）とセットになっている。

6　身分権——財産権，人格権とはどこが違うか

(1)　親族の権利

　親族法（725条〜881条）は親族とは何かを定義し，親族の権利，義務など身分関係について規律している。親族法は親族に関する法をいい，財産に関する法である財産法に対置される。

　親族法は総則のほか，婚姻，親子，親権，後見，保佐及び補助，扶養について規律している。例えば，親権の効力では，監護教育，居所指定，懲戒，職業許可，財産管理などについて，後見の事務では，未成年者後見と成年後見のそれぞれの事務について規律している。

　親子には，実親子と養親子がある。民法の親子法は，子の福祉を目的に発展してきた（この点，債権総則で追求されたきた視点とは対極に位置する）。そのなかでも特筆すべき制度が特別養子による親子関係の創設である。特別養子縁組は，子の福祉の増進を図るために，養子となる子の実親（生みの親）との法的な親子関係を解消し，実の子と同じ親子関係を結ぶ制度である。特別養子縁組は，原則として15歳未満の未成年者の福祉のため特に必要があるときに，未成年者とその実親側との法律上の親族関係を消滅させ，実親子関係に準じる養親子関係を家庭裁判所が成立させる縁組制度である（817条の2以下）。

　身分権のうち親権をみると，民法は，親権は権利であり，かつ義務であると定める（820条参照）。親権は一方，子の福祉のために機能してきたが，他方，親の子に対する虐待も後を絶たず，親権制度の意義そのものが問われてきた。民法に投げかけられたこの問題について，親権は権利か義務かが議論されてきたのである。通説は法文の通り，権利と義務の両要素を有すると解する。学説のなかには「親権は義務である」とする親権義務論が主張されていたが，この考え方を鮮明にし，親権は子に対する債務と捉えるべきであるとする見解がある（米倉明「親権概念の転換の必要性——親権は権利なのか義務なのか」米倉明『家族法の研究』156頁以下（新青出版，1999年））。

親族法の構成　民法典第4編「親族」の構成は次のようになっている。
　　第1章「総則」（725条〜730条），第2章「婚姻」（婚姻の成立＜婚姻の要件（731条〜741条），婚姻の無効及び取消し（742条〜749条）＞，婚姻の効力（750条〜754条），夫婦財産制＜総則（755条〜759条），法定財産制（760条〜762条）＞，

離婚＜協議上の離婚（763条769条），裁判上の離婚（770条・771条)＞），第3章「親子」(実子（772条～791条），養子＜縁組の要件（792条～801条），縁組の無効及び取消し（802条～808条），縁組の効力（809条・810条），離縁（811条～817条），特別養子（817条の2～817条の11)＞），第4章「親権」(総則（818・819条），親権の効力（820条～833条），親権の喪失（834条～837条)），第5章「後見」(後見の開始（838条），後見の機関＜後見人（839条～847条），後見監督人（848条～852条)＞，後見の事務（853条～869条），後見の終了（870条～875条），第6章「保佐及び補助」(保佐（876条～876条の5），補助（876条の6～876条の10)），第7章「扶養」(877条～881条)，である。

【判例】
　　○子の福祉と自由意思の探求──子の引渡請求事件（最判昭61・7・18民集40巻5号991頁)
　　「子の引渡請求事件において，意思能力のない幼児の監護はそれ自体人身保護法及び同規則にいう拘束に当たると解すべきものであるが（最判昭43・7・4民集22巻7号1441頁参照），幼児に意思能力がある場合であっても，当該幼児が自由意思に基づいて監護者のもとにとどまっているとはいえない特段の事情のあるときには，右監護者の当該幼児に対する監護は，なお前記拘束に当たるものと解するのが相当である（人身保護規則5条参照）。そして，監護権を有しない者の監護養育のもとにある子が，一応意思能力を有すると認められる状況に達し，かつ，その監護に服することを受容するとともに，監護権を有する者の監護に服することに反対の意思を表示しているとしても，右監護養育が子の意思能力の全くない当時から引き続きされてきたものであり，その間，監護権を有しない者が，監護権を有する者に子を引き渡すことを拒絶するとともに，子において監護権を有する者に対する嫌悪と畏怖の念を抱かざるをえないように教え込んできた結果，子が前記のような意思を形成するに至ったといえるような場合には，当該子が自由意思に基づいて監護権を有しない者のもとにとどまっているとはいえない特段の事情があるものというべきである。」

(2)　相続の権利

　相続法（882条～1044条）は，死亡した人の財産の承継を中心に規律する。相続は財産権に関する規律もしているが，一定範囲の親族を中心にしているので身分権としての要素を有する。
　相続は死亡によって開始する。相続法は，死亡という人の権利能力の終期において，故人の財産上，身分上の関係等について規律するものである。相

続法は二つの要素を有しており，財産関係では「財産相続法」，身分関係では「親族相続法」と整理することができる。

　広義の相続は，第1に，遺言がなければ法定相続（狭義の相続）となる。死亡によって相続が開始し（882条），被相続人（死亡した者）の財産に属した一切の権利・義務（一身専属権を除く）が相続人に承継される（896条）。

　第2に，遺言があれば遺言が法定相続に優先する（遺言による財産の承継を遺言相続ともいう）。遺言の方式には，普通の方式と特別の方式があり，普通の方式には自筆証書遺言，公正証書遺言，秘密証書遺言がある（967条以下）。ただし，相続人は遺留分を有する。すなわち配偶者が相続人の場合あるいは配偶者と子が相続人の場合は被相続人の財産の2分の1，直系尊属（親など）のみが相続人の場合は被相続人の財産の3分の1について，権利を有する（1028条）。兄弟姉妹は遺留分を有しない。遺留分を侵害された場合，権利者はこれを回復することができる（1031条以下）。これによって法定相続と遺言の調整が行われるのである。

相続法の構成　民法典第5編「相続」の構成は次のようになっている。
　第1章「総則」（882条〜885条），第2章「相続人」（886条〜895条），第3章「相続の効力」（総則（896条〜899条），相続分（900条〜905条），遺産の分割（906条〜914条）），第4章「相続の承認及び放棄」（総則（915条〜919条），相続の承認＜単純承認（920条・921条），限定承認（922条937条）＞，相続の放棄（938条〜940条）），第5章「財産分離」（941条〜950条），第6章「相続人の不存在」（951条〜959条），第7章「遺言」（総則（960条〜966条），遺言の方式＜普通の方式（967条〜975条），特別の方式（976条〜984条）＞，遺言の効力（985条〜1003条），遺言の執行（1004条〜1021条），遺言の撤回及び取消し（1022条〜1027条），第8章「遺留分」（1028条〜1044条），である。

(3)　2018年相続法改正

　2018年3月13日の第196回国会（常会）に，「民法及び家事事件手続法の一部を改正する法律案」及び「法務局における遺言書の保管等に関する法律案」が提出され，同年7月6日参議院本会議で可決・成立した（2020年7月までに順次施行された）。

　本改正では，配偶者の居住を保護する仕組み（配偶者居住権，配偶者短期居住権），相続人以外の者の貢献を考慮する仕組み（特別寄与）などの新設，遺産分割（遺産分割の計算，仮払い），遺言（自筆証書遺言の保管，同財産目録の作成方法），遺留分，相続の効力等（権利及び義務の承継等）の各見直し等を行った（法律婚主義に関する重要な付帯決議がなされている）。1980年以来の約40年ぶりの改正である。

【判例】
　　○**嫡出子と嫡出でない子の相続分について**（最大決平25・9・4民集67巻6号1320頁）
　遅くともAの相続が開始した平成13年7月当時においては，立法府の裁量を考慮しても，嫡出子と嫡出でない子の法定相続分を区別する合理的な根拠は失われており，本規定は憲法14条1項に違反すると判断した（判例変更）。本決定を受けた2013年民法改正により，旧900条4号ただし書前段の規定は削除された。
　「本件規定の合理性に関連する以上のような種々の事柄の変遷等は，その中のいずれか一つを捉えて，本件規定による法定相続分の区別を不合理とすべき決定的な理由とし得るものではない。しかし，昭和22年民法改正時から現在に至るまでの間の社会の動向，我が国における家族形態の多様化やこれに伴う国民の意識の変化，諸外国の立法のすう勢及び我が国が批准した条約の内容とこれに基づき設置された委員会からの指摘，嫡出子と嫡出でない子の区別に関わる法制等の変化，更にはこれまでの当審判例における度重なる問題の指摘等を総合的に考察すれば，家族という共同体の中における個人の尊重がより明確に認識されてきたことは明らかであるといえる。そして，法律婚という制度自体は我が国に定着しているとしても，上記のような認識の変化に伴い，上記制度の下で父母が婚姻関係になかったという，子にとっては自ら選択ないし修正する余地のない事柄を理由としてその子に不利益を及ぼすことは許されず，子を個人として尊重し，その権利を保障すべきであるという考えが確立されてきているものということができる。
　以上を総合すれば，遅くともAの相続が開始した平成13年7月当時においては，立法府の裁量権を考慮しても，嫡出子と嫡出でない子の法定相続分を区別する合理的な根拠は失われていたというべきである。」

・形成権と請求権
　私権の分類。権利変動など権利の実現について，それが権利者の一方的意思表示によって生ずるか（形成権という），相手方の一定の行為を必要とするか（請

求権という）によって使い分けている。例えば，形成権には取消権，解除権，買戻権など，請求権には債権，物権的請求権，登記請求権，扶養請求権などがある。なお，私権のうち抗弁権や支配権は，形成権・請求権のいずれにも属しない別の権利である。

第5 時 効

1 時効とはどのような制度か

　民法は，権利の取得や消滅に関して，時効という制度を設けている。ある事実（状態，関係など）が一定の期間経過したことを要件として，権利を取得し（取得時効），あるいは権利が消滅する（消滅時効），という仕組みを時効という。

　権利の取得，消滅は，Aに原始的に生じる場合と，契約のようにBからCに承継的に生じる場合があり，時効の制度は前者に属する。

　ところで，自分の物でないのに自分の物になったり，自分の物なのに他人の物になったりするという時効の制度は，おかしいのではないかという疑問も生ずるであろう。時効はなぜ認められるのかという，時効の根拠が明らかにされなければならない。

　時効は，一定期間継続した事実（あるいは事実関係）を尊重し，それを法的にも認めようとする制度である。時効の根拠は，①継続した事実の尊重，②期間の経過による証拠の散逸（証明の困難），及び③「権利の上に眠る者は保護しない」（イェーリング『権利のための闘争』参照）の3点が指摘されている。

　本書は時効を実体的に権利の取得・消滅（得喪という）のための制度と捉える（実体法説）。学説には，上記②に重点をおき，訴訟法の証拠として捉える見解もある（訴訟法説）。

　改正法は消滅時効の期間について，主観的要件は5年を標準とするなど，重要な改正を行っている。権利の存否に係わる時効制度の改正は，地域における私たちの生活態様に変化をもたらすであろう。

2　取得時効と消滅時効

　民法総則は取得時効と消滅時効の双方について規定を置いている。前述のように，権利（所有権，その他の財産権）を取得する場合を取得時効といい，権利（債権，所有権以外の財産権）が消滅する場合を消滅時効という。民法典は時効の総則規定のもとに取得時効と消滅時効の両者を規定している。

　時効の効力（権利の取得あるいは消滅）は，時効期間の起算日から発生する（144条）。遡及効が認められているのは，一定期間継続した事実（その事実の上に形成された社会秩序）を尊重するという時効の趣旨に基づく。

　改正法は時効の総則と消滅時効を扱った。取得時効は物の原始取得という効果をもたらすなど物権法に関することから，債権法改正の対象外とされた。

3　時効の中断と停止

　時効の中断とは，時効期間の進行中一定の事由が生ずると，それまでに進行してきた期間がゼロに戻ってしまうことをいう。

　時効の停止とは，一定の事情があるときに時効期間の進行を一時停止することをいう（158条～161条）。時効の中断と違って，これまで進行した期間は生きており，ゼロにはならない。一定の事情がなくなれば，既に進行した期間から再び進行する。中断，停止は，権利あるいは権利者を保護する役割をしている。

　改正法は中断を「更新」といい，停止を「完成猶予」として整理している。

4　時効の援用，時効利益の放棄

　民法は時効の効果を，期間の経過によって自動的に発生するとしないで，時効の利益を享受するかどうかについて当事者の意思を尊重している。すなわち，時効は，当事者が時効の利益を受ける旨の意思表示（これを時効の援用という）をしなければ，裁判所は時効が完成したものとして裁判をすることができない（145条）。時効の完成と時効の援用との関係をどのように説明するかについては議論があるが，完成によって時効の効果が確定的に発生するとしないで，裁判所で援用することによって発生する，すなわち時効の効果は時効の援用を停止条件として発生すると解するのが通説である（不確定効果説

という）。

　改正法は、「当事者」の下に、「（消滅時効にあっては、保証人、物上保証人、第三取得者その他権利の消滅について正当な利益を有する者を含む。）」を加えた。すなわち、「時効は、当事者（消滅時効にあっては、保証人、物上保証人、第三取得者その他権利の消滅について正当な利益を有する者を含む。）が援用しなければ、裁判所がこれによって裁判をすることができない。」と定めた。判例を参考にして、時効の援用をすることができる者を法文上に明記し、規律の明確化を図った。

　時効が完成した後、時効の利益を受けたくなければ、それを放棄することができる（146 条の反対解釈）。

　時効の援用や時効利益の放棄は、それを行使した者だけにその効果が生ずる。すなわち、相対的に効果を有する。例えば、主たる債務者が時効の援用をしない場合でも、その保証人は時効を援用することができ、援用すると保証債務は消滅し責任を免れることができるが、主たる債務は消滅していない。すなわち、保証のない債権が残るのである。

⑤　消滅時効

　債権は、10 年間行使しないときは、消滅する（167 条 1 項）。債権又は所有権以外の財産権は、20 年間行使しないときは、消滅する（同 2 項）。

　抵当権は、債務者及び抵当権設定者に対しては、その担保する債権と同時でなければ、時効によって消滅しない（396 条）。なお、債務者又は抵当権設定者でない者が抵当不動産について取得時効に必要な要件を具備する占有をしたときは、抵当権は、これによって消滅する（397 条）。

【判例】
時効の援用
　○消滅時効を援用し得る者は、権利の消滅により直接利益を受ける者に限定されると解される（最判昭 48・12・14 民集 27 巻 11 号 1586 頁、最判平 4・3・19 民集 46 巻 3 号 222 頁）。
　○詐害行為の受益者は、詐害行為取消権行使の直接の相手方とされている上、これが行使されると債権者との間で詐害行為が取り消され、同行為によって得ていた利益を失う関係にあり、反面、詐害行為取消権（債権者取消権）を行使する債権者の債権

が消滅すれば右の利益喪失を免れる地位にあるから，直接利益を受ける者に該当する（最判平 10・6・22 民集 52 巻 4 号 1196 頁）。

　○後順位抵当権者は，先順位抵当権の被担保債権が消滅すると，後順位抵当権者の抵当権の順位が上昇し，これにより被担保債権に対する配当額が増加することがあり得るが，かかる期待は順位の上昇によってもたらされる反射的な利益に過ぎないから，直接利益を得る者には該当しない（最判平 11・10・21 民集 53 巻 7 号 1190 頁）。

　○債務者が，自己の負担する債務について時効が完成した後に，債権者に対し債務の承認をした以上，時効完成の事実を知らなかったときでも，爾後その債務についてその完成した消滅時効の援用をすることはできない（最判昭 41・4・20 民集 20 巻 4 号 702 頁）。

時効の起算点

　○雇用契約上の付随義務としての安全配慮義務の不履行に基づく損害賠償請求権の消滅時効期間は，167 条 1 項により 10 年で，その損害賠償請求権を行使し得る時から進行すると解される。そして，じん肺に罹患した事実は行政上の決定を受けた時に損害の一端が発生したといえるが，病状が進行し，より重い行政上の決定を受けた場合はその決定を受けた時に発生したと解すべきである（最判平 6・2・22 民集 48 巻 2 号 441 頁）。

6　債権の消滅時効──2017 年改正民法（2017 年民法（債権関係）改正法）による新しい規律

（1）　裁判上の請求等による時効の完成猶予及び更新（147 条）

　改正前民法は「時効の中断事由」の見出しのもとに，「時効は，次に掲げる事由によって中断する。」とし，①請求，②差押え，仮差押え又は仮処分，③承認を掲げた。このうち請求は，裁判上の請求（149 条），支払督促（150 条），和解及び調停の申立て（151 条），破産手続参加（152 条），催告（153 条）がある。

　改正法は表記見出しのもとに，147 条 1 項では「次に掲げる事由がある場合には，その事由が終了する（確定判決又は確定判決と同一の効力を有するものによって権利が確定することなくその事由が終了した場合にあっては，その終了の時から 6 箇月を経過する）までの間は，時効は，完成しない。」とし，①裁判上の請求，②支払督促，③民事訴訟法 275 条第 1 項の和解又は民事調停法（昭和 26 年法律第 222 号）若しくは家事事件手続法（平成 23 年法律第 52 号）による調停，④破産手続参加，再生手続参加又は更生手続参加，を掲げた。また，2 項では「完成猶予」について「前項の場合において，確定判決又は確定判決と同一の効力

を有するものによって権利が確定したときは，時効は，同項各号に掲げる事由が終了した時から新たにその進行を始める。」と定めた。

(2)　協議を行う旨の合意による時効の完成猶予

改正法により新設されたものとして，協議を行う旨の合意による時効の完成猶予（151条1項）がある。すなわち，「権利についての協議を行う旨の合意が書面でされたときは，次に掲げる時のいずれか早い時までの間は，時効は，完成しない。」とし，①その合意があった時から一年を経過した時，②その合意において当事者が協議を行う期間（1年に満たないものに限る。）を定めたときは，その期間を経過した時，③当事者の一方から相手方に対して協議の続行を拒絶する旨の通知が書面でされたときは，その通知の時から6箇月を経過した時，と定めた。これにより時効完成猶予の新しい類型が追加された。

(3)　消滅時効の期間

消滅時効の要件は，権利を行使しない状態が一定期間継続することである。この期間は，権利の種類によって異なる。

債権の消滅時効の期間，起算点を，「知った時から5年間，権利を行使することができる時から10年間」とした。

改正前民法167条は，債権の消滅時効について，「債権は，10年間行使しないときは，消滅する。」としていた。改正法166条1項は，「債権は，次に掲げる場合には，時効によって消滅する。」とし，①債権者が権利を行使することができることを知った時から5年間行使しないとき，②権利を行使することができる時から10年間行使しないとき，と定めた。①は主観的起算点，②は客観的起算点という。主観的起算点が用いられる場合，債権の消滅時効の期間は5年に短縮した。債権又は所有権以外の財産権の消滅時効の期間は，20年である（167条2項）。例えば，地上権，永小作権，地役権などの権利がこれにあたる。

所有権はその性質上，消滅時効にかからない。また，占有権，相隣関係上の権利，担保物権（抵当権の396条を除く）などの権利も，権利の性質上，消滅時効にかからないと解されている。

⑷　**人の生命又は身体の侵害による損害賠償請求権の消滅時効**（167条）

　改正法は，人の生命又は身体の侵害による損害賠償請求権の消滅時効についての前条1項2号の規定の適用については，同号中「10年間」とあるのは，「20年間」とし，不法行為の20年と整合させた。

3年，2年，1年の短期消滅時効の廃止　改正前民法はいくつかの債権は，3年，2年，1年の短期の時効期間が定めていた（170条〜174条）。例えば，料理店の飲食料に関する債権は1年，生産者，卸売商人及び小売商人が売却した産物及び商品の代金に関する債権は2年，医師，産婆及び薬剤師の治術，勤労及び調剤に関する債権は3年とされている。しかし，このように職業等によって期間の違いを認める合理的理由はなく，改正法は短期消滅時効の制度を廃止し，すべて5年に統一した。

判決で確定した権利の消滅時効　確定判決又は確定判決と同一の効力を有するものによって確定した権利については，10年より短い時効期間の定めがあるものであっても，その時効期間は，10年とする（169条1項）。

⑸　**不法行為による損害賠償請求権の消滅時効**（724条）

　改正前民法は「不法行為による損害賠償請求権の期間の制限」の見出しのもとに，「不法行為による損害賠償の請求権は，被害者又はその法定代理人が損害及び加害者を知った時から3年間行使しないときは，時効によって消滅する。不法行為の時から20年を経過したときも，同様とする。」としている。

　改正法は表記のように見出しを変更し，「不法行為による損害賠償の請求権は，次に掲げる場合には，時効によって消滅する。」とし，①被害者又はその法定代理人が損害及び加害者を知った時から3年間行使しないとき，②不法行為の時から20年間行使しないとき，と掲げた。20年については，時効か除斥期間かの対立があったが，改正法は時効説を採用したのである。

⑹　**人の生命又は身体を害する不法行為による損害賠償請求権の消滅時効**
　　（724条の2）

　新設。「人の生命又は身体を害する不法行為による損害賠償請求権の消滅

時効についての前条 1 号の規定の適用については，同号中「3 年間」とあるのは，「5 年間」とする。」

第 6　期間の計算

1　概　観

　時効で前述したように，5 年とか，10 年とか，民法の制度では，期間が要素となっていることがある。期間の計算はどのようにするか，これを明らかにするのが期間計算に関する民法の規律である。期間の計算は，時効のほか民法の諸制度において関係し，取引実務でも重要な役割を担っている。

2　期間の計算方法

　民法では期間はどのように計算するか。期間の計算方法に関する民法の規定は，特別の定めがないかぎり，民法以外の法律上の期間計算にも適用される（138 条）。

　期間の規定は，時効における期間計算に限ったことではないが（期間の計算は，民法典第 1 編第 6 章にあり，時効は同第 7 章にある），ここでとりあげる。

　期間の計算方法には次の 2 つの方法がある。第 1，時間あるいは分については，瞬間から瞬間までを計算する（139 条）。これを自然的計算法という。第 2，週，月，年については，暦に従って計算する（143 条）。これを暦法的計算法という。

3　初日不算入の原則など

　日，週，月，年で期間を計算するときは，初日は算入しない（140 条本文）。初日不算入の原則である。例えば，2018 年 12 月 6 日から 2019 年 1 月末日までの期間は，56 日間となる。

　最初の日が午前 0 時から始まるときは，例外としてその日を計算に入れる（同条ただし書）。この場合，期間の満了点は，期間の末日をもって期間の満了とする（141 条）。

　期間の末日が，大祭日（「国民の祝日に関する法律」による祝日），日曜日その他

の休日にあたるときは，その日に取引をしない慣習がある場合にかぎり，その翌日をもって期間は満了する。

　週，月又は年の始めから期間を計算しないときは，その期間は最後の週，月又は年の，起算日にあたる日の前日をもって期間は満了する（143条2項本文）。

　なお，年齢計算ニ関スル法律（明治35年）は，年齢は出生の日より起算するとし，初日不算入の原則の例外を定める（ただし，民法143条の規定は準用される）。

Ⅳ　契約法の基本——人と人の関係

　民法上の制度は私的規範を形成し，地域において私たちが生活をしていくうえでの技術（方法），すなわち生活技術として捉えることができる。本書Ⅲで概観したように，民法は人，物，権利という民法の根幹となるべき生活技術を提供している。本章でとりあげる契約はそのような生活技術の１つである。

　日常のありふれた風景，例えばコンビニでおにぎりを買う（売買），アパート（一部屋）を借りる（賃貸借），金融機関からお金を借りる（消費貸借），駅で切符を買って乗車する（運送），風邪をひいて病院で医師の治療を受ける（準委任）など，これらは契約という方法によって行われる（括弧内は契約の種類）。契約法の基本は法律行為論でもあり，ここでの知識は法律行為である単独行為（さらに合同行為）の基本にもなる。以下，第１に，民法総則から法律行為と意思表示，代理，無効・取消し，条件・期限ついて，第２に，以上の民法総則の基礎のうえに契約法，すなわち契約総則及び契約各則について概観する。

第１　法律行為・意思表示と約定債権

1　法律行為とは——契約の基礎を理解するために

　法律行為は，個人の意思あるいは意思表示を要素とし，その意思を実現するための制度である。法律行為の「総則」及び「意思表示」の各規定は，民法典第１編「総則」第５章「法律行為」の第１節（総則）と第２節（意思表示）に置かれている。

　民法（債権関係）改正の審議では，民法における法律行為の制度をどのように扱うかについて検討された。法制審議会民法（債権関係）部会において決定された民法改正の中間試案では，法律行為の概念に関する規定をひき続き存置することが提案され，法律行為の意義として，①法律行為は，法令の規定に従い，意思表示に基づいてその効力を生ずるものとする，②法律行為には，

契約のほか，取消し，解除，遺言その他の単独行為が含まれるものとすると
していた（以上のような規定を設けないという意見もあり，改正法はこちらの意見でま
とまった）。

　意思表示は動機，内心の効果意思（以下「真意」ともいう。単に「内心」あるいは
「意思」といわれることもある），表示意思，表示行為から成っている。

　法律行為の態様には契約，単独行為，合同行為がある（合同行為を法律行為に
含めることには異論もある）。以下，契約を念頭に概観する（法律行為を契約に置き
換えて読めばいい）。契約は債権（約定債権）の発生原因である。

図Ⅳ─1　法律行為の3つの態様

> 　(1) **契約**（贈与（549条），売買（555条），消費貸借（587条），賃貸借（601条），請
> 負（632条），委任（643条）など）
> 　(2) **単独行為**（追認（116条），取消し（121条），相殺（505条），免除（519条），解
> 除（540条以下），認知（779条），相続放棄（938条），遺言（960条）など）
> 　(3) **合同行為**（社団法人，財団法人の設立行為（一般社団法人及び一般財団法人に関
> する法律10条1項，152条1項）など）

2　法律行為と民法典の構成

　民法典は第1編「総則」の第5章「法律行為」において，第1節「総則」
（90条～92条），第2節「意思表示」（93条～98条の2），第3節「代理」（99条～118
条），第4節「無効及び取消し」（119条～126条），第5節「条件及び期限」（127
条～137条）の規定を置く。この構成は改正によって変わっていない。

3　法律行為の有効要件

　法律行為が有効に成立するためには，法律行為の内容が①確定できること，
②実現可能であること，③適法であること（強行規定に違反しないこと），④社会
的妥当性を有すること（すなわち，公序良俗に反しないこと）が必要である。

　公序良俗（90条）　公序良俗に反する法律行為に法的効果を付与する必要は
なく，また付与することは有害であるから，民法はこれ
を無効としている。改正前民法は，「公の秩序又は善良の風俗に反する事項を
目的とする法律行為は，無効とする。」としていたが，改正法は「公の秩序又

は善良の風俗に反する法律行為は，無効とする。」と定め，規律の透明性を増した。

　公序良俗違反の行為類型としては，判例を参考にして，人倫に反する行為，著しく射幸的な行為，暴利行為，犯罪等の不正行為に関連する行為などが挙げられている。

　改正作業では，公序良俗に関して，暴利行為の民法典への明文化が提案されたが，見送られた。

　何が公序良俗（違反）になるかは，固定的ではなく，時代によって変わり得る。法律行為が公序良俗に反することを目的とするものであるとして無効になるかどうかは，法律行為がなされた時点の公序良俗に照らして判断される（最判平15・4・18判時1823号47頁）。公序良俗は法文の上では「公の秩序」と「善良の風俗」に分かれているが，解釈論では一体として扱われている。民法の権利のあり方として，今日，人と人の関係は相互の私的要素だけではなく，公的要素を考慮することが必要となっている。

任意法規と異なる意思表示(91条)，事実たる慣習(92条)　民法の規定には，公の秩序に関係のない規定（これを任意規定という）が多数ある。そのような規定に関して，法律行為の当事者がそれと異なる意思表示をした場合には，その意思が優先的に適用される（91条）（特約による任意規定の排除）。

　また，公の秩序に関係のない規定と異なる慣習がある場合には，当事者が慣習に従わない旨を表示していない限り，その慣習に従うべきである（92条）。

　契約法の規定は任意規定が多く，物権法の規定は強行規定（公の秩序に関係する規定）が多い。強行規定に反する特約は無効である（90条を介して無効と解する見解のほか，無効と解することに異論もある）。

【判例】
　○アラレ菓子事件（最判昭和39・1・23民集18巻1号37頁）
　アラレ菓子の製造販売業者が硼砂の有毒性物質であることを知り，これを混入して製造したアラレ菓子の販売を食品衛生法が禁止していることを知りながら，あえてこれを製造のうえ，その販売業者に継続的に売り渡す契約は，民法第90条により無効であると判断した。

「思うに，有毒性物質である硼砂の混入したアラレを販売すれば，食品衛生法4条2号に抵触し，処罰を免れないことは多弁を要しないところであるが，その理由だけで，右アラレの販売は民法90条に反し無効のものとなるものではない。しかしながら，前示のように，アラレの製造販売を業とする者が硼砂の有毒性物質であり，これを混入したアラレを販売することが食品衛生法の禁止しているものであることを知りながら，敢えてこれを製造の上，同じ販売業者である者の要請に応じて売渡し，その取引を継続したという場合には，一般大衆の購買のルートに乗せたものと認められ，その結果公衆衛生を害するに至るであろうことはみやすき道理であるから，そのような取引は民法90条に抵触し無効のものと解するを相当とする。然らば，すなわち，上告人は前示アラレの売買取引に基づく代金支払の義務なき筋合なれば，その代金支払の為めに引受けた前示各為替手形金もこれを支払うの要なく，従つて，これが支払を命じた第一審判決及びこれを是認した原判決は失当と云わざるを得ず，論旨は理由あるに帰する。」

4 意思の不存在，欠陥（瑕疵）のある意思表示

(1) 心裡留保（93条），虚偽表示（94条）

心裡留保，虚偽表示に基づく意思表示は，真意（意思）が欠けており，無効である。

改正前民法は，錯誤も，真意が欠けている場合と捉えここに位置づけていた。

(2) 錯誤（95条）

錯誤とは内心の効果意思と表示の不一致をいう。誤解や錯覚による意思表示が錯誤に近い。錯誤の態様には，内容の錯誤，表示の錯誤，動機の錯誤がある。

錯誤は，意思表示における真意と表示がくい違っており（意思と表示の不一致），真意が欠けていることから従来，このような意思表示は無効とされた。また，動機と表示が不一致である動機の錯誤については，真意と表示が一致していれば錯誤とはならず意思表示は有効であるが，これでは本人の実際の意に沿わないことがある。学説のなかには，動機の錯誤も内容や表示の錯誤もいずれも，表示に対応する真意が欠けているとして同質であり無効と解すべきであるとする見解があったが，通説は動機が表示されていれば錯誤とな

ると解した。

　改正前民法は，「意思表示は，法律行為の要素に錯誤があったときは，無効とする。ただし，表意者に重大な過失があったときは，表意者は，自らその無効を主張することができない。」としていた。要素の錯誤とは当該意思表示の重要な部分に錯誤があったことをいう。錯誤の効果を無効とし，錯誤による無効は表意者のみが主張できると解された。

　改正法は錯誤を心裡留保及び虚偽表示のグループから外し，詐欺，強迫と同じグループに位置づけ，錯誤の効果を無効から取消しの事由に改めた。また，「要素の錯誤」の意味は，改正前民法では解釈にゆだねられていたが，「その錯誤が法律行為の目的及び取引上の社会通念に照らして重要なものであるとき」と明確にした。取り消すことができるのは，①意思表示に対応する意思を欠く錯誤と，②表意者が法律行為の基礎とした事情についてのその認識が真実に反する錯誤である。このうち②は，従来，動機の錯誤と呼ばれていた類型のものであり，②による意思表示の取消しは，その事情が法律行為の基礎とされていることが表示されていたときに限り，することができると定めた。

　改正法は，錯誤による意思表示の取消しは，善意でかつ過失がない第三者に対抗することができないと定め，善意だけでなく無過失を要求した。無過失の明示は，詐欺による取消しについても同様である（96条2項，3項）。以上のように，改正法は，錯誤をめぐる解釈論上の争いについて立法による態度を示した。

【判例】
要素の錯誤
　○貸金等請求事件最判平28・1・12民集70巻1号1頁
　本件は，主債務者から信用保証の委託を受けた被上告人と保証契約を締結していた上告人が，被上告人に対し，同契約に基づき，保証債務の履行を求める事案である。上告人の融資の主債務者は反社会的勢力である暴力団員であり，被上告人は，このような場合には保証契約を締結しないにもかかわらず，そのことを知らずに同契約を締結したものであるから，同契約は要素の錯誤により無効であるなどと主張した。
　原審は，本件保証契約が締結された当時，主債務者が反社会的勢力でないことは，

本件保証契約の当然の前提となっており，仮にそれが動機であるとしても黙示に表示されていたといえるから，法律行為の内容になっていた。しかし，実際には，主債務者であるＡは上記当時から反社会的勢力であったから，被上告人の本件保証契約の意思表示には要素の錯誤があるとして，上告人の請求を棄却した。本判決は，被上告人の本件保証契約の意思表示に要素の錯誤があるとした原審の判断には，法令の解釈適用を誤った違法があると判断した（破棄差戻）。

　本判決は，「信用保証協会において主債務者が反社会的勢力でないことを前提として保証契約を締結し，金融機関において融資を実行したが，その後，主債務者が反社会的勢力であることが判明した場合には，信用保証協会の意思表示に動機の錯誤があるということができる。意思表示における動機の錯誤が法律行為の要素に錯誤があるものとしてその無効を来すためには，その動機が相手方に表示されて法律行為の内容となり，もし錯誤がなかったならば表意者がその意思表示をしなかったであろうと認められる場合であることを要する。そして，動機は，たとえそれが表示されても，当事者の意思解釈上，それが法律行為の内容とされたものと認められない限り，表意者の意思表示に要素の錯誤はないと解するのが相当である（最高裁昭和35年（オ）第507号同37年12月25日第3小法廷判決・裁判集民事63号953頁，最高裁昭和63年（オ）第385号平成元年9月14日第1小法廷判決・裁判集民事157号555頁参照）。」と述べた。

⑶ 詐欺，強迫 (96条)

　改正法は，改正前民法の「知っていた」を「知り，又は知ることができた」に改め，同条3項中「善意の」を「善意でかつ過失がない」に改めた。すなわち，「詐欺又は強迫による意思表示は，取り消すことができる。」(1項)，「相手方に対する意思表示について第三者が詐欺を行った場合においては，相手方がその事実を知り，又は知ることができたときに限り，その意思表示を取り消すことができる。」(2項)，「前2項の規定による詐欺による意思表示の取消しは，善意でかつ過失がない第三者に対抗することができない。」(3項)と定めた。これは取引安全の利益を受ける者について善意だけでなく無過失を要求するものである。

5 意思表示の効力発生時期と受領能力

　隔地者たる相手方に対する意思表示は，その通知が相手方に到達した時からその効力を生ずる（97条1項。到達主義という）。表意者が相手方を知ることが

できないとき又は所在を知ることができないときは，公示の方法によって意思表示をすることができる（98条）。

　意思表示の受領能力について改正法は，意思表示の相手方がその意思表示を受けた時に未成年者又は成年被後見人であったときは，その意思表示をもってその相手方に対抗することができない。ただし，その法定代理人がその意思表示を知った後は，この限りでない（98条の2）。

　他方，契約について，改正前民法は，隔地者間の契約の成立時期について，隔地者間の契約は，承諾の通知を発した時に成立する，申込者の意思表示又は取引上の慣習により承諾の通知を必要としない場合には，契約は，承諾の意思表示と認めるべき事実があった時に成立するとし（526条），申込みの撤回の通知の延着について，申込みの撤回の通知が承諾の通知を発した後に到達した場合であっても，通常の場合にはその前に到達すべき時に発送したものであることを知ることができるときは，承諾者は，遅滞なく，申込者に対してその延着の通知を発しなければならない。承諾者が延着の通知を怠ったときは，契約は，成立しなかったものとみなすしていた（527条）。

　改正民法は，「申込者の死亡等」の見出しのもとに，申込者が申込みの通知を発した後に死亡し，意思能力を有しない常況にある者となり，又は行為能力の制限を受けた場合において，申込者がその事実が生じたとすればその申込みは効力を有しない旨の意思を表示していたとき，又はその相手方が承諾の通知を発するまでにその事実が生じたことを知ったときは，その申込みは，その効力を有しないと定めた（526条）。そして，承諾の通知を必要としない場合における契約の成立時期について，申込者の意思表示又は取引上の慣習により承諾の通知を必要としない場合には，契約は，承諾の意思表示と認めるべき事実があった時に成立すると定めた（527条）。

⑥　法律行為論の課題

　本書Ⅳでは，民法総則が規律する「法律行為」とは何かを概観している。意思表示からみると法律行為として一括できるが，法律行為は民法典のあちこちに登場し（第3編債権の契約，第1編総則の法人設立行為，第5編相続の遺言など），民法の初心者には理解し難い。契約，単独行為，合同行為はそれぞれ行為と

して特徴があり（合同行為については契約として理解する見解もある），論理的にも2人の意思表示の合致を必要とする契約と1人の意思表示で完結する単独行為とを「法律行為」のもとで説明することができるのかという問題もある（民法教科書としての工夫は随所にみられ，例えば契約（特に売買）を中心に民法全体を解説する米倉明『プレップ民法』，民法総則を契約を中心に解説する大村敦志『新基本民法1（総則）』など）。

　また，法律行為に準ずる行為（準法律行為）として整理される催告（20条），代理権授与の通知（109条），債権譲渡の通知（467条）などがある。

　本書は，民法典第1編「総則」の法律行為論の概観にあたり，規定（条文）の文言としての「法律行為」の名称はそのまま残したが，読者には「法律行為」を「契約」と読み替え，日常生活に頻繁に行っている「売買」を参考にすれば理解し易い。本書Ⅳを「契約法の基本」としたのはそのようなこともある。

第2　代　理

1　代理とは

　代理は，民法典第1編「総則」第5章「法律行為」の第3節において規律される。民法は，代理人がその権限内において本人のためにすることを示した意思表示は，直接本人に対して効力を生ずると定める（99条）。

　代理とは，代理人Bが，本人Aのためにすることを示して，相手方Cとの間で特定の法律行為をすることにより，その行為（BとCの取引）の効力が本人Aに直接帰属することができる仕組みをいう。代理は法律行為に位置づけられる制度であり，地域における私たちの生活の仕方に関係するものである。

　代理の機能は，Aの行為を補充し，あるいはAの行為を拡大させることにある。また，代理は財産の管理・保全の機能を有しており，この点では法人や信託と共通の機能を有する。

図Ⅳ—2　代理の構造

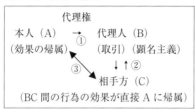

2　法定代理と任意代理

　代理のうち代理権が法定されたものを法定代理といい，授権又は契約によって代理権が付与されたものを任意代理という。

　任意代理は代理権の付与が本人意思に基づいており私的意思自治の原則が維持されている。AB 間には通常，代理権付与の原因である契約（委任のほか，請負，雇用など）が締結されている。

　他方，法定代理は代理権発生について本人意思の関与がないか，あっても部分的である。例えば，法定後見の保佐類型，補助類型では，代理権付与は本人の意思に基づいている（保佐，補助の代理権付与の審判には本人の同意が必要である。876 条の 4 第 2 項，876 条の 9 第 2 項）が，判断能力の低下が進むと本人の代理人に対する監督を期待することはできないことから，家庭裁判所や監督人による監督が手当てされている。法定代理も任意代理も，代理行為は本人の利益のために行使されることが要請されている。

3　代理の要件，顕名主義

　代理がその効力を有するためには，当該行為について代理人が権限，すなわち代理権を有すること，及び本人のためにすることを示して意思表示をすることが必要である。このうち，前者は当事者間の内部要素，後者は第三者との関係という外部要素ということができる。代理において，「本人のためにすることを示す」（99 条参照）ことを，顕名主義という。

　権限の定めのない代理人は，保存行為など一定の行為のみをする権限を有する（103 条）。

4　代理権の機能

　代理は契約に関連して用いられることが多い。代理の機能は，代理の仕組みを利用することにより，①本人の行動（活動）の範囲を拡大すること（私的自治の拡大），あるいは②本人の判断能力の低下・不十分さを補充すること（私的自治の補充）にある。主として，法定代理の役割は前者にあり，任意代理の役割は後者にある。

　法定代理の例としては，未成年者制度，法定後見制度において前述した。代理の仕組みは法人制度を成り立たせるものである。

　経済社会のグローバル化と高齢化が同時に進行する今日，代理の果たす機能はますます重要になっている。

5　代理行為の瑕疵と代理の本質

　改正前民法は，「①意思表示の効力が意思の不存在，詐欺，強迫又はある事情を知っていたこと若しくは知らなかったことにつき過失があったことによって影響を受けるべき場合には，その事実の有無は，代理人について決するものとする。」としていたが，改正法は意思表示を「代理人が相手方に対してした意思表示」と明確にし，瑕疵の事情に錯誤を追加するとともに，「相手方が代理人に対してした意思表示の効力が意思表示を受けた者がある事情を知っていたこと又は知らなかったことにつき過失があったことによって影響を受けるべき場合には，その事実の有無は，代理人について決するものとする。」と定め（101条），解釈論が分かれていたところを解決した。

　代理の本質については，代理権の授与，代理の効果に関して，代理人の行為か，本人の行為かなど見解が分かれている。代理行為は代理人が行っているか，それとも本人が行っているかという理論的問題について，改正法は直接には扱っていないが，代理行為の瑕疵を代理人について決することを明示する改正前民法の規律をより明確にした。

6　代理人の行為能力

　改正前民法は「代理人は，行為能力者であることを要しない。」としていたが，改正法は「制限行為能力者が代理人としてした行為は，行為能力の制限

によっては取り消すことができない。ただし，制限行為能力者が他の制限行為能力者の法定代理人としてした行為については，この限りでない。」と定めた（102条）。行為能力者制度から制限行為能力者制度に変わったことに伴う改正である。

ただし書は，法定代理の場合には本人保護・本人支援の必要性が考慮されている。

7 代理権の濫用

代理権の濫用とは，代理権を有する者（代理人）が当該代理権の範囲でその権限を濫用した場合をいう。当該代理権を利用して自己又は第三者の利益を図る場合が典型例である。改正前民法は，代理権の濫用について明文の規定を置かなかった。代理権濫用の場合に後掲判例は，その行為は濫用があるとはいえ代理権の範囲内であるため原則として本人にその効力が生ずるが，取引相手方が濫用の事実を知り又は知ることができたときは，本人に効果は及ばない（無効）と解した（93条ただし書の類推適用）。

改正法はかかる判例法理を参考にし，合理的修正を加えて，代理権濫用の規定を置いた。すなわち，「代理人が自己又は第三者の利益を図る目的で代理権の範囲内の行為をした場合において，相手方がその目的を知り，又は知ることができたときは，その行為は，代理権を有しない者がした行為とみなす。」と定めた（107条）。改正法は代理権濫用の効果については，その行為は代理権を有しない者がした行為とみなすとし，無権代理と捉えている。

【判例】
代理権の濫用
　○親権者の代理権濫用につき，93条ただし書の規定を類推適用
　　代理人が自己又は第三者の利益をはかるため権限内の行為をしたときは，相手方が代理人の右意図を知り又は知ることをうべかりし場合に限り，民法93条ただし書の規定を類推して，本人はその行為につき責に任じないと解するを相当とする（最判昭42・4・20民集21巻3号697頁）。
　　○親権者が子を代理する権限を濫用して法律行為をした場合において，その行為の相手方が権限濫用の事実を知り又は知り得べかりしときは，民法93条ただし書の規

定の類推適用により，その行為の効果は子に及ばない（最判平4・12・10民集46巻9号2727頁）。

8 無権代理と表見代理

表見代理 代理人に当該行為について代理権限がない場合，本人の利益と取引相手方の利益をどのように調整するかという問題（取引安全に関する問題）について，民法はこれを有権代理，無権代理，表見代理のそれぞれの規定で調整している。広義の無権代理には表見代理が認められる場合（以下(1)～(3)）と，認められない場合（狭義の無権代理）がある。取引安全を重視し，110条，112条は法定代理にも適用される。

(1) 代理権授与の表示による表見代理

改正法（109条）は，改正前民法の第1項は変更せず，表見代理の拡張に関する2項を追加した（後述）。なお，代理権授与行為の法的性質については，契約と捉える見解と単独行為と捉える見解に分かれる。

(2) 代理権を超える表見代理

110条は「前条本文」を「前条第1項本文」に改め，109条改正に伴う形式を整えた。

(3) 代理権消滅後の表見代理等

改正前民法は，代理権消滅後の表見代理として「代理権の消滅は，善意の第三者に対抗することができない。ただし，第三者が過失によってその事実を知らなかったときは，この限りでない。」としていた。改正法（112条）は，「他人に代理権を与えた者は，代理権の消滅後にその代理権の範囲内においてその他人が第三者との間でした行為について，代理権の消滅の事実を知らなかった第三者に対してその責任を負う。ただし，第三者が過失によってその事実を知らなかったときは，この限りでない。」（1項）とした。

図Ⅳ—3　表見代理の3つの態様

表見代理	(1) 代理権授与の表示による表見代理（109条）
	(2) 権限外の行為の表見代理（110条）
	(3) 代理権消滅後の表見代理（112条）

表見代理の拡張　　表見代理について，判例は109条と110条，112条と110条の重複適用を認め（表見代理の拡張），取引の相手方保護，すなわち取引の動的安全を図っている。このような拡張の傾向は現行民法の性質を現わすものであるが，無限定に行われているわけではなく本人側と相手方・第三者側の諸事情が考慮されている。また，近時の裁判例は，本人が代理権を付与したかどうかについて，第三者は本人に確かめるべきであるとし，こうした調査義務を怠った第三者は表見代理の保護を受けることができないと解する。これは情報・通信伝達技術の進歩に裏づけられている。

　改正法は，判例における拡張の法理を明文化した。第1に，第三者に対して他人に代理権を与えた旨を表示した者は，その代理権の範囲内においてその他人が第三者との間で行為をしたとすれば前項（109条1項）の規定によりその責任を負うべき場合において，その他人が第三者との間でその代理権の範囲外の行為をしたときは，第三者がその行為についてその他人の代理権があると信ずべき正当な理由があるときに限り，その行為についての責任を負う（109条2項）。第2に，他人に代理権を与えた者は，代理権の消滅後に，その代理権の範囲内においてその他人が第三者との間で行為をしたとすれば前項（112条1項）の規定によりその責任を負うべき場合において，その他人が第三者との間でその代理権の範囲外の行為をしたときは，第三者がその行為についてその他人の代理権があると信ずべき正当な理由があるときに限り，その行為についての責任を負う（112条2項）。

無権代理　　無権代理は，代理人と称する者に代理の権限がないから，表見代理が成立しないと代理の効果は生じない（「狭義の無権代理」という。以下，無権代理という）。

　無権代理の相手方は催告権（114条），取消権（115条）を有する。

　無権代理人の責任について，改正法（117条）は，改正前民法の「証明する

ことができず, かつ, 本人の追認を得ることができなかったときは」を改め, 「他人の代理人として契約をした者は, 自己の代理権を証明したとき, 又は本人の追認を得たときを除き, 相手方の選択に従い, 相手方に対して履行又は損害賠償の責任を負う。」と定めた (1項)。そして, 「前項の規定は, 次に掲げる場合には, 適用しない。」とし, ①他人の代理人として契約をした者が代理権を有しないことを相手方が知っていたとき, ②他人の代理人として契約をした者が代理権を有しないことを相手方が過失によって知らなかったとき (ただし, 他人の代理人として契約をした者が自己に代理権がないことを知っていたときは, この限りでない), ③他人の代理人として契約をした者が行為能力の制限を受けていたときと定めた (2項)。

　無権代理については, 本人との間で相続が生じた場合にどのように考えるかが問題になる。紛争の類型は, 無権代理人が本人を相続する場合と, 本人が無権代理人を相続する場合がある。判例の基本的な考え方は, 単独相続の場合, 前者は当然に有効になり本人に効果が帰属するとし, 後者は本人が追認を拒絶することが信義則に反するかどうかが問題になるとする。共同相続の場合には共同相続人の利益をどのように考慮するかが問題になる。

図Ⅳ─4　無権代理と表見代理

無権代理	(1) 表見代理が成立する場合　→　本人が責任を負う
	(2) 表見代理が成立しない場合　→　狭義の無権代理 (無権代理人の責任)

【判例】

表見代理の拡張

　　○**109 条と 110 条の組合せ**

　　A は, X の代理人 B に対し C に本件山林売渡の代理権を与えた旨を表示したものというべきであって, X 側において C に本件交換契約につき代理権があると信じ, かく信ずべき正当の事由があるならば, 民法 109 条, 110 条によって本件交換契約につきその責に任ずべきものである (最判昭 45・7・28 民集 24 巻 7 号 1203 頁)。

無権代理と相続

　　○**無権代理人が本人 (死亡) を相続した場合** (最判昭 40・6・18 民集 19 巻 4 号 986 頁)

「原審の確定するところによれば，亡 A は上告人に対し何らの代理権を付与したことなく代理権を与えた旨を他に表示したこともないのに，上告人は A の代理人として訴外 B に対し A 所有の本件土地を担保に他から金融を受けることを依頼し，A の印鑑を無断で使用して本件土地の売渡証書に A の記名押印をなし，A に無断で同人名義の委任状を作成し同人の印鑑証明書の交付をうけこれらの書類を一括して B に交付し，B は右書類を使用して昭和 33 年 8 月 8 日本件土地を被上告人 C に代金 24 万5 千円で売渡し，同月 11 日右売買を原因とする所有権移転登記がなされたところ，Aは同 35 年 3 月 19 日死亡し上告人においてその余の共同相続人全員の相続放棄の結果単独で A を相続したというのであり，原審の前記認定は挙示の証拠により是認できる。

ところで，無権代理人が本人を相続し本人と代理人との資格が同一人に帰するにいたつた場合においては，本人が自ら法律行為をしたのと同様な法律上の地位を生じたものと解するのが相当であり（大判・大正 15 年（オ）1073 号昭和 2 年 3 月 22 日判決，民集 6 巻 106 頁参照），この理は，無権代理人が本人の共同相続人の一人であって他の相続人の相続放棄により単独で本人を相続した場合においても妥当すると解すべきである。したがって，原審が，右と同趣旨の見解に立ち，前記認定の事実によれば，上告人は B に対する前記の金融依頼が亡 A の授権に基づかないことを主張することは許されず，B は右の範囲内において A を代理する権限を付与されていたものと解すべき旨判断したのは正当である。そして原審は，原判示の事実関係のもとにおいては，B が右授与された代理権の範囲をこえて本件土地を被上告人 C に売り渡すに際し，同被上告人において B に右土地売渡につき代理権ありと信ずべき正当の事由が存する旨判断し，結局，上告人が同被上告人に対し右売買の効力を争い得ない旨判断したのは正当である。所論は，ひっきょう，原審の前記認定を非難し，右認定にそわない事実を前提とする主張であり，原判決に所論の違法は存しないから，所論は採用できない。」

○無権代理人が本人（死亡）を相続した場合（共同相続の場合）（最判平 5・1・21 民集 47 巻 1 号 265 頁）

「無権代理人が本人を他の相続人と共に共同相続した場合において，無権代理行為を追認する権利は，その性質上相続人全員に不可分的に帰属するところ，無権代理行為の追認は，本人に対して効力を生じていなかった法律行為を本人に対する関係において有効なものにするという効果を生じさせるものであるから，共同相続人全員が共同してこれを行使しない限り，無権代理行為が有効となるものではないと解すべきである。そうすると，他の共同相続人全員が無権代理行為の追認をしている場合に無権代理人が追認を拒絶することは信義則上許されないとしても，他の共同相続人全員の追認がない限り，無権代理行為は，無権代理人の相続分に相当する部分においても，当然に有効となるものではない。そして，以上のことは，無権代理行為が金銭債務の連帯保証契約についてされた場合においても同様である。」

○**本人が無権代理人(死亡)を相続した場合**(最判昭 37・4・20 民集 16 巻 4 号 955 頁)

「原判決は，無権代理人が本人を相続した場合であると本人が無権代理人を相続した場合であるとを問わず，いやしくも無権代理人たる資格と本人たる資格とが同一人に帰属した以上，無権代理人として民法 117 条に基いて負うべき義務も本人として有する追認拒絶権も共に消滅し，無権代理行為の瑕疵は追完されるのであつて，以後右無権代理行為は有効となると解するのが相当である旨判示する。

しかし，無権代理人が本人を相続した場合においては，自らした無権代理行為につき本人の資格において追認を拒絶する余地を認めるのは信義則に反するから，右無権代理行為は相続と共に当然有効となると解するのが相当であるけれども，本人が無権代理人を相続した場合は，これと同様に論ずることはできない。後者の場合においては，相続人たる本人が被相続人の無権代理行為の追認を拒絶しても，何ら信義に反するところはないから，被相続人の無権代理行為は一般に本人の相続により当然有効となるものではないと解するのが相当である。

然るに，原審が，本人たる上告人において無権代理人亡 A の家督を相続した以上，原判示無権代理行為はこのときから当然有効となり，本件不動産所有権は被上告人に移転したと速断し，これに基いて本訴および反訴につき上告人敗訴の判断を下したのは，法令の解釈を誤った結果審理不尽理由不備の違法におちいったものであって，論旨は結局理由があり，原判決中上告人敗訴の部分は破棄を免れない。」

○**本人が無権代理人(死亡)を相続した場合**(最判昭 48・7・3 民集 27 巻 7 号 751 頁)

「民法 117 条による無権代理人の債務が相続の対象となることは明らかであって，このことは本人が無権代理人を相続した場合でも異ならないから，本人は相続により無権代理人の右債務を承継するのであり，本人として無権代理行為の追認を拒絶できる地位にあったからといって右債務を免れることはできないと解すべきである。まして，無権代理人を相続した共同相続人のうちの一人が本人であるからといって，本人以外の相続人が無権代理人の債務を相続しないとか債務を免れ得ると解すべき理由はない。してみると，これと同旨の原審の判断は正当として首肯することができる（原判示のいう損害賠償債務，責任は履行債務，責任を含む趣旨であることが明らかである。）。なお，所論引用の判例（最判昭 37・4・20 民集 16 巻 4 号 955 頁）は，本人が無権代理人を相続した場合，無権代理行為が当然に有効となるものではない旨判示したにとどまり，無権代理人が民法 117 条により相手方に債務を負担している場合における無権代理人を相続した本人の責任に触れるものではないから，前記判示は右判例と抵触するものではない。」

無権代理と信義則

○最判平 6・9・13 民集 48 巻 6 号 1263 頁

本判決は，禁治産者の後見人がその就職前に禁治産者の無権代理人によって締結された契約の追認を拒絶することが信義則に反するか否を判断する場合に考慮すべき要

素とは何かについて判断した。旧制度の事例であるが，新制度の成年後見制度においても参考になる。

「禁治産者の後見人は，原則として，禁治産者の財産上の地位に変動を及ぼす一切の法律行為につき禁治産者を代理する権限を有するものとされており（民法 859 条，860 条，826 条），後見人就職前に禁治産者の無権代理人によってされた法律行為を追認し，又は追認を拒絶する権限も，その代理権の範囲に含まれる。後見人において無権代理行為の追認を拒絶した場合には，右無権代理行為は禁治産者との間においては無効であることに確定するのであるが，その場合における無権代理行為の相手方の利益を保護するため，相手方は，無権代理人に対し履行又は損害賠償を求めることができ（民法 117 条），また，追認の拒絶により禁治産者が利益を受け相手方が損失を被るときは禁治産者に対し不当利得の返還を求めることができる（同法 703 条）ものとされている。そして，後見人は，禁治産者との関係においては，専らその利益のために善良な管理者の注意をもって右の代理権を行使する義務を負うのである（民法 869 条，644 条）から，後見人は，禁治産者を代理してある法律行為をするか否かを決するに際しては，その時点における禁治産者の置かれた諸般の状況を考慮した上，禁治産者の利益に合致するよう適切な裁量を行使してすることが要請される。ただし，相手方のある法律行為をするに際しては，後見人において取引の安全等相手方の利益にも相応の配慮を払うべきことは当然であって，当該法律行為を代理してすることが取引関係に立つ当事者間の信頼を裏切り，正義の観念に反するような例外的場合には，そのような代理権の行使は許されないこととなる。

したがって，禁治産者の後見人が，その就職前に禁治産者の無権代理人によって締結された契約の追認を拒絶することが信義則に反するか否かは，①右契約の締結に至るまでの無権代理人と相手方との交渉経緯及び無権代理人が右契約の締結前に相手方との間でした法律行為の内容と性質，②右契約を追認することによって禁治産者が被る経済的不利益と追認を拒絶することによって相手方が被る経済的不利益，③右契約の締結から後見人が就職するまでの間に右契約の履行等をめぐってされた交渉経緯，④無権代理人と後見人との人的関係及び後見人がその就職前に右契約の締結に関与した行為の程度，⑤本人の意思能力について相手方が認識し又は認識し得た事実，など諸般の事情を勘案し，右のような例外的な場合に当たるか否かを判断して，決しなければならないものというべきである。」

9 代理権のその他の問題

自己契約・双方代理 　同一の法律行為については，相手方の代理人となり（自己契約という），又は当事者双方の代理人となること（双方代理という）はできない。ただし，債務の履行及び本人があらかじめ許

諾した行為については，この限りでない（108条）。旧規定ではただし書は「債務の履行」のみが規定されていたが，現代語化の改正により「本人があらかじめ許諾した行為」が加えられた。判例・通説に従ったものである。

日常家事による債務の連帯責任　夫婦の一方（例えば妻）が日常の家事に関して第三者と法律行為をしたときは，他の一方（夫）は，これによって生じた債務について，（妻と）連帯してその責任を負う（761条本文）。

夫婦の一方が日常家事の範囲を越えて法律行為をした場合，日常家事債務に関する基本代理権を認め（代理権授与を必要とする考え方と不要とする考え方があり得る），表見代理（110条）の規定を適用又は類推適用することができる。

【判例】
○**日常家事債務と表見代理**（最判昭44・12・18民集23巻12号2476頁）
「夫婦の一方が日常の家事に関する代理権の範囲を越えて第三者と法律行為をした場合においては，その代理権の存在を基礎にして広く一般的に民法110条所定の表見代理の成立を肯定することは，夫婦の財産的独立をそこなうおそれがあって，相当でない。---夫婦の一方が他の一方に対しその他の何らかの代理権を授与していない以上，当該越権行為の相手方である第三者においてその行為が当該夫婦の日常の家事に関する法律行為に属すると信ずるにつき正当の理由のあるときにかぎり，民法110条の制度趣旨を類推適用して，その第三者の保護をはかれば足りるものと解するのが相当である。」

10　代理権の消滅

代理権は，(1)本人の死亡，(2)代理人の〈①死亡，②破産又は③後見開始の審判を受けたこと〉によって消滅する（111条）。代理人の判断能力低下によって（代理人の行為に対する本人のコントロールが困難になることを理由に）原則として代理権は消滅すべきではないかという解釈論が主張されたが，改正法による修正はない。なお，この点は任意後見制度が導入され立法による解決が図られた。以下に補足する。

代理権の持続性　本人の事理弁識能力が減退した場合，代理権は終了するか。事理弁識能力の減退は代理権消滅事由（111条）とし

て挙げられていないので，当然には消滅しないと考えられる。これに対して，能力が減退すると代理人に対する監視機能がなくなること等を理由に代理権は消滅すべきであるとする解釈論が主張された。

　この問題について，任意後見契約に関する法律は，任意後見制度を導入することによって立法としての態度を示した。任意後見は比較法としてイギリス法の持続的代理権（enduring powers of attorney）が参照された。ただし，民法の解釈論上の議論が決着したわけではない。代理制度の構造にも及ぶ解釈論上の問題である。

　なお，委任の終了事由（653条）においても同様の問題がある。

11　代理権制度の課題

　以上，民法の代理権について概観した。前述したように，代理権は，本人の行動範囲を拡大し，あるいは本人の判断能力の低下・判断能力の未熟を補充するという機能を有する。かかる機能そのものは民法における私的意思自治のあり方の基本に位置するが，代理権制度を厳格に適用すると事案によっては私的意思自治に反することにもなろう。代理権に関する解釈論ではこのことに配慮しなければならない。

12　媒介契約

　代理と似ているが，代理とは異なるものとして媒介契約がある。媒介とは，不動産取引の当事者（売主・買主，貸主・借主）の間を媒介（仲介）し，契約締結に至らせることをいう。専門家である宅地建物取引業者が関与する例が多い。

　国土交通省の作成した標準媒介契約約款が参考になる。

第3　無効，取消し

［1　概　観］

　無効及び取消しは，民法典第1編「総則」第5章「法律行為」の第4節が規律している。

　無効とは法律行為に効果がないこと，取消しとは有効な行為を無効にすることをいう。無効（公序良俗違反の行為など），取消し（成年後見制度，詐欺，強迫など）の規定は，民法典の各所に登場する。

［2　取消しとは——取消権者となる者は誰か］

　取消しとは，その法律行為（すなわち，その意思表示）をしなかったことにすること，すなわち行為を無効にすることをいう。取消しは，取り消す旨の意思表示によって行う。なお，取消しの相手方（さらに第三者）は不安定な地位にあるため法定追認の定めがある（125条）。

　法律行為は一定の場合に，取消権者として法定された者のみが取り消すことができる。一定の者に限定されているのは，誰でも取り消すことができるとするのは取引秩序を乱し取引安全を害するからである。

　取消しは，取消権者のみが主張できる。取消権者について改正法（120条）は，改正前民法の「制限行為能力者」の下に「（他の制限行為能力者の法定代理人としてした行為にあっては，当該他の制限行為能力者を含む。）」を加え，「詐欺」を「錯誤，詐欺」に改めた。すなわち，「行為能力の制限によって取り消すことができる行為は，制限行為能力者（他の制限行為能力者の法定代理人としてした行為にあっては，当該他の制限行為能力者を含む。）又はその代理人，承継人若しくは同意をすることができる者に限り，取り消すことができる。」（1項），「錯誤，詐欺又は強迫によって取り消すことができる行為は，瑕疵ある意思表示をした者又はその代理人若しくは承継人に限り，取り消すことができる。」（2項）と定めた。

　取消しには期間制限があり，追認可能な時から5年，行為の時から20年が経過すると取消権は消滅する（126条）。前掲法定追認に加え，これによっても

法律関係は確定する。

3　取消しの効果

　取り消された行為は，初めから無効であったものとみなされる（121 条）。改正前民法のただし書，すなわち「ただし，制限行為能力者は，その行為によって現に利益を受けている限度において，返還の義務を負う。」は削除され，原状回復義務に係る次の 1 条が追加された。

原状回復の義務　改正前民法は取消しの効果である原状回復義務については規定を置かず，不当利得（703 条，704 条）の法理（一般法理）にゆだねていた。

　改正法は原状回復義務の内容について明記し（121 条の 2），返還義務について特則を置いた。すなわち，「無効な行為に基づく債務の履行として給付を受けた者は，相手方を原状に復させる義務を負う。」（1 項），「前項の規定にかかわらず，無効な無償行為に基づく債務の履行として給付を受けた者は，給付を受けた当時その行為が無効であること（給付を受けた後に前条の規定により初めから無効であったものとみなされた行為にあっては，給付を受けた当時その行為が取り消すことができるものであること）を知らなかったときは，その行為によって現に利益を受けている限度において，返還の義務を負う。」（2 項），「第 1 項の規定にかかわらず，行為の時に意思能力を有しなかった者は，その行為によって現に利益を受けている限度において，返還の義務を負う。行為の時に制限行為能力者であった者についても，同様とする。」（3 項）と定めた。

追認の要件　本人は，取り消すことができる行為について，一定の要件のもとで追認することができる（124 条）。

　改正前民法は，「①追認は，取消しの原因となっていた状況が消滅した後にしなければ，その効力を生じない。②成年被後見人は，行為能力者となった後にその行為を了知したときは，その了知をした後でなければ，追認をすることができない。③前 2 項の規定は，法定代理人又は制限行為能力者の保佐人若しくは補助人が追認をする場合には，適用しない。」としていた。改正法（124 条）は，「取り消すことができる行為の追認は，取消しの原因となっていた状況が消滅し，かつ，取消権を有することを知った後にしなければ，その

効力を生じない。」（1項）とし，「次に掲げる場合には，前項の追認は，取消しの原因となっていた状況が消滅した後にすることを要しない。」として，①法定代理人又は制限行為能力者の保佐人若しくは補助人が追認をするとき，②制限行為能力者（成年被後見人を除く。）が法定代理人，保佐人又は補助人の同意を得て追認をするとき，を掲げた（2項）。

4 無効とは

(1) 無効とは

無効とは，法律行為の効果が発生しないことをいう。公序良俗に反する行為（90条），心裡留保の例外の場合（93条ただし書），虚偽表示（94条1項），錯誤（旧95条本文）に基づく意思表示は無効である。

無効の主張は，原則として何人（当事者，第三者）も主張することができる（絶対的無効）。しかし，錯誤の無効は，原則として表意者の意思に任せられるべきであると解された（相対的無効）。実質は取消しと類似しており，前述のように2017年改正民法は錯誤を取消事由に修正した。なお，虚偽表示の無効は，善意の第三者に対して主張することができない（94条2項）。

取消しには期間制限があるが，無効はいつまでも主張できる。無効の法律行為は，これを追認しても有効にならないが，無効であることを知って追認をした場合には，新たな法律行為をしたものとみなされる（119条）。なお，無効の法律行為が他の法律行為の要件を充たしている場合に，当事者が欲するならば他の法律行為として有効と認められることがある（無効行為の転換という）。

図Ⅳ—5 絶対的無効と相対的無効

いかなる者に対しても主張できる無効を絶対的無効といい，特定の者にのみ又は特定の者のみが主張できる無効を相対的無効という。
・絶対的無効 → 公序良俗違反による無効（90条）
・相対的無効 → 錯誤による無効（旧95条）
            → 意思無能力による無効（改正民法3条の2）

第 4　条件，期限

1　概　観

　条件，期限は，民法典第 1 編「総則」第 5 章「法律行為」の第 5 節に置かれている。

　将来発生すべき法律関係を現在どのように扱うかという問題について，民法は条件付法律行為と期限付法律行為を認めている。条件とは将来発生するかどうかが不確実な場合をいい，期限とは将来発生することが確実な場合をいう。期限には，○月△日などのように期限が確定している確定期限と，私が死んだ時などの確定していない不確定期限がある。

　条件，期限のように法律行為の効力に影響する条項を法律行為の付款という。

2　条件とは

　条件には，停止条件と解除条件がある。停止条件の付いた法律行為は，条件が成就した時からその効力を生ずる（127 条 1 項）。条件付権利は一定の保護が与えられる（128 条，129 条，130 条（2 項は新設））。解除条件の付いた法律行為は，条件が成就した時からその効力を失う（同 2 項）。それぞれ既成条件（131条），不法条件（132 条），不能条件（133 条），随意条件（134 条）について規律する。

図Ⅳ―6

停止条件	解除条件
始期	終期
↓	↓
○	●
効力が生じる	効力を失う

3　期限とは

　期限には，始期と終期がある。法律行為に始期があるときは，その法律行為の履行は期限が到来するまでこれを請求することはできない（135 条 1 項）。

法律行為に終期があるときは，その法律行為の効力は期限の到来した時に消
滅する（同 2 項）。

　期限は，債務者の利益のために定めたものと推定される（136 条 1 項）。債務
者は期限の利益を放棄することができるが，相手方の利益を害することはで
きない（同条 2 項）。

　いつ到来するか不確実であるが必ず到来する場合は，条件ではなく期限で
ある（不確定期限という）。いわゆる出世払いの約束について，古い判例は条件
ではなく期限と解した。当該「出世払い」の内容を考慮し，当事者の意思表
示の解釈の問題として，事案に応じて判断することが妥当であろう。期限の
制度は，取引実務において重要な役割を果たしている。

第 5　民法総則から契約へ——債権法 Ⅰ

　契約（contract）とは，例えば売買において「売ります」「買います」という
Ａ と Ｂ の互いに対向する意思表示が合致すること（合意）によって成立し，こ
れにより Ａ と Ｂ との間（ＡＢ は契約の当事者という）に一定の法的効果が発生す
る仕組みをいう（意思表示を要素とする仕組みとしては契約の他にも，遺言，取消しな
ど 1 人の意思表示から成る単独行為や，法人設立行為等の同じ目的のために行う複数の意
思表示から成る合同行為がある）。契約が成立すると当事者に債権，債務が発生し，
契約の拘束力が生じる。契約の拘束力は，当事者の意思（あるいは意思表示）に
基づいている。

　契約は法的効果（法律効果）が生じる点で単なる約束とは区別される。もっ
とも，契約と約束との区別が難しい場合がある。また，紛争事例には契約の
成否が問題になる事例は少なくない。ため池転落事故に係る隣人訴訟津地昭
58・2・25 判時 1083 号 125 頁，判タ 495 号 64 頁もその 1 つであり，裁判所
は隣人の子を「預かった」かどうかにつきそのような意思はなかったとして
契約の成立を否定した（不法行為責任を認めた。不法行為責任については本書Ⅴ参照）。

　契約法は人と人の関係を「債権」によって規律している。ここに債権は当
事者の意思表示に基づくことから約定債権と称され，Ⅴで概観する法定債権
と区別される。民法典では，契約法を，契約総則と契約各則の構成に分けて

規律している。

図Ⅳ—7　契約に基づく債権

```
権利（約定債権）
人　→　人（人　⇔　人）
（契約関係の当事者）
```

1　契約総則

1　概　観

　民法典第 3 編「債権」の第 2 章「契約」第 1 節「総則」は，契約総則として，典型，非典型の各種の契約に共通する一般ルールを定めている。

　民法典は 13 の契約（典型契約という）の規定を置く（後掲「契約各則」）。その他にも多数の非典型契約が存在する。私たちの社会は，契約という方法（生活技術）がなければ存立しない。今日の社会は契約社会ということができる。民法典において，契約総則が規律する一般ルールは 13 の典型契約を対象にしているが，原則としてその他の非典型契約の一般ルールにもなっている。契約によって，人と人との間に債権・債務の関係がつくられ，財産の移転や利用，他人の労務・施設・技術の使用等のサービスの提供などを享受している。

　契約は，一定の法律効果の発生を目的とする A の意思表示と B の意思表示が合致すること（A と B の合意）によって成立する。

　契約法は契約総則と契約各則から成る。このうち契約総則は，契約の一般ルールについて規律している。改正前民法は，第 1 節「総則」のもとに，第 1 款「契約の成立」（521 条〜532 条），第 2 款「契約の効力」（533 条〜539 条），第 3 款「契約の解除」（第 540〜543 条）の規定を置いた。

　改正法は，第 2 章：契約第 1 節：総則のもとに，第 1 款：契約の成立（521 条〜532 条），第 2 款：契約の効力（533 条〜539 条），第 3 款：契約上の地位の移転（539 条の 2），第 4 款：契約の解除（540 条〜548 条），第 5 款：定型約款（548 条の 2〜548 条の 4）の規定を置く。

　ちなみに，物権設定契約は，広義の契約の 1 つであるが，債権各則の対象

でなく，本章でとりあげる契約ではない。例えば，土地の所有者Ａが，Ｂとの間で，地上権を設定する行為は地上権設定契約といい，抵当権を設定する行為は抵当権設定契約というが，所有権，地上権，抵当権の各規律は物権法の対象となる。

② 契約の自由

　近代法における契約自由の原則は民法典の規定及び規定の解釈にも浸透しており，契約法の規定は任意法規性を有するものが多い（強行法規性を有する規定が多い物権法，親族法，相続法と異なる特徴である）。

　契約自由の原則は，締結の自由，方式の自由，内容の自由，相手方選択の自由をいう。改正法は以下のように，契約自由の原則を明示し（521条），またその方式の自由も明示した（522条）。

契約の締結及び内容の自由　改正法（521条）は，「何人も，法令に特別の定めがある場合を除き，契約をするかどうかを自由に決定することができる。」（1項），「契約の当事者は，法令の制限内において，契約の内容を自由に決定することができる。」（2項）と定めた。

契約の成立と方式　改正法（522条）は，「契約は，契約の内容を示してその締結を申し入れる意思表示（以下「申込み」という。）に対して相手方が承諾をしたときに成立する。」（1項），「契約の成立には，法令に特別の定めがある場合を除き，書面の作成その他の方式を具備することを要しない。」（2項）と定めた。

③ 双務契約の牽連性

　双務契約は，その成立，履行，存続の各場合について，互いの債務が牽連性（関連性）を有する。このうち，履行の牽連性は同時履行の抗弁権といい，存続の牽連性は危険負担という。これらは契約におけるリスク（危険）を分配することにより，互いの債務の履行や存続における公平を図ろうとするものである。

⑴　同時履行の抗弁権

　双務契約の当事者の一方 A は，相手方 B が B の債務の履行を提供するまでは，自己 A の債務の履行を拒むことができる (533 条本文)。これを同時履行の抗弁権という。

　相手方の債務が弁済期にないときは，同時履行の抗弁権は認められない (同ただし書)。一方が先履行の義務を負う場合も同様である。先履行や後履行は，民法に規定されているもの (金銭支払債務の後履行を定めるものとして，賃貸借 (614条)，請負 (633 条)，有償委任 (648 条 2 項)，有償寄託 (665 条)) のほか，当事者の特約によって生ずる。

　同時履行の抗弁権の趣旨は，債務の履行について当事者である AB 間の公平を図ることにある。なお，留置権 (295 条) も同様の機能を有する。留置権は担保物権の 1 つであり，同時履行の抗弁権は契約の効力として認められる。

【判例】
　○**賃貸借終了時における家屋明渡債務と敷金返還債務（消極）**（最判昭 49・9・2 民集 28 巻 6 号 1152 頁）
　「期間満了による家屋の賃貸借終了に伴う賃借人の家屋明渡債務と賃貸人の敷金返還債務が同時履行の関係にあるか否かについてみるに，賃貸借における敷金は，賃貸借の終了後家屋明渡義務の履行までに生ずる賃料相当額の損害金債権その他賃貸借契約により賃貸人が賃借人に対して取得することのある一切の債権を担保するものであり，賃貸人は，賃貸借の終了後家屋の明渡がされた時においてそれまでに生じた右被担保債権を控除してなお残額がある場合に，その残額につき返還義務を負担するものと解すべきものである（最高裁昭和 46 年（オ）第 357 号同 48 年 2 月 2 日第 2 小法廷判決・民集 27 巻 1 号 80 頁参照）。そして，敷金契約は，このようにして賃貸人が賃借人に対して取得することのある債権を担保するために締結されるものであって，賃貸借契約に附随するものではあるが，賃貸借契約そのものではないから，賃貸借の終了に伴う賃借人の家屋明渡債務と賃貸人の敷金返還債務とは，1 個の双務契約によって生じた対価的債務の関係にあるものとすることはできず，また，両債務の間には著しい価値の差が存し得ることからしても，両債務を相対立させてその間に同時履行の関係を認めることは，必ずしも公平の原則に合致するものとはいいがたいのである。一般に家屋の賃貸借関係において，賃借人の保護が要請されるのは本来その利用関係についてであるが，当面の問題は賃貸借終了後の敷金関係に関することであるから，賃借人保護の要請を強調することは相当でなく，また，両債務間に同時履行の関係を肯定することは，右のように家屋の明渡までに賃貸人が取得することのある一切の債権

を担保することを目的とする敷金の性質にも適合するとはいえないのである。このような観点からすると，賃貸人は，特別の約定のないかぎり，賃借人から家屋明渡を受けた後に前記の敷金残額を返還すれば足りるものと解すべく，したがって，家屋明渡債務と敷金返還債務とは同時履行の関係にたつものではないと解するのが相当であり，このことは，賃貸借の終了原因が解除（解約）による場合であっても異なるところはないと解すべきである。そして，このように賃借人の家屋明渡債務が賃貸人の敷金返還債務に対し先履行の関係に立つと解すべき場合にあっては，賃借人は賃貸人に対し敷金返還請求権をもって家屋につき留置権を取得する余地はないというべきである。」

　○売主の代金返還義務と買主の登記抹消手続義務とは，同時履行の関係に立つか（東京高判平 10・6・15 判タ 1041 号 212 頁）。

不安の抗弁権　契約当事者の一方 A が先履行義務を負っているときに，相手方 B の債務の履行に不安が生じた場合，A に先履行を拒絶することが認められるべきであるとする，一種の抗弁権を不安の抗弁権という。学説の一部や判例はこのような考え方を認めている。民法改正でも議論されたが，立法化には至らなかった。

(2) 危険負担

　危険負担とは，契約成立後に，一方の債務者の責めに帰すべき事由によらないでその債務が履行不能（後発的不能）になった場合に，他方の債務者の債務が存続するか，消滅するか，換言すれば，一方債務に生じた危険（リスク，損失）を他方債務が負担するかを問題にする。

　考え方としては，履行不能による債務消滅の危険を，〈消滅した債務 α に着目し〉，その債務者が負う（債務 β も消滅する）とする債務者主義と，その債権者が負う（債務 β は消滅しない）とする債権者主義とがある。民法は債務者主義を原則とする。当事者が特約をすれば，それに従う。

　改正前民法は危険負担について，契約の目的物が特定物か不特定物かによって規律を異にする。すなわち，売買を例にすると，特定物については売主 A の責めに帰すべき事由によらずに債務を履行することができなくなった場合（例えば目的物が滅失した場合）に，規定のうえでは，買主は代金を支払う義務があった（債権者主義，改正前 534 条）が，他方，不特定物については上記場

合に，買主 B は代金を支払う義務はなかった（旧 536 条）。

　債権者主義に対しては，その不適切性が指摘され，学説は他方債務者が目的物につき実質的支配を得るまでは危険はその者に移らないと解した。改正法は，目的物の違いや売主の責任の有無を問わず，目的物が滅失した場合，買主は契約を解除することができるとした（新 536 条）。これは理論的には，危険負担を解除の問題として捉えたものである。なお，改正の議論では，危険負担の制度を廃止し解除に一元化すべきであるとする見解が主張されたが，立法化には至らなかった。

債務者の危険負担等　改正前民法は，「①前 2 条に規定する場合を除き，当事者双方の責めに帰することができない事由によって債務を履行することができなくなったときは，債務者は，反対給付を受ける権利を有しない。②債権者の責めに帰すべき事由によって債務を履行することができなくなったときは，債務者は，反対給付を受ける権利を失わない。この場合において，自己の債務を免れたことによって利益を得たときは，これを債権者に償還しなければならない。」としていた。

　改正法（536 条）は，「当事者双方の責めに帰することができない事由によって債務を履行することができなくなったときは，債権者は，反対給付の履行を拒むことができる。」（1 項），「債権者の責めに帰すべき事由によって債務を履行することができなくなったときは，債権者は，反対給付の履行を拒むことができない。この場合において，債務者は，自己の債務を免れたことによって利益を得たときは，これを債権者に償還しなければならない。」（2 項）と定め，危険負担について債務者主義に立つことを明確にした。

4　定型約款

(1)　約款による大量取引

　多数の人を対象とする大量取引ではしばしば，約款が用いられている。約款が用いられる契約は多数があるが，例えば，電気・ガス・水道の供給契約，銀行取引契約，信託契約，旅客運送契約，郵便・電話の利用契約，宿泊契約，保険契約，消費者ローン契約，自動車売買契約等がある。

　そこでは，当事者は約款に従うか否かの自由しか有せず（附合契約），また，

相手方選択の自由を有しない。約款に拘束される根拠は，その内容の適切性に求めることができる。約款は当事者間の公正の確保，大量取引の合理的規制に寄与する。約款は現代取引社会の要請に応えるものということができる。なお，理論的には，約款とは異なるものとして，電車・バスなどの利用，電気・ガス・水道の供給などの場合において，意思と意思の合致を必要としない事実的契約関係を認めるべきであるとする見解がある。

　改正前民法には約款の規定はなく，商慣行や判例において認められていた。約款に関する規律を新たに設けるかどうかについては，改正作業において議論を重ね，改正法は約款一般ではなく，定型約款という類型を定義し，定型約款にしぼって規律することとした（第5款：定型約款（548条の2～548条の4））。

(2)　定型約款の定義——定型約款の合意

　本条（548条の2）は，定型約款の組入要件として，①定型約款を契約の内容とする旨の合意をしたとき，②定型約款を準備した者（以下「定型約款準備者」という。）があらかじめその定型約款を契約の内容とする旨を相手方に表示していたとき，と定めた（1項）。組入とは，約款の個別条項が契約内容になることをいう。

　定型取引とは，ある特定の者が不特定多数の者を相手方として行う取引であって，その内容の全部又は一部が画一的であることがその双方にとって合理的なものをいう。定型取引を行うことの合意を「定型取引合意」という。

　定型約款とは，定型取引において，契約の内容とすることを目的としてその特定の者により準備された条項の総体をいう。

　1項の条項のうち，相手方の権利を制限し，又は相手方の義務を加重する条項であって，その定型取引の態様及びその実情並びに取引上の社会通念に照らして1条2項に規定する基本原則に反して相手方の利益を一方的に害すると認められるものについては，合意をしなかったものとみなす（2項）。すなわち，不当な内容や不意打ちとなり得る条項については，みなし合意は否定される。

　改正法は他に，定型約款の開示義務（548条の3），定型約款の変更（548条の4）について定めている。

5　対立的構造から協働的関係へ

　売買，賃貸借，委任，請負などの契約では，契約当事者が有する債権と債務が対向する場合，一方の債務が履行されないと他方の債権が権利の実現をめざすことにつながる。これを契約における対立的構造と称することができる。対立的構造はしばしば紛争の契機なる。例えば，医療紛争は医療契約における対立的構造のもとで発生している。法的保護の対象が生命・身体であることから当事者間の対立がより激しくなることがある。医事法（学）はかかる対立的構造のなかで発展してきた。

　高齢社会の契約のあり方としては，契約の対立的構造が抱える問題点を踏まえ，生活支援など分野によっては協働的関係を構築することが重要である。ここに協働的関係とは，契約当事者が当該契約における共通目的を確認し，共通目的を実現するための営みをいう。そのために契約のプロセスに注目し，そこに適止な関与することによって意思絶対主義を修正することが望まれる。なお，契約法におけるこのような考え方は，意思決定支援のあり方としても参考になる（本書Ⅲ第1参照）。

　近代契約法は，契約を双務，諾成，有償として構成している。売買契約は近代契約法の典型例である。

・**双務契約と片務契約**

　売買のように当事者が対価的な債務を負担する契約を双務契約といい（AとBの双方が債権者となり，債務者となる），贈与，使用貸借のように一方のみが債務を負担する契約を片務契約という（A又はBの一方のみが債権者となり，他方のみが債務者となる）。

・**諾成契約と要物契約**

　売買のように当事者の合意（意思の合致）のみで成立する契約（諾成契約）か，寄託のように合意に加え，物の引渡しを必要とする契約（要物契約）かによって使い分けている。

　なお，定期借地権設定契約のように，書面等の一定の要式を必要とする契約を要式契約という。

・**有償契約と無償契約**

　売買のように給付を受けるために対価を必要とする契約を有償契約といい，

贈与のように対価を必要としない契約を無償契約という。

2　契約各則

1　概　観

民法典第3編「債権」の第2章「契約」第2節～第14節は，契約各則として，13の契約（これを典型契約という）について定めている。

契約各則に定める契約の態様は，大きくは財産権移転型，貸借型，役務提供型，その他の4つに分類することができる。

契約が有効に成立すると債権（及びこれに対応する債務）が発生する。

図Ⅳ—8

契約【要件・効果】　→　債権（約定債権）

2　贈与，売買，交換——財産権の移転を目的とする契約

贈与（549条以下），売買（555条以下），交換（586条）は，いずれも財産権の移転（典型例は所有権の取得）を目的とする契約である。契約の種類によって移転の仕方や内容が異なる。以下，贈与と売買をみる。

⑴　贈与とは

贈与契約は，当事者の一方が自己の財産を無償で相手方に与える意思を表示し，相手方が受諾することによって成立する（549条）。

贈与は無償契約，片務契約，諾成契約である。

書面によらない贈与は，履行前は，各当事者はこれを撤回することができる（550条）。ただし，履行が終了した部分については撤回することができない（同条ただし書）。

書面による贈与は，履行前であっても，撤回することができない（550条本文の反対解釈）。ここに撤回とは，意思表示の効果を将来に向かって消滅させることをいう（旧規定では取り消しと定められており，講学上における撤回と解されていた）。

　贈与者は，贈与の目的である物又は権利の瑕疵又は不存在について，その責任を負わない。ただし，贈与者がその瑕疵又は不存在を知りながら受贈者に告げなかったときは，この限りでない（551 条 1 項）。

　贈与契約の解消については，贈与に特有の問題がある（判例法参照）。

負担付贈与　負担付贈与も贈与であるが，実質的には有償，双務契約の性質を有するため，贈与の規定のほか，双務契約に関する規定が適用される（553 条）。すなわち，受贈者は負担の履行義務を負い，その負担の限度において，売主と同様の担保責任を負う（551 条 2 項）。

負担付遺贈　負担付遺贈は，遺言（単独行為）によって行われる。契約たる贈与ではない。

　負担付遺贈を受けた者が，その負担した義務を履行しないときは，相続人は相当の期間を定めてその履行を催告し，もしその期間内に履行がないときは，遺言の取消を家庭裁判所に請求することができる（1027 条）。

死因贈与　死因贈与とは，贈与者の死亡によって効力を生ずる贈与をいう。死因贈与は遺贈に関する規定に従う（554 条）。遺贈の規定は，遺言者はいつでも遺言の方式に従いその遺言の全部又は一部を取り消すことができる（1022 条）。

　死因贈与も贈与の一類型であるが，死亡を停止条件とする点に特徴がある。

⑵　**売買とは**

　売買契約は，一方 A が相手方 B に，ある財産権（典型的には所有権）を移転することを約束し，B がその代金を A に支払うことを約束することによって効力を生ずる（555 条）。

　売買契約は双務契約（さらに，有償契約，諾成契約）の典型であり，売買法は契約法の通則的役割を果たす

　売買契約に基づき売買代金請求権という債権が発生する。売買契約に基づく代金支払請求の要件事実は，売買契約を締結したことであり，その本質的要素は目的物及び代金額（又はその決定方法）の合意である。売買代金支払時期（弁済期）の合意，売主の目的物所有，売買契約締結の動機，目的物の引渡し，売買代金が未払いであることは，本質的要素ではない（売買型の特徴）。

手付（手附）　　買主が売主に手付を交付したときは，当事者の一方が契約の履行に着手するまでは，買主はその手付を放棄し，売主は手付の倍額を償還して，契約を解除することができる（557条1項）。

手付には複数の機能（承約，違約，解約など）があり得る（それぞれ承約手付，違約手付，解約手付という）が，民法上は解約手付と位置づけられたのである。

瑕疵担保責任から契約不適合責任へ　　改正法では，562条で買主の追完請求権を認め，「引き渡された目的物が種類，品質又は数量に関して契約の内容に適合しないものであるときは，買主は，売主に対し，目的物の修補，代替物の引渡し又は不足分の引渡しによる履行の追完を請求することができる。ただし，売主は，買主に不相当な負担を課するものでないときは，買主が請求した方法と異なる方法による履行の追完をすることができる。②前項の不適合が買主の責めに帰すべき事由によるものであるときは，買主は，同項の規定による履行の追完の請求をすることができない」と定めた。

改正法は担保責任の期間制限の特則として，目的物の種類又は品質に関する担保責任の期間の制限は，買主がその不適合を知った時から1年以内にその旨を売主に通知しないときは，買主は，その不適合を理由として，履行の追完の請求，代金の減額の請求，損害賠償の請求及び契約の解除をすることができないとする（566条）。後掲請負も同様の対応をする。

改正法の契約不適合責任に関するその他の規定を以下に引用する。

買主の追完請求権（562条）　　第1，引き渡された目的物が種類，品質又は数量に関して契約の内容に適合しないものであるときは，買主は，売主に対し，目的物の修補，代替物の引渡し又は不足分の引渡しによる履行の追完を請求することができる。ただし，売主は，買主に不相当な負担を課するものでないときは，買主が請求した方法と異なる方法による履行の追完をすることができる。

第2，前項の不適合が買主の責めに帰すべき事由によるものであるときは，買主は，同項の規定による履行の追完の請求をすることができない。

買主の代金減額請求権（563条）　　第1，前条1項本文に規定する場合において，買主が相当の期間を定めて履行の追完

の催告をし，その期間内に履行の追完がないときは，買主は，その不適合の程度に応じて代金の減額を請求することができる。

　第 2，前項の規定にかかわらず，次に掲げる場合には，買主は，同項の催告をすることなく，直ちに代金の減額を請求することができる。

　　①履行の追完が不能であるとき。

　　②売主が履行の追完を拒絶する意思を明確に表示したとき。

　　③契約の性質又は当事者の意思表示により，特定の日時又は一定の期間内に履行をしなければ契約をした目的を達することができない場合において，売主が履行の追完をしないでその時期を経過したとき。

　　④前 3 号（①～③）に掲げる場合のほか，買主が前項の催告をしても履行の追完を受ける見込みがないことが明らかであるとき。

　第 3，1 項の不適合が買主の責めに帰すべき事由によるものであるときは，買主は，前 2 項の規定による代金の減額の請求をすることができない。

買主の損害賠償請求及び解除権の行使（564 条）　前 2 条（562 条，563 条）の規定は，415 条の規定による損害賠償の請求並びに 541 条及び 542 条の規定による解除権の行使を妨げない。

移転した権利が契約の内容に適合しない場合における売主の担保責任（565 条）　前 3 条（562 条～564 条）の規定は，売主が買主に移転した権利が契約の内容に適合しないものである場合（権利の一部が他人に属する場合においてその権利の一部を移転しないときを含む。）について準用する。

土壌汚染と瑕疵担保責任　最判平 22・6・1 判時 2083 号 77 頁の事案をとりあげる。本件は土地の売買契約の当時，土壌にふっ素が混入していたが，ふっ素は有害物質と認識されておらず後に有害物質と指定されたことから，一定の土壌汚染対策をしその費用の支出を余儀なくされた買主（被上告人）が売主（上告人）に対して民法の瑕疵担保責任（旧 570 条）に基づく損害賠償を請求した事案である。

　本件売買契約締結当時の当時，土壌に含まれるふっ素については，法令に基づく規制の対象となっておらず，取引観念上も，ふっ素が土壌に含まれることに起因して人の健康に係る被害を生ずるおそれがあるとは認識されておらず，買主の担当者もそのような認識を有していなかった。本件土地につき，

売買契約締結後に制定された条例に基づき買主が行った土壌の汚染状況の調査の結果，その土壌に上記の溶出量基準値及び含有量基準値のいずれをも超えるふっ素が含まれていることが判明した。

　争点は，売買の瑕疵担保責任における瑕疵の有無はいつの時点で捉えるかであり，売買により土地の所有権が売主から買主に移転した場合に，売買契約時に既に土壌に存在したふっ素（後に有害物質に指定）に関する責任は旧所有者（売主）にあるか新所有者（買主）にあるか，などが問題になった。

　原審東京高判平 20・9・25 金融・商事判例 1305 号 36 頁は，本件買主が負担したふっ素の除去費用について瑕疵担保責任に基づく損害賠償請求を認めた。すなわち，瑕疵担保責任の制度を，「民法 570 条に基づく売主の瑕疵担保責任は，売買契約の当事者間の公平と取引の信用を保護するために特に法定されたものであり，買主が売主に過失その他の帰責事由があることを理由として発生するものではなく，売買契約の当事者双方が予期しなかったような売買の目的物の性能，品質に欠ける点があるという事態が生じたときに，その負担を売主に負わせることとする制度である。」と捉え，「売買契約締結当時の知見，法令等が瑕疵の有無の判断を決定するものであるとはいえない。」と判断した。そして，原審判決は，本件土地の土壌にふっ素が上記の限度を超えて含まれていたことは瑕疵に当たると認めた（買主勝訴）。

　上告審最判平 22・6・1 判時 2083 号 77 頁は，原審の瑕疵に係る上記判断は是認することができないとした（破棄自判。売主（上告人）勝訴）。

　「売買契約の当事者間において目的物がどのような品質・性能を有することが予定されていたかについては，売買契約締結当時の取引観念をしんしゃくして判断すべきところ，前記事実関係によれば，本件売買契約締結当時，取引観念上，ふっ素が土壌に含まれることに起因して人の健康に係る被害を生ずるおそれがあるとは認識されておらず，被上告人の担当者もそのような認識を有していなかったのであり，ふっ素が，それが土壌に含まれることに起因して人の健康に係る被害を生ずるおそれがあるなどの有害物質として，法令に基づく規制の対象となったのは本件売買契約締結後であったというのである。そして，本件売買契約の当事者間において，本件土地が備えるべき属性として，その土壌に，ふっ素が含まれていないことや，本件売買契約締

結当時に有害性が認識されていたか否かにかかわらず，人の健康に係る被害
を生ずるおそれのある一切の物質が含まれていないことが，特に予定されて
いたとみるべき事情もうかがわれない。そうすると，本件売買契約締結当時
の取引観念上，それが土壌に含まれることに起因して人の健康に係る被害を
生ずるおそれがあるとは認識されていなかったふっ素について，本件売買契
約の当事者間において，それが人の健康を損なう限度を超えて本件土地の土
壌に含まれていないことが予定されていたものとみることはできず，本件土
地の土壌に溶出量基準値及び含有量基準値のいずれをも超えるふっ素が含ま
れていたとしても，そのことは，民法 570 条にいう瑕疵には当たらないとい
うべきである。」

　最高裁判決は瑕疵の判断に当たり，「売買契約の当事者間において目的物
がどのような品質・性能を有することが予定されていたか」に着眼し，「本件
売買契約の当事者間において，本件土地が備えるべき属性として，その土壌
に，ふっ素が含まれていないことや，本件売買契約締結当時に有害性が認識
されていたか否かにかかわらず，人の健康に係る被害を生ずるおそれのある
一切の物質が含まれていないことが，特に予定されていたとみるべき事情が
うかがわれ」る場合には瑕疵担保責任が生じるとし，本件事案はこの例外的
場合に当たらないと判断した。これは判例における一般的な解釈方法であり，
契約当事者の合理的意思を探求するものである。

　学界は概ね最高裁判決を支持するが，環境法の視点からみると原審高裁判
決は評価すべきところがある。すなわち，原審判決は，売買の有償性を考慮
し，売主に損害賠償責任を認めることによって当事者の公平を実現しようと
する。なお，物の瑕疵を客観的に捉えようとする原審判決の考え方は，売買
契約締結時に既に本件土地に含まれていたふっ素以外の有害物質について，
買主が知っていたことを考慮しなかった点にも現れている。原審判決はふっ
素による土壌汚染という瑕疵に注目することによって，瑕疵担保責任の立法
趣旨である売主責任を認め買主保護を図った。原審判決における瑕疵論は瑕
疵の有無を客観的に捉えており，従来の客観説をより徹底させている。また，
環境法からのアプローチでは，汚染原因者である本件売主の責任を認めるこ
とは，汚染原因者に費用負担の最終責任を求める土壌汚染対策法の趣旨にも

沿うものである。

③　消費貸借，使用貸借，賃貸借——物の貸借を目的とする契約

　消費貸借 (587条以下)，使用貸借 (593条以下)，賃貸借 (601条以下) は，いずれも貸借の方法によって物を利用すること (利用権の取得) を目的とする契約である。

⑴　消費貸借とは

　消費貸借契約は，当事者の一方が種類，品質及び数量の同じ物をもって返還することを約束し，相手方より金銭その他の物を受け取ることによって成立する (587条)。

　消費を目的とするから物の所有権は貸主から借主に移転する。

　消費貸借契約は，要物契約 (さらに片務契約) として位置づけられている。ただし，学説のなかには，587条は無償の消費貸借について規定したものであると捉え，実務における需要を参考に，有償の消費貸借契約についてはこれを諾成契約，双務契約として構成しようとする見解がある。

　このような状況を受け，改正法は「書面でする消費貸借等」の見出しのもとに次の規定を新設し，書面でするものについて諾成的消費貸借を認めた (587条の2)。すなわち，前条の規定にかかわらず，書面でする消費貸借は，当事者の一方が金銭その他の物を引き渡すことを約し，相手方がその受け取った物と種類，品質及び数量の同じ物をもって返還をすることを約することによって，その効力を生ずる (1項)，書面でする消費貸借の借主は，貸主から金銭その他の物を受け取るまで，契約の解除をすることができる。この場合において，貸主は，その契約の解除によって損害を受けたときは，借主に対し，その賠償を請求することができる (2項)，書面でする消費貸借は，借主が貸主から金銭その他の物を受け取る前に当事者の一方が破産手続開始の決定を受けたときは，その効力を失う (3項)，消費貸借がその内容を記録した電磁的記録によってされたときは，その消費貸借は，書面によってされたものとみなして，前3項の規定を適用する (4項)。消費貸借が書面という要式による場合には諾成契約として扱うものであり，近代化を図っている。

　貸主は担保責任を負うが，利息付きの消費貸借と無利息の消費貸借とで異なる扱いがされている (590 条 1 項，2 項)。

準消費貸借 (588 条)　消費貸借によらないで金銭その他の物を給付する義務を負う者がある場合において，当事者がその物を消費貸借の目的とすることを約したときは，消費貸借が成立したものとみなされる (588 条)。実務上は，複数の消費貸借契約に基づく複数の債務を，準消費貸借契約を締結して 1 個の債務にまとめることがしばしば行われているといわれる。「消費貸借によらないで」という同条の文言にもかかわらず，これも準消費貸借と解している (判例，通説)。例えば，「元来の貸金返還債務 250 万円につき，新たに弁済期日を平成 20 年 11 月 1 日，利息を年 1 割 5 分，遅延損害金を年 3 割とする約定で，消費貸借の目的とすることを約する」契約などがその例である。

　改正法は，以上の状況を受け，「消費貸借によらないで」の文言を削除した。

金銭消費貸借契約　消費貸借契約のうち，金銭を目的とするものを金銭消費貸借契約という。

　金銭消費貸借契約に基づく貸金返還請求の要件事実は，①金銭の返還合意，②金銭の交付，③弁済期の合意，④弁済期の到来，である。貸主は一定期間目的物の返還を請求することができないのであり，弁済期の合意は消費貸借契約の本質的要素である。

　返還の時期 (591 条) は，改正前民法は，当事者が返還の時期を定めなかったときは，貸主は，相当の期間を定めて返還の催告をすることができる (1 項)，借主は，いつでも返還をすることができる (2 項) と定めている。改正法は，2 項中「借主は」の下に「，返還の時期の定めの有無にかかわらず」を加え，また，3 項として，「当事者が返還の時期を定めた場合において，貸主は，借主がその時期の前に返還をしたことによって損害を受けたときは，借主に対し，その賠償を請求することができる。」を追加した。これは期限の利益の放棄 (136 条 2 項) を補足する。

①　利息制限法

　金銭消費貸借における利息の契約は，元本が 10 万円未満の場合は年 20%，

10万円以上100万円未満の場合は年18%，100万円以上の場合は年15%を超えるときは，その超過部分は無効である（利息制限法1条）。旧規定は，超過部分を任意に（自分の意思で）支払ったときは，その返還を請求することができない（1条2項）としていたが2006年改正により1条2項は削除された。これにより借主の保護が進められた。

　利息制限法を超過する利息を支払った場合については，判例は元本への充当を認め，さらに超過部分についての返還請求（不当利得返還請求という）を認めている。ただし，次にみるように，貸金業法（改正前）による修正を受けることになった。

②　貸金業法
㈠　改正前（旧貸金業の規制等に関する法律（旧貸金業法））
高金利を定めた金銭消費貸借契約の無効

　貸金業を営む者が業として行う金銭消費貸借契約（手形の割引，売渡担保，その他これらに類する方法によって金銭を交付する契約を含む）において，年109・5%を超える利息の契約をしたときは，その消費貸借契約は無効である（同法42条の2）。

任意に支払った場合のみなし弁済

　貸金業者が業として行う金銭消費貸借上の利息の契約に基づき，債務者が利息として任意に支払った金銭の額が，利息制限法の利息の制限額を超える場合において，その支払いが一定の条件（旧貸金業法43条1項各号。いわゆる17条書面，18条書面の交付）を充たすときは，当該超過部分の支払は，有効な利息の債務の弁済とみなされた（みなし弁済という）。

　この規定は，消費者金融，中小企業融資（商工ローン等）などにおいて果たしている事業の機能の重要性を考慮するものであるが，消費者の利益を追求してきた利息制限法に関する判例法を修正するものであるため，判例は本規定の適用について厳格な解釈をした。

㈡　改正後——貸金業法の改正

　2006年に成立した貸金業法は多重債務問題の解決を図るために，⑴金利体

系の適正化を図った。すなわち，グレーゾーン金利（みなし弁済制度）を撤廃し，貸金業者の上限金利を年利 29.2％から 20％に引き下げるとともに，これを超える場合は刑事罰を課し，利息制限法の上限金利である 15％・18％・20％との間の金利での貸付けについて行政処分の対象とした（貸金業法，利息制限法，出資法などの施行令等も改正）。さらに，⑵貸金業への参入条件の厳格化，貸金業者の行為規制の強化，規制違反に対する業務改善命令の導入，指定信用情報機関制度の創設，総量規制の導入などを行い，消費者の保護及び支援に向けて制度が大きく前進した。

③　出資の受入れ，預り金及び金利等の取締りに関する法律（出資法）

本法は，高金利の処罰等を目的とする。

金銭の貸付けを行う者が，年 109・5％を超える割合による利息の契約をしたときは，5 年以下の懲役もしくは 1000 万円以下の罰金に処し，又はこれを併科する（同法 5 条 1 項）。

金銭の貸付けを行う者が業として金銭の貸付けを行う場合において，年 29・2％を超える割合による利息の契約をしたときは，5 年以下の懲役もしくは 1000 万円以下の罰金に処し，又はこれを併科する（同法 5 条 2 項）。

⑵　使用貸借とは

使用貸借契約は，当事者の一方が無償で使用及び収益をした後に返還をすることを約して相手方からある物を受け取ることによって，その効力を生ずる（593 条）。改正前民法は，使用貸借は，無償契約，片務契約であり，要物契約として構成された。また，無償契約である贈与の規定（550 条）が類推され，書面によらないものは履行があるまでは撤回することができると解されている。このうち要物性については，消費貸借と同様，実務の需要に適合しないことが指摘されてきた。改正法は，使用貸借は，当事者の一方がある物を引き渡すことを約し，相手方がその受け取った物について無償で使用及び収益をして契約が終了したときに返還をすることを約することによって，その効力を生ずると定め（593 条），諾成契約とした。契約の近代化に沿うものである。

改正法はまた，貸主は，借主が借用物を受け取るまで，契約の解除をすることができる。ただし，書面による使用貸借については，この限りでないと定め（593条の2），改正前民法における解釈を明文化した。

　貸主の担保責任（改正法は貸主の引渡義務等）については贈与者の担保責任（551条）の規定が準用される（596条）。

【判例】
準消費貸借
　○将来発生する金銭債務と準消費貸借の成否（積極。付従性の緩和）
　当事者間において将来金員を貸与することあるべき場合，これを準消費貸借の目的とすることを約し得るのであって，その後該債務が生じたとき，その準消費貸借契約は当然に効力を発生するものと解すべきである（最判昭40・10・7民集19巻7号1723頁）。

利息制限法
　○超過して支払われた利息・損害金は，元本に充当される（最判昭39・11・18民集18巻9号1868頁）。元本が完済された後に支払われた金額は，不当利得返還請求をすることができる（最判昭43・11・13民集22巻12号2526頁）。

利息制限法，貸金業法
　○貸金業者との間の金銭消費貸借上の利息の契約に基づき，債務者が利息として任意に支払った金銭の額が，利息制限法1条1項に定める制限額を超える場合において，右超過部分の支払が貸金業の規制等に関する法律43条1項によって有効な利息の債務の弁済とみなされるためには，右の支払が貸金業者の預金又は貯金の口座に対する払込みによってされたときであっても，特段の事情のない限り，貸金業者は，右の払込みを受けたことを確認した都度，直ちに，同法18条1項に規定する書面（受取証書）を債務者に交付しなければならない（最判平11・1・21民集53巻1号98頁）。

使用貸借
　○使用貸借契約の成立（最判平8・12・17民集50巻10号2778頁）

(3)　賃貸借とは

　賃貸借契約は，当事者の一方（賃貸人）が相手方（賃借人）に或る物の使用及び収益をさせることを約束し，相手方がこれに賃金を払うことを約束するこ

とによって成立する（601条）。物には，動産と不動産がある。このうち建物の所有を目的とする地上権又は土地の賃借権（借地権という）や，建物の賃借権（借家権という）については，特別法として借地借家法が制定されている（以下の第3で概観する）。

賃貸借は有償契約，双務契約，諾成契約である。賃貸借契約の効力として，賃貸人は，物を使用・収益させる義務を負い，賃借人は物を使用・収益する権利を有する。賃貸人の義務としてはさらに，修繕義務（606条。改正法は1項にただし書を追加），費用償還義務（608条），担保責任（有償契約への準用に係る559条）などがある。以上の賃貸人の権利・義務は，賃借人の権利・義務と対応している。

ところで，民法の規定では，賃借権は債権として位置づけられているため，物を直接支配する物権と比べてその権利の内容は弱く，賃借人の地位は弱いものであった（物権である地上権と比較するとよい）。

第1，賃借権の存続期間。契約で期間を定める場合，賃貸借の存続期間は20年を超えることができず，これより長い期間で契約を締結した場合，20年に短縮される（604条1項）。また，期間は更新することができるが，更新の時から20年を超えることができない（604条2項）。さらに，賃貸借の期間内に当事者は解約権を留保する特約をすることができる（618条）。

第2，賃借権の対抗力。民法の規定では，賃借人は賃借権の登記をしたときは新たに権利を取得した第三者に対抗することができる（605条）。しかし，賃借権の登記は賃貸人の承諾が必要とされ，賃貸人は特約のない限り賃貸借の登記に協力する義務は負わず，実際に賃借権の登記はあまりなされなかった。そこで，土地・建物の賃借人が賃貸人や新所有者から追い出されることがしばしば行われた（「売買は賃貸借を破る」。借地上建物についてはその収去を余儀なくされた（そのため土地の売買は地震売買といわれた）。立法者は賃借権よりも地上権が利用されると考えており，地震売買の出現を予想していなかった）。その背景に，明治末期から大正末期の地価高騰，住宅難が存在した。こうした事態を反省し，不動産（土地，建物）に関する賃借権の強化が図られたのである。

第3，賃借権の譲渡性。賃借人は賃貸人の承諾がなければ賃借権を譲渡し，又は賃借物を転貸することができない（612条1項）。賃借人が無断で譲渡，転

貸を行ったときは，賃貸人は契約の解約をすることができる（612条2項）。

⑷　2017年民法改正の注目点

　賃貸借法の基本に関する以下のような改正が行われた（①～⑥）。

①不動産の賃貸人たる地位の移転

　改正法は，不動産の賃貸人の地位の移転に関する規定を新設した（605条の2）。

　第1，前条（605条），借地借家法10条又は31条その他の法令の規定による賃貸借の対抗要件を備えた場合において，その不動産が譲渡されたときは，その不動産の賃貸人たる地位は，その譲受人に移転する。

　第2，1項の規定にかかわらず，不動産の譲渡人及び譲受人が，賃貸人たる地位を譲渡人に留保する旨及びその不動産を譲受人が譲渡人に賃貸する旨の合意をしたときは，賃貸人たる地位は，譲受人に移転しない。この場合において，譲渡人と譲受人又はその承継人との間の賃貸借が終了したときは，譲渡人に留保されていた賃貸人たる地位は，譲受人又はその承継人に移転する。

　第3，1項又は2項後段の規定による賃貸人たる地位の移転は，賃貸物である不動産について所有権の移転の登記をしなければ，賃借人に対抗することができない。

　第4，1項又は2項後段の規定により賃貸人たる地位が譲受人又はその承継人に移転したときは，608条の規定による費用の償還に係る債務及び622条の2第1項の規定による同項に規定する敷金の返還に係る債務は，譲受人又はその承継人が承継する。

②合意による不動産の賃貸人たる地位の移転

　改正法は，合意による不動産の賃貸人たる地位の移転の規定を新設した（605条の3）。すなわち，不動産の譲渡人が賃貸人であるときは，その賃貸人たる地位は，賃借人の承諾を要しないで，譲渡人と譲受人との合意により，譲受人に移転させることができるとした（この場合には605条の2第3項及び4項の規定が準用される）。

③妨害の停止等

改正法は，不動産の賃借人による妨害の停止の請求等を認めた（605条の4）。すなわち，不動産の賃借人は，605条の2第1項に規定する対抗要件を備えた場合において，①その不動産の占有を第三者が妨害しているときは，その第三者に対する妨害の停止の請求を，②その不動産を第三者が占有しているときは，その第三者に対する返還の請求を認めた。

④賃借人による修繕

賃借物の修繕が必要である場合において，次に掲げるときは，賃借人は，その修繕をすることができる（607条の2）。

　　①賃借人が賃貸人に修繕が必要である旨を通知し，又は賃貸人がその旨を知ったにもかかわらず，賃貸人が相当の期間内に必要な修繕をしないとき。

　　②急迫の事情があるとき。

⑤賃借物の全部滅失等による賃貸借の終了

賃借物の全部が滅失その他の事由により使用及び収益をすることができなくなった場合には，賃貸借は，これによって終了する（616条の2）。

⑥敷金

改正法は，次のように敷金の規定を新設した（622条の2）。

第1，賃貸人は，敷金（いかなる名目によるかを問わず，賃料債務その他の賃貸借に基づいて生ずる賃借人の賃貸人に対する金銭の給付を目的とする債務を担保する目的で，賃借人が賃貸人に交付する金銭をいう。以下この条において同じ。）を受け取っている場合において，次に掲げるときは，賃借人に対し，その受け取った敷金の額から賃貸借に基づいて生じた賃借人の賃貸人に対する金銭の給付を目的とする債務の額を控除した残額を返還しなければならない。

　　①賃貸借が終了し，かつ，賃貸物の返還を受けたとき。

　　②賃借人が適法に賃借権を譲り渡したとき。

第2，賃貸人は，賃借人が賃貸借に基づいて生じた金銭の給付を目的とす

る債務を履行しないときは，敷金をその債務の弁済に充てることができる。この場合において，賃借人は，賃貸人に対し，敷金をその債務の弁済に充てることを請求することができない。

【判例】
対抗力
　　○対抗力を否定したものとして，長男名義（最大判昭 41・4・27 民集 20 巻 4 号 870 頁），妻名義（最判昭 47・6・22 民集 26 巻 5 号 1051 頁），子名義（最判昭 50・11・28 判時 803 号 63 頁），義母名義（最判昭 58・4・14 判時 1077 号 62 頁）など。
　　○対抗力を肯定したものとして，借地人名義の表示の登記（不動産登記法 78 条）（最判昭 50・2・13 民集 29 巻 2 号 831 頁）など。

信頼関係理論
　　○賃借権の無断譲渡・転貸が行われた場合，賃借人の当該行為が賃貸人に対する背信的行為と認めるに足らない特段の事情がある場合は，612 条の解除権は発生しない（最判昭 28・9・25 民集 7 巻 9 号 979 頁）。
　　○信頼関係の破壊を否定するもの（最判昭 39・7・28 民集 18 巻 6 号 1220 頁，最判昭 41・4・21 民集 20 巻 4 号 720 頁など），信頼関係の破壊を肯定するもの（最判昭 50・2・20 民集 29 巻 2 号 99 頁など）。

譲渡・転貸等
　　○譲渡担保権者による建物の引渡し・使用又は収益と，建物の敷地に係る民法 612 条の賃借権の譲渡又は転貸（最判平 9・7・17 民集 51 巻 6 号 2882 頁）
　　○敷地賃借権の移転及び復帰と民法 612 条の賃借権の譲渡（大阪高判昭 60・9・11 金法 1141 号 33 頁，金商 734 号 11 頁）

借賃，敷金
　　○借賃の増額請求（最判平 8・7・12 民集 50 巻 7 号 1876 頁）
　　○建物賃貸借契約における敷金返還請求権（最判平 11・1・21 民集 53 巻 1 号 1 頁）

更新料，立退料
　　○更新料の性質，信頼関係理論（最判昭 59・4・20 民集 38 巻 6 号 610 頁）
　　（土地の賃貸借契約の存続期間の満了にあたり賃借人が賃貸人に対し更新料を支払う例が少なくないが，その更新料がいかなる性格のものであるか及びその不払が当該賃貸借契約の解除原因となり得るかどうかは，単にその更新料の支払がなくても法定更新がされたかどうかという事情のみならず，当該賃貸借成立後の当事者双方の事情，

当該更新料の支払の合意が成立するに至った経緯その他諸般の事情を総合考量したう
え，具体的事実関係に即して判断されるべきものと解するのが相当である。本件更新
料の支払は，賃料の支払と同様，更新後の本件賃貸借契約の重要な要素として組み込
まれ，その賃貸借契約の当事者の信頼関係を維持する基盤をなしているものというべ
きであるから，その不払は，右基盤を失わせる著しい背信行為として本件賃貸借契約
それ自体の解除原因となり得るものと解するのが相当である。）

　○賃貸人 A と賃借人 B の賃貸借契約が B の債務不履行によって解除された場合に
おける B（転貸人）C（転借人）間の転貸借契約の効果（最判平 9・2・25 民集 51 巻 2
号 398 頁）

　○建物所有を目的とする借地契約の更新拒絶につき借地法 4 条 1 項所定の正当の事
由があるかどうかを判断するにあたっては，土地所有者側の事情と借地人側の事情を
比較考量してこれを決すべきものであるが（最大判昭 37・6・6 民集 16 巻 7 号 1265
頁），右判断に際し，借地人側の事情として借地上にある建物賃借人の事情をも斟酌す
ることの許されることがあるのは，借地契約が当初から建物賃借人の存在を容認した
ものであるとか，又は実質上建物賃借人を借地人と同一視することができるなどの特
段の事情の存する場合であり，そのような事情の存しない場合には，借地人側の事情
として建物賃借人の事情を斟酌することは許されない（最判昭 58・1・20 民集 37 巻 1
号 1 頁）。

賃料減額請求権

　○建物所有を目的とする土地賃貸借契約において，「消費者物価指数が下降したと
してもそれに応じて賃料減額をすることはない」旨の特約が存することにより，借地
借家法 11 条 1 項に基づく賃料増減額請求権の行使を妨げられることはないとした事
例（最判平 16・6・29 判時 1868 号 52 頁）

公営住宅の使用関係

　○事業主体と入居者との間の法律関係は，基本的には私人間の家屋賃貸借関係と異
ならず，その契約関係には信頼関係法理が適用される（最判昭 59・12・13 民集 38 巻
12 号 1411 頁）。

借家人の死亡と借家権の承継

　○内縁の妻は相続人の賃借権を援用して家屋に居住する権利（借家権）を有する（最
判昭 42・2・21 民集 21 巻 1 号 155 頁）。

いわゆるサブリース契約

　○建物賃貸借契約であるとして，借地借家法 32 条の規定の適用を認めた事例（最判
平 15・10・21 判時 1844 号 37 頁，最判平 15・10・23 判時 1844 号 54 頁，最判平 16・

11・8 判時 1883 号 52 頁）

④ 雇用，請負，委任，寄託——役務の提供を目的とする契約

　雇用（623 条以下），請負（632 条以下），委任（643 条以下），寄託（657 条以下）は，いずれも役務（サービス）の提供を目的とする契約（役務提供契約）である。書物の出版，不動産の工事・管理など様々な態様がある。ただし，以下(1)～(4)で概観するように契約の種類によって役務提供の仕方・内容がそれぞれ異なっている。

　この契約類型における債務の性質をみると，結果の実現を重視する債務（結果債務）と，履行の過程を重視する債務（手段債務）とがある。請負は結果債務の典型例である。委任は手段債務に位置づけられる。

⑴　雇用とは

　雇用契約は，当事者の一方が相手方に対して労働に従事することを約束し，相手方がこれに対してその報酬を与えることを約束することによって効力を生じる（623 条）。雇用は有償契約，双務契約，諾成契約である。報酬の支払時期（624 条）に関連して，改正法は「履行の割合に応じた報酬」の規定を新設した（624 条の 2）。すなわち，労働者は，次に掲げる場合には，既にした履行の割合に応じて報酬を請求することができるとし，①使用者の責めに帰することができない事由によって労働に従事することができなくなったとき，②雇用が履行の中途で終了したとき，を定めた。民法の雇用契約は，当事者の実質的平等を図るために，その内容や性質に基本的な修正が加えられており，いわゆる社会法として民法とは質の異なる労働法の世界が構築されている。なお近時，雇用契約を明確化，適正化する労働契約法の制定が提唱され（労働法学の菅野和夫など），2007 年 11 月 28 日に労働契約法が成立した。

　雇用契約，すなわち労働契約における労働条件は，公序良俗（90 条）に反しない限り，自由に設定することができる。もっとも，その内容は，労働契約法のほか，労働基準法等の労働立法や，使用者が定める就業規則の定めに違反してはならない。また，使用者と労働組合が締結した労働協約の定めに違反してはならない。

(2)　請負とは

　請負契約は，当事者の一方（請負人）がある仕事を完成することを約束し，相手方（注文者）がその仕事の結果に対して請負人に報酬を与えることを約束することによって，効力を生ずる（632 条）。

　請負は有償契約，双務契約，諾成契約である。

　請負の例としては，建築・土木等の工事，印刷・製本，調査などがあり，多種多様である。

請負人の義務と注文者の義務　請負契約における請負人は，仕事を完成すべき義務を，注文者は仕事の結果に報酬を与える義務を負っている。

　請負人の有する報酬請求権は，その仕事完成後の引渡しと同時履行の関係に立つ（633 条）。

所有権の帰属　請負は事案によっては所有権の帰属が問題となる。注文者が全部の材料を提供した場合は，所有権は注文者に帰属する。両当事者が一部ずつ材料を提供した場合は，原則として加工の規定（246 条）による。

　請負人が材料の全部あるいは大部分を提供した場合に，所有権が当事者のいずれに帰属するかについては考え方が分かれる。いわゆる製作物供給契約の問題であり，当該契約が請負か売買かが問われている。それぞれの契約の内容を帰納的に判断して決せられるべきであり，一概にどちらと断定することはできないとする考え方が妥当であろう。以上は，契約の性質決定が問われる問題でもある。

請負人の担保責任　改正前民法は，請負人の仕事に瑕疵（＝欠陥）があったときの法的処理として，仕事の完成を目的とする請負契約の特徴を考慮して，売主の瑕疵担保責任に関する規定（旧 570 条。2017 年民法改正によって修正）を準用せず，請負人の瑕疵担保責任の規定を置く（634 条から 640 条。改正法 634 条〜637 条（638 条〜640 条削除）は内容を修正）。請負人のこの責任の性質は債務不履行責任であり，瑕疵担保責任の規定は債務不履行責任の特則として位置づけられるものである。

　改正前民法は，請負人の担保責任につき，仕事の目的物に瑕疵があるとき

は，注文者は，請負人に対し，相当の期間を定めて，その瑕疵の修補を請求することができるとし，瑕疵が重要でない場合において，その修補に過分の費用を要するときは，この限りでないとした。また，注文者は，瑕疵の修補に代えて，又はその修補とともに，損害賠償の請求をすることができ，この場合においては533条の規定を準用するとしている（634条1項，2項）。改正法は，注文者が受ける利益の割合に応じた報酬を認めた。すなわち，次に掲げる場合において，請負人が既にした仕事の結果のうち可分な部分の給付によって注文者が利益を受けるときは，その部分を仕事の完成とみなすとし，この場合において，請負人は，注文者が受ける利益の割合に応じて報酬を請求することができるとし，①注文者の責めに帰することができない事由によって仕事を完成することができなくなったとき，②請負が仕事の完成前に解除されたときを掲げた（634条）。

　改正前民法は，仕事の目的物に瑕疵があり，そのために契約をした目的を達することができないときは，注文者は契約の解除をすることができるとし，ただし，建物その他の土地の工作物については，この限りでないとしていた（635条）が，改正法はこの規定を削除した。

　改正法はまた，請負人が種類又は品質に関して契約の内容に適合しない仕事の目的物を注文者に引き渡したとき（その引渡しを要しない場合にあっては，仕事が終了した時に仕事の目的物が種類又は品質に関して契約の内容に適合しないとき）は，注文者は，注文者の供した材料の性質又は注文者の与えた指図によって生じた不適合を理由として，履行の追完の請求，報酬の減額の請求，損害賠償の請求及び契約の解除をすることができない（ただし，請負人がその材料又は指図が不適当であることを知りながら告げなかったときは，この限りでない）とした（636条）。

担保責任の存続期間　改正前民法は，請負人の担保責任の存続期間につき，前3条の規定による瑕疵の修補又は損害賠償の請求及び契約の解除は，<u>仕事の目的物を引き渡した時から1年以内に</u>しなければならない。<u>仕事の目的物の引渡しを要しない場合には，前項の期間は，仕事が終了した時から起算する</u>（637条1項，2項）。また，建物その他の土地の工作物の請負人は，その工作物又は地盤の瑕疵について，引渡しの後5年間その担保の責任を負う。ただし，この期間は，石造，土造，れんが造，コンクリー

ト造，金属造その他これらに類する構造の工作物については，10年とする。②工作物が前項の瑕疵によって滅失し，又は損傷したときは，注文者は，その滅失又は損傷の時から1年以内に，634条の規定による権利を行使しなければならない（638条），としていた。

改正法は，目的物の種類又は品質に関する担保責任の期間の制限につき，前条本文に規定する場合において，注文者がその不適合を知った時から1年以内にその旨を請負人に通知しないときは，注文者は，その不適合を理由として，履行の追完の請求，報酬の減額の請求，損害賠償の請求及び契約の解除をすることができない。前項の規定は，仕事の目的物を注文者に引き渡した時（その引渡しを要しない場合にあっては，仕事が終了した時）において，請負人が同項の不適合を知り，又は重大な過失によって知らなかったときは，適用しないとした（637条1項，2項）。

改正法は638条〜640条を削除した。

請負の終了　注文者の解除権（641条），注文者の破産（642条），重大な瑕疵による解除権（635条）がここでの論点である。

請負人が仕事を完成しない間は，注文者は，いつでも損害を賠償して契約の解除をすることができる（641条）。

(3) 委任とは

委任契約は，一定の法律行為を委託することを内容とする（643条）。委任は当事者の信頼関係を基礎にする。

報酬についてみると，受任者は，特約がなければ，委任者に対して報酬を請求することができない（648条1項），受任者は，報酬を受けるべき場合には，委任事務を履行した後でなければ，これを請求することができない。ただし，期間によって報酬を定めたときは，624条2項の規定を準用する（同2項），委任が受任者の責めに帰することができない事由によって履行の中途で終了したときは，受任者は，既にした履行の割合に応じて報酬を請求することができる（同3項）。委任は無償契約を原則とするが，実際には特約によって有償契約とされている例が多い（諾成契約であり，双務契約となる）。

改正法は，いわゆる履行割合型の委任に関する3項を整備し，受任者は，

次に掲げる場合には，既にした履行の割合に応じて報酬を請求することができるとし，①委任者の責めに帰することができない事由によって委任事務の履行をすることができなくなったとき，②委任が履行の中途で終了したときを挙げた。

　改正法はいわゆる成果完成型の委任に関する規定を新設した。すなわち，委任事務の履行により得られる成果に対して報酬を支払うことを約した場合において，その成果が引渡しを要するときは，報酬は，その成果の引渡しと同時に，支払わなければならない（648条の2第1項），634条の規定は，委任事務の履行により得られる成果に対して報酬を支払うことを約した場合について準用する（同第2項）。委任には，受任者が代理権を有するものと，代理権を有しないものがある。委任の例としては，不動産の売却の依頼，弁護士・司法書士への訴訟の依頼など，様々な態様がある。

委任者の義務，受任者の義務　受任者（受託者）は委任者（委託者）に対して，次のような義務を負い，権利を有する。すなわち，委任の本旨に従った善管注意義務（644条），報告義務（645条），受取物引渡義務（646条），金銭消費の責任（647条），報酬請求権（648条），費用前払請求権（649条），費用償還請求権（650条），などである。

　他方，委任者は，以上の受任者の権利・義務に対応する権利・義務を有する。

履行補助者，復委任　受任者は，履行補助者を用いることができる。履行補助者とは，一般に，債務者が債務の履行をする際に自らの手足として用いる者をいう。履行補助者の故意・過失は，信義則上，債務者の故意・過失と解される。

　さらに，任意代理人の復任権の規定（104条以下）を類推し，復委任が認められている（判例，通説）。他方，債務者に代わり履行の全部を引き受ける者を履行代行者というが，履行代行者についてはその選任・監督に過失があったときに責任を負う（105条参照）。

委任の終了　委任は，解除（651条）や，解除以外の事由（委任者又は受任者の死亡，委任者又は受任者の破産，受任者の後見開始審判）（653条）によって終了する。なお，委任者の後見開始審判は終了事由となるかという解

釈論上の問題がある。

　委任は，各当事者においていつでも解除することができるが，やむをえない場合を除き，相手方の不利な時期に解除したときはその損害を賠償する責任がある（651条）。ここに解除とは，契約関係が将来に向かってのみ終了するものをいい（652条，620条本文），告知といわれる。

　「死後の委任」は認められるかという問題は，契約当事者の意思解釈の問題であるが，これを肯定した判例がある（後掲最判平 4・9・22）。死後の事務処理等を扱う遺言制度との関係が問われる。

【判例】
　○**委任者の死亡と委任の継続**（最判平 4・9・22 金融法務事情 1358 号 55 頁）
　「自己の死後の事務を含めた法律行為等の委任契約が丙山と上告人との間に成立したとの原審の認定は，当然に，委任者丙山の死亡によっても右契約を終了させない旨の合意を包含する趣旨のものというべく，民法 653 条の法意がかかる合意の効力を否定するものでないことは疑いを容れないところである。
　しかるに，原判決が丙山の死後の事務処理の委任契約の成立を認定しながら，この契約が民法 653 条の規定により丙山の死亡と同時に当然に終了すべきものとしたのは，同条の解釈適用を誤り，ひいては理由そごの違法があるに帰し，右違法は判決の結果に影響を及ぼすことが明らかであるといわなければならない。この点をいう論旨は理由があり，原判決中，上告人敗訴の部分は破棄を免れない。そして，右部分について，当事者間に成立した契約が，前記説示のような同条の法意の下において委任者の死亡によって当然には終了することのない委任契約であるか，あるいは所論の負担付贈与契約であるかなどを含め，改めて，その法的性質につき更に審理を尽くさせるため，本件を原審に差し戻すこととする。」

委任終了時の措置　　民法は委任終了時の措置として，緊急処分義務（654条），委任終了の対抗要件（655条）について規定する。

準委任　　法律行為ではない事務の委託を行う契約は，準委任契約といわれ，委任の規定が準用される（656条参照）。準委任の例として，手術などの医療行為を挙げることができる。

⑷　寄託とは

　寄託契約は，当事者の一方が相手方のために保管することを約してある物を受け取ることによって，その効力を生ずる（657条）。寄託は要物契約である。

　預金契約，すなわち金銭を金融機関に預ける契約は，受寄者が寄託物を消費することができるから，消費寄託であり，消費貸借の規定が準用される（666条）。改正法は消費貸借の規定の準用の形をとらず，「寄託された物と種類，品質及び数量の同じ物をもって返還しなければならない」と定める（同条1項）。

［5　組合，終身定期金，和解］

　典型契約のこれら3つの契約は，上記2〜4のように○○型として整理することができないものであり，ここで便宜上まとめてとりあげる。

⑴　組合とは

　組合契約は，各当事者が出資をして共同の事業を営むことを約束することによって成立する（667条）。民法の組合は，法人と異なり，法人格をもたずに事業を行うものである。他方，民法の典型契約はこれまでにみたように，当事者の申込みと承諾の各意思表示が互いに向かい合っているが，組合の場合は共通の目的を達成するために意思表示をするものであり，法人と同様に同じ方向を向いている。

　組合の性質については，契約と捉える見解と合同行為と捉える見解がある。組合は共同の事業を営むための団体であることを重視すると，合同行為説が妥当であろう。契約自由の原則は，制限されることになる。例えば，組合員の脱退等の自由が制限されることがある。

　以上のように，組合の規定は強行法規性を有している。

　組合員の権利・義務　各組合員の出資その他の組合財産は，総組合員の共有に属する（668条）。理論的には，組合財産の帰属について，共同所有の態様である共有か合有かが問題になるが，組合の団体性を重視すると合有と解すべきであろう。したがって，共有と異なり，持分の処分はその範囲で制限されることになる。

組合の業務執行は，組合員の過半数をもって行う（670 条 1 項）。組合の業務を執行する組合員には，受任者の権利・義務の規定（644 条〜650 条）が準用される。

組合の出資者は，無限責任を負う。また，出資法人税は課税されないが出資者の利益には課税される。なお，組合員の責任を有限とする，有限責任事業組合（LLP）という新しい事業形態の団体が認められた。

(2)　終身定期金とは

終身定期金契約は，当事者の一方が自己，相手方又は第三者の死亡にいたるまで，定期に，金銭その他の物を相手方又は第三者に給付することを約束する契約をいう（689 条）。

終身定期金契約は給付方法を指定する契約の 1 つである。終身定期金契約に対しては，老後の生活保障機能を担うことが期待されたが，社会には定着しなかった。その理由として，家族による扶養意識が強かったこと，公的年金制度が整備されたことなどが指摘されている。

高齢社会における私的扶養の方法として，終身定期金契約（あるいはその変形）の活用が考えられる（扶養については民法典第 4 編「親族」で規律する）。

リバース・モーゲージ　リバース・モーゲージとは，A が自ら居住する住宅に担保権を設定することによって，定期に生活資金等を受け取ることができる制度をいう。モーゲージとは抵当のことをいい，リバース・モーゲージは逆抵当（融資制度）と呼ばれることもある。

リバース・モーゲージの契約者の一方(A)は，A の死亡又は契約期間満了までの間，定期に定額の金銭を受領することができるが，それはそのまま A の負債となる。しかし，契約終了時に，担保とされた住宅を処分することによって，契約の他方当事者（銀行など）に元利一括して返済される。なお，特約により，相続人が住宅を相続し，負債を返済することも認められている。

この制度は，高齢者等がより豊かな生活をすることを保障する制度として期待された。しかし，土地建物の資産的価値が見合わないと，銀行等の金融機関の積極的な参加は得られない。高齢社会の今日，この仕組みに対する地方自治体等の関与（特に福祉的関与）のあり方が問われる。

(3)　和解とは

民事紛争は，裁判によって解決されるほか，和解や示談によっても解決される。和解には，裁判上の和解と裁判外の和解がある。民法の和解契約は裁判外の和解である。近時は，裁判外紛争処理（ADR）の重要性が認識され，多方面で利用されている。2004年に，裁判外紛争解決手続の利用の促進に関する法律（ADR法）が成立している（2007年4月1日施行）。

民法における和解契約とは，当事者が互いに譲歩してその間に存する争いを止めることを約束する契約をいう（695条）。当事者の一方が和解によって争いの目的である権利を有するものと認められ，又は相手方がこれを有しないものと認められた場合において，その当事者の一方が従来その権利を有していなかった旨の確証又は相手方がこれを有していた旨の確証が得られたときは，その権利は，和解によってその当事者の一方に移転し，又は消滅したものとする（696条）。和解の確定効という。当事者の紛争解決を目的とする契約（紛争解決契約）のうち，民法は和解契約を扱う。互譲による紛争解決が和解契約の本質である。

和解と示談は同義で用いられることがあるが，示談には互譲に基づかないものも含まれる。もっとも，互譲という概念はやや曖昧であり，示談したということは常に互譲があると考えることもできる。そうすると，示談を和解とあえて区別する必要はないであろう。以上は用語の定義の問題である。

ところで，損害賠償を中心とする民事紛争の解決とはどのようなものかを考える場合，その法的基礎にあるのは民事責任論であろう。互譲による紛争解決は，当事者の納得がなければ成り立たない。納得に至る事情は，事案によって異なり得るし，納得の前提として法律論が不可欠というわけではないが，法律論は納得をもたらす最有力の要素となるものと考えられる。複雑，高度化した紛争を的確に処理し，関係を修復するためには，法律論に基づく当事者の納得がめざされるべきであろう。もっとも，事案のなかには法律論では限界が認められる場合もあり得る。事実認定に争いがある場合や，法律が予定していなかった紛争などのなかには法律論が無力な場合があり得る。

最近の環境訴訟における和解（裁判上の和解）をみると，損害賠償を放棄し，あるいは，補償とは別に，将来の環境保全対策をとることなどが和解内容に

盛り込まれることがある。なお，水俣病問題では，こじれにこじれた紛争について異例の政治的決着が図られたことがある（それでも完全な決着には至っていない）。

第6　特別法の制定——契約法の展開

1 賃借権の物権化

(1)　賃借権の物権化理論——旧建物保護法，旧借地法，旧借家法の制定

　賃借人の土地，建物の利用を強化するため，判例の展開を受け以下のような特別法が制定され，民法の規定が修正された。

　旧建物保護ニ関スル法律（1909〈明治42〉年制定。以下，旧建物保護法という）は，建物の所有を目的とする土地の賃借権（又は地上権）によって，賃借人（又は地上権者）は土地の上に登記をした建物を有するとき，土地の賃貸借（又は地上権）の登記がなくとも第三者に対してその権利を主張することができる（1条）。さらに，旧借地法，旧借家法（1921〈大正10〉年に制定）は，借地・借家関係の安定を図ることを目的に，土地・建物の貸し借りについて，借り主に一定の権利を保障し，対抗力，期間，更新，解約について借主の地位を強化し，この権利を制限するような契約はできないことにした。さらに，その後の改正により，更新を認めやすくするなど賃借権の強化が図られた。そして，これらの規定の解釈，運用においても賃借人の保護が図られた。賃貸借法におけるこのような変化を称して，賃借権の物権化という（「売買は賃貸借を破らず」）。

　賃借権物権化の法理論は，社会経済的弱者を保護する理論として，賃借権法はもとより，民法の財産法，すなわち債権法と物権法の発展における最大の成果といえるものではないだろうか。賃借権の物権化に関する規定のいくつかは後述のように，借地借家法に継承されている。借地借家法の前身である旧借地法，旧借家法の内容を確かめることが必要である。

(ア)　借地権

借地権とは，建物の所有を目的とする土地の賃借権及び地上権をいう。な

お，ここに建物とは，住居，営業，物の貯えなどに使われる建造物をいい，壁や床のないバラックは建物ではない。

旧借地法における賃借権物権化の内容　旧借地法は，借地関係の安定を図ることを目的に，土地の貸し借りについて，借り主に一定の権利を保障し，期間，更新，解約について借主の地位を強化し，この権利を制限するような契約はできないことにした。

①存続期間

期間の定めがない場合の借地権の存続期間は，建物の構造により異なり，石造，土造，煉瓦造又はこれに類する堅固な建物の所有を目的とするものは60年，その他の建物については30年とする（旧借地法2条1項）。

堅固な建物の所有について30年以上，その他の建物について20年以上の存続期間を定めたときは借地権はこの期間満了によって消滅する（同条2項）。これ以下の期間で契約が締結された場合，締結された契約内容が借地権者に不利であるとき，この条件は無効となる（旧借地法11条）。期間の定めが無効となるが，その場合の存続期間について学説は分かれていた（60年説，30年説など）。

一時使用のために借地権を設定したときは，上記の規定は適用されない（旧借地法9条）。処分の能力又は権限を有しない者が行った場合も同様である。

②更新

借地権の存続期間が満了しても，建物が存在し，かつ，借地権者が契約の更新を請求し，使用を継続したときは，前と同じ条件で借地権を設定したものとみなされる。ただし，土地所有者に自らその土地や建物を使用する必要がある場合その他正当の事由がある場合はこの限りではない（旧借地法4条）。契約が更新される場合には，建物の堅固・非堅固の区別に従って，30年又は20年の存続期間が定められた。

民法の規定では，期間が終了すると，貸主が反対すると更新が認められず，明渡しに応じなければならなかった。そこで借主の地位を強化するため，1941年の旧借地法改正によって正当事由制度が導入されたのである。

③対抗力

借地については，旧建物保護法が，建物の所有を目的とする地上権又ハ土

地ノ賃借権により地上権者又は土地の賃借権がその土地の上に登記した建物を有するときは，地上権又は土地の賃貸借はその登記がなくても，第三者に対抗することができるとした（1条）。

④譲渡，転貸

民法は賃貸人の承諾のない譲渡，転貸（無断譲渡，無断転貸）は，解約事由とする（612条）。旧借地法は賃借権を強化したが，賃借権の譲渡性を完全に認めるには至っていない。

(イ)　借家権

旧借家法における賃借権物権化の内容　　旧借家法は，借家関係の安定を図ることを目的に，建物の貸し借りについて，借り主に一定の権利を保障し，期間，更新，解約について借主の地位を強化した。

①存続期間及び更新力

建物の賃貸人は，自ら使用することを必要とする場合，その他正当の事由ある場合でなければ賃貸借の更新を拒否したり，解約をすることはできない（旧借家法1条ノ2）。

賃貸借の期間を定めた場合に，当事者が期間満了前6月ないし1年内に相手方に対し更新拒絶の通知又は条件を変更しなければ更新しない旨の通知をしなかったときは，期間満了の際，前賃貸借と同一の条件でさらに賃貸借を設定したものとみなされる（旧借家法2条1項）。

賃貸人の解約申入は，6月前にしなければならない（旧借家法3条1項）。

②対抗力

建物の賃貸借はその登記がなくても，建物の引渡があれば，以後その建物について物権を取得した者に対して対抗力を生ずる（旧借家法1条1項）。

③造作買取請求権

賃貸人の同意を得て建物に附加した畳，建具その他の造作があるときは，賃借人は，賃貸借終了の場合において賃貸人に対し時価でその造作を買い取るべきことを請求することができる（旧借家法5条）。

(2) 借地借家法の制定——借地・借家法制度の改革

借地・借家法制はその後，新しい展開を示した。すなわち，立法，判例，学説による賃借権の強化は弱者保護に貢献したが，他方，正当事由制度の裁判上・裁判外の運用が硬直化し，「一度貸したら戻らない」とさえいわれる状況が出現した。特に東京など大都市圏における土地の有効利用を阻害し，借地借家紛争が深刻化した。そこで，借地・借家関係のより合理的なあり方を実現し，貸し易く借り易い関係をつくりだすために，旧借地法，旧借家法の見直しが行われ，1991年に借地借家法が成立した（1992年8月1日施行。以下「新法」ともいう）。

新法は旧借地法，旧借家法及び旧建物保護法を廃止し，これらを一本化した。そして，契約の更新があり得る普通借地権に加え，契約の更新がない定期借地権を創設した。同様に，契約の更新があり得る借家権に加え，契約の更新がない定期借家権を創設した。借地・借家法制における借主保護の画一的規制にメスを入れ，多様化する借地・借家関係のニーズに応えようとしたのである。これは賃借人と賃貸人の利害が対立していた問題に対する1つの立法による解決例として評価することができる。

図Ⅳ—9 借地借家法によって導入された制度

```
(1) 定期借地権
   ・定期借地権（22条）　——一般定期借地権
   ・事業用定期借地権（23条）
   ・建物譲渡特約付借地権（24条）
(2) 定期建物賃貸借（38条）　——定期借家権
(3) 民事調停制度（民事調停法24条～24条の3）
```

ア　借地権

①借地権の存続期間

新法は，施行後に新たに設定される借地権については，建物の種類による実際の耐久期間はそれほど差がないことなどを考慮して，その存続期間を改めた。すなわち，堅固な建物の所有を目的とするか否かを問わず一律に，以下のように定めた。

新たに設定する場合には，30年以上の期間を契約で定めることができる（借地借家法3条ただし書）。契約期間を定めなかった場合は，30年となる（同法3条）。更新後の存続期間は原則として，最初の更新後は20年，その後は10年とされた（同法4条）。いずれも特約によってその期間を延長することができる（同条ただし書参照）。

更新における正当事由を明確化

　旧借地法，旧借家法の基本的考え方は，新法でも変わっていない。すなわち，契約の期間が終了しても，契約は原則として更新され，借主は，土地・建物の利用を続けることができ，貸主がその土地・建物を利用する必要がある場合などその土地・建物の明渡を求める正当事由がある場合にだけ，貸主は契約の更新を拒否することができる。新法の規定は，従前までの実務を基本的に変更するものではなく，新法によって契約の更新が難しくなることはないと立法者は説明した。

　新法は，正当事由を次のように整理し，明確化した。すなわち，「貸主や借主が土地・建物の使用を必要としている事情」，「借地・借家に関する従前の経過」，「土地・建物の利用状況（建物についてはさらに建物の現況）」，「立退料の提供の申出」といった事情が考慮されるべきこととされている（6条，28条）。貸主が立退料を支払うと申し出たときは，そのことを考慮することになっている。

②借地権の対抗力

借地権は，その登記がなくても，土地の上に借地権者が登記されている建物を所有するときは，これをもって第三者に対抗することができる（借地借家法10条1項）。

③借地権の譲渡，転貸

新法は，旧借地法をそのまま受け継ぎ，裁判所は，借地権者の申立てにより，借地権設定者の承諾に代わる許可を与えることができる（19条）。借地権の自由な譲渡性が認められるまでには至っていない。

④地代の増額請求

地代が，土地に対する租税その他の公課の増減により，土地の価格の上昇，

低下，その他の経済事情の変動により，又は，近隣の類似の土地の地代と比べて不相当となったときは，一定期間地代の増額をしない旨の特約がなければ，当事者は，将来に向かって地代の額の増減を請求することができる（11条）。

　地代の増額請求の訴訟をしようとする場合には，原則として，まず調停の申立てをしなければならない（調停前置主義）。当事者間に調停委員会の定める調停条項に服する旨の書面による合意がある場合には，調停委員会が調停条項を定め，紛争を最終的に解決することができる（民事調停法24条の2，24条の3）。

　⑤建物買取請求権

　借地権の存続期間が満了したが契約の更新がない場合，借地権者は借地権設定者に対し，建物その他借地権者が権原により土地に附属させた物を時価で買い取るべきことを請求することができる（13条1項）。

　また，第三者が，賃借権の目的である土地の上の建物その他借地権者が権原によって土地に附属させた物を取得した場合に，借地権設定者が賃借権の譲渡又は転貸を承諾しないとき，その第三者は借地権設定者に対し，建物その他借地権者が権原によって土地に附属させた物を，時価で買い取るべきことを請求することができる（14条）。

　⑥借地条件の変更

　建物の種類，構造，規模又は用途を制限する旨の借地条件がある場合において，法令による土地利用の規制の変更，付近の土地の利用状況の変化，その他の事情の変更により現に借地権を設定するにおいてはその借地条件と異なる建物の所有を目的とすることが相当であるにもかかわらず，借地条件の変更につき当事者間に協議が調わないときは，裁判所は，当事者の申立てにより，その借地条件を変更することができる（17条1項）。

　⑦自己借地権

　自己借地権とは，例えばAが所有する土地について，A自ら（すなわち，自己）を借地権者とする借地権をいう。自己借地権は従来，日本民法において認められてこなかったが，借地借家法は一定の要件のもとに限定的に自己借地権を認めている（15条）。

　本条によって認められる自己借地権の態様は２つあり，１つは，他人とともに土地所有者である自己が借地人となる場合であり，もう１つは，借地権の準共有持分が土地所有者に帰属した場合である。本条は，自己借地権を無限定に認めるものではなく，借地権を借地権設定者と借地権設定者以外の者が準共有する場合にのみ認めた。本条は土地所有者が他人とともに借地人となる場合に限り，借地権は消滅しないことを明らかにしたものである。準共有では相互に負担を伴うという理由で，混同法理に抵触しないと考えたのである。

　⑧定期借地権の創設

　定期借地権とは，更新がなく，定められた契約期間で確定的に借地関係が終了するものであり，以下の３つの態様がある。

　(1)一般定期借地権（22条）

　存続期間は50年以上で，利用目的に制限はない。長期の借地権である。

　手続は，更新されない旨の特約を公正証書等の書面で行う。

　上記の契約不更新の特約は，次のように行われる。

　「①更新の請求及び土地の使用の継続によるものを含め，契約の更新がなく，また，借地期間中に建物の滅失があっても存続期間の延長はない。

　②借主は，借地期間が満了し，契約の更新がないときであっても，貸主に建物の買い取りを請求しえない。」

　一般定期借地権は，分譲住宅，賃貸マンション，オフィスビルなど，どんな建物も建てることができる。

　(2)事業用定期借地権（23条）

　契約の期間は10年以上50年未満で，目的は事業用に限定される（住居は不可）。契約は公正証書で行う。

　投下資本を短期間に回収することが可能な事業（郊外の外食店，量販店，パチンコ店等の遊技場経営など）や工場，倉庫などの利用が見込まれる。事業用定期借地権は，企業が社宅を建てる場合や事業者が賃貸マンションを建てる場合には利用することはできない。

　(3)建物譲渡特約付借地権（24条）

　借地上の建物を30年経過後に貸主が借地人から譲り受ける旨の特約をあ

らかじめ行う。契約の期間は30年以上で、利用目的に制限がない。

　建物を地主が買い取ることにより借地権はなくなるが、借地人や借家人が当該建物を利用しているときには、建物の利用関係はそのまま残るので、借家人は引き続き建物を利用することができる。

　建物譲渡特約付借地権は、賃貸アパート、マンション、オフィスビル、個人向分譲住宅など、どんな建物も建てることができる。

　⑨一時使用目的の借地権（25条）

　例えば、ある土地をモデル住宅や展示場などのために1年間だけ借りる場合は、一時使用目的の借地権を設定することができる。一時使用かどうかは客観的に判断される。

　一時使用目的の借地権では普通借地権、定期借地権のいくつかの規定が適用されない。

　イ　借家権

　①存続期間など

　当事者は借家期間を自由に決めることができる。期間の定めがない契約を定めることもできる。1年より短い期間を決めた場合は、期間の定めがない契約と扱われる。

　借家期間が満了しても、契約は原則として更新される。更新料の支払いは法律上は要求されていない。期間の定めがない契約は、いつでも解約することができるが、この場合も正当事由が必要である。この正当事由の判断は、当事者双方の種々の事情が総合的に考慮されるが、新法は、貸主・借主が建物の使用を必要とする事情のほか、借家に関する従前の経過、建物の利用状況、建物の現況、立退料の提供など考慮事情を明示する（28条）。店舗、工場、事務所など事業用建物の借家契約についても、その解約には正当事由を必要とする。正当事由の有無にかかわりなく契約は終了するという特約は、無効である。

　借家権に係る対抗力などその他の基本的仕組みは、旧法を受け継いでいる。

　②定期建物賃貸借の創設（38条）

　期間の定めがある建物の賃貸借をする場合においては、公正証書による等

書面によって契約することに限り，契約の更新がないこととする旨の定めをすることができる。この場合，期間を 1 年未満とすることもできる（29 条 1 項は適用されない）。

③取壊し予定建物の賃貸借（39 条）

建物の取壊しが，法律や土地所有者などとの契約で決まっている場合である。建物を取り壊すときに賃貸借が終了することを特約することができる。

④一時使用目的の建物の賃貸借（40 条）

借主が一時的に使用することを目的とする賃貸借は，一時使用目的の借家契約をすることができる。この場合，借地借家法第 3 章（借家）は適用されない。例えば貸別荘として建物を 20 日間借りる，などがこれにあたる。

⑤民事調停制度

地代・家賃の値上げ等は通常，貸主と借主の話し合いによって行われるが，両者で合意が得られなりれば，裁判所に訴訟を提起しなければならず，精神的負担に加え，費用と時間がかかった。

借地借家法の制定に伴い，民事調停法が改正され，地代・家賃をめぐる争いを適正に解決するため，調停の制度を活用することが図られた（民事調停法 24 条の 2, 24 条の 3 参照）。すなわち，(1)賃料の額を変更（増減）しようとする場合には，原則として，訴訟をする前に調停の申立てをしなければならない。(2)調停の手続の中で，当事者が書面で調停委員会の定める調停条項に服する旨の合意を調停申立て後にしているときは，調停委員会は事件の解決のために適当な調停条項を定めることができる。

2　消費者法の形成

(1)　消費者被害の実態

消費者被害が深刻である。消費者被害は消費者事故等によってもたらされる。消費者安全法は，同法における消費者事故等を次のように定義する（2 条 5 項）。

　　①事業者がその事業として供給する商品若しくは製品，事業者がその事業のために提供し若しくは利用に供する物品，施設若しくは工作物又は事業者がその事業として若しくはその事業のために提供する役務の

消費者による使用等に伴い生じた事故であって，消費者の生命又は身体について政令で定める程度の被害が発生したもの（その事故に係る商品等又は役務が消費安全性を欠くことにより生じたものでないことが明らかであるものを除く），

②消費安全性を欠く商品等又は役務の消費者による使用等が行われた事態であって，前号に掲げる事故が発生するおそれがあるものとして政令で定める要件に該当するもの，

③上記①②に掲げるもののほか，虚偽の又は誇大な広告その他の消費者の利益を不当に害し，又は消費者の自主的かつ合理的な選択を阻害するおそれがある行為であって政令で定めるものが事業者により行われた事態。

　以上，同法は要するに，消費者事故等とは，「生命・身体に関する消費者被害」と「財産に関する消費者被害」をいうとする（消費者庁の「消費者被害に関連する数値指標の整備に関する調査　「消費者被害」の定義・分類」（2013年）参照）。同法の定義は消費者保護制度の標準になるものとして参考にすることができる。

　第2に，独立行政法人国民生活センターによると，高齢者の消費者被害高齢者の消費者被害に関する相談が全国の消費生活センター等に寄せられており，「高齢者は「お金」「健康」「孤独」の3つの大きな不安を持っているといわれています。悪質業者は言葉巧みにこれらの不安をあおり，親切にして信用させ，年金や貯蓄などの大切な財産を狙っています。高齢者は自宅にいることが多いため，電話勧誘販売や家庭訪販による被害にあいやすいのも特徴です。トラブルにあわないために，高齢者に多いトラブルの事例や手口などの「情報」を集めることはとても有効です」と述べている。

　同資料では，相談件数の推移，販売方法・手口別相談件数の上位10件，それぞれの商法の特徴と高齢者に多いトラブルの事例や手口が紹介されている。その一部を抜き出すと以下のようになっている。

　第1に，相談件数は年間約18万件で，全国の消費生活センター等に寄せられた契約当事者が70歳以上の相談件数は2013年度に21万件を超えたが，これ以降は減少しており，2016年度も前年と比較して減少傾向にある。しかし，2015年度には約18万件寄せられており，相談全体に占める割合は他の

年代と比較しても高く，約20%を占めている。

　契約当事者が70歳以上の年度別相談件数（2016年9月末日までの登録分。2015年度以降は，消費生活センター等からの経由相談は含まれていない）は次の通りである。

　2006年度135,014件，2007年度109,167件，2008年度115,521件，2009年度122,451件，2010年度138,755件，2011年度148,822件，2012年度162,867件，2013年度210,192件，2014年度197,146件，2015年度183,136件（前年同期：77,273件），2016年度71,443件（4月～9月末）。

　第2に，2015年度の契約当事者70歳以上の相談を販売方法・手口別の件数（上位10位）は次のようになっている（カッコ内は，契約当事者70歳以上の相談（183,136件）に占める割合）（2016年9月末日までの登録分。2015年度以降は，消費生活センター等からの経由相談は含まれていない）。

　(1)電話勧誘販売28,255件（15.4%），(2)家庭訪販24,336件（13.3%），(3)インターネット通販16,077件（8.8%），(4)かたり商法（身分詐称）11,284件（6.2%），(5)劇場型勧誘6,883件（3.8%），(6)ワンクリック請求4,598件（2.5%），(7)無料商法3,771件（2.1%），(8)還付金詐欺3,638件（2.0%），(9)次々販売3,577件（2.0%），(10)訪問購入3,306件（1.8%）。

　消費者被害による紛争は消費者紛争として整理されている（司法研修所編『現代型民事紛争に関する実証的研究──現代型契約紛争(1)消費者紛争』1頁─32頁（法曹会，2011年））。

　以上に掲げられた数字は消費者被害の異常を示しており，抜本的対策が必要である。消費者被害は高齢者や若者を中心にあらゆる年齢層に広がっており，問題の一般性を有する（最新の統計と比較されたい）。

(2) 消費者基本法（2004年），消費生活条例

　消費者基本法は，消費者を保護の対象とした消費者保護基本法における考え方を改め，消費者の権利の尊重及びその自立の支援その他の基本理念を定め，消費者の利益の擁護及び増進に関する総合的な施策の推進を図ることを目的とする（同法1条参照）。この点，上記の諸法律と違い，より一般的な法制を定めるものである。

　本法は，消費者の権利として，安全が確保される権利，選択の機会が確保

される権利，必要な情報が提供される権利，教育の機会が提供される権利，意見が消費者政策に反映される権利，被害が適切，迅速に救済される権利を挙げている。

　本法は，消費者の保護から自立・支援へ，消費者法の考え方の方向を示している（近時は消費者の参画ということもいわれる）が，振り込め詐欺など消費者被害の深刻性を考えると，保護や規制の重要性が失われたわけではない。ただし，かかる保護は従来用いられてきた概念とは異なる。呼称の問題であるが，自立の考え方のもとでは保護よりも，支援（あるいは自立支援）がより適切であろう。もっとも，根底に弱者保護・弱者支援の考え方が存在しなければならない（地域におけるとりくみとして，千葉市消費生活審議会答申「市民の安全で安心できる暮らしの実現に向けた消費者施策のあり方について」（2007 年）参照）。

⑶　3 階建ての構造——消費者被害態様別アプローチの意義

　消費者法の制度は，私法レベルでは民法と民法特別法の二元構成になっている。2 階，3 階はさらに行政法による規律が加わっている。

　消費者被害の歴史をみると，当初は単純な詐欺など素朴な加害態様のものであったが，悪質事業者は法規制の空白部分をかいくぐり新たな態様のものが登場してきた。消費者保護法制はこうした新たな悪徳商法について規制の強化を行ってきた。1 階部分（民法），2 階部分（消費者契約法），3 階部分（割賦販売法，特定商取引に関する法律，金融商品の販売等に関する法律，宅地建物取引業，東京都消費生活条例等）に構造化されている（司法研修所編・前掲書『現代型民事紛争に関する実証的研究——現代型契約紛争⑴消費者紛争』46 頁参照）。そして，例えば，3 階部分の特定商取引に関する法律をみると，特定商取引として訪問販売，通信販売及び電話勧誘販売に係る取引，連鎖販売取引，特定継続的役務提供に係る取引，業務提供誘引販売取引並びに訪問購入に係る取引を対象にする（1条）。本法は特殊詐欺など消費者被害の態様を類型化し，被害態様に応じたアプローチを可能にする（消費者被害態様別アプローチ）。

　①消費者契約法（2000 年。2001 年より施行）

　民法上，詐欺・強迫による意思表示は，これを取り消すことができ（96条），また，錯誤による意思表示は，無効である（95条）。さらには，その法律行為

が公序良俗あるいは信義則に反する場合も無効となり，あるいは契約の修正が図られる（90条，1条2項）。しかし，表意者がそれら民法上の取消しや無効等を主張するためには，それぞれの要件を立証しなければならず，それは必ずしも容易でない。また，例えば詐欺や錯誤にはあたらないが，被害者救済の必要がある場合に，公序良俗違反や信義則違反にあたるかどうかが明確には判断できない場合なども考えられる。

　消費者契約法は，消費者と事業者との間には情報の質・量及び交渉力に格差があることを考慮し，消費者の利益を援護することを目的とする（同法1条参照）。本法は，消費者が事業者と締結した契約のすべてを対象とする。

　2006年改正により消費者団体訴訟制度が新たに導入され，不当な勧誘行為等について内閣総理大臣の認定を受けた適格消費者団体が差止請求をすることができるようになった。

②割賦販売法（1961年）

　本法は，割賦販売等に係る取引を公正にし，その健全な発達を図ることにより，購入者等の利益を保護し，あわせて商品等の流通及び役務の提供を円滑にすることを目的とする（1条参照）。割賦販売等は，消費者ローン（金銭消費貸借）とともに，消費者に信用を供与する取引類型（クレジット契約）の1つである（リースは信用供与取引の1つ）。

　本法において割賦とは，指定商品や指定権利の販売又は指定役務の提供を受ける取引について，その代金又は対価の支払いが2月以上にわたり，3回以上に分割されることをいい，取引における信用供与の態様の違いに応じて，割賦販売，ローン提携販売，割賦購入あっせん，など（本法は他に前払式特定取引（2条5項），前払式割賦販売（11条）を掲げる）がある。指定商品，指定権利，指定役務（2条4項）は，別に政令で定められる。

　購入者等の保護の規定は，取引ごとに規定されている。取引条件の開示，書面の交付，クーリング・オフ，契約の解除等の制限，契約の解除等に伴う損害賠償等の額の制限などを内容とする。

割賦販売　割賦販売業者が信用供与を行う。割賦販売業者が，購入者から代金又は対価を割賦で受領するものと，クレジットカードが利用され，代金又は対価の合計額を割賦で受領するものがある（2条1項）。

指定商品の所有権は，代金が完済される時までは，割賦販売業者に留保されたものと推定される（7条）。

ローン提携販売　金融機関が信用供与を行う。消費者が代金又は対価の全部又は一部に充てるための金銭を借入れ，金融機関に割賦で返済し，販売業者が返済の保証をする。個々の商品等の販売又は役務の提供を行うものと，カード等が利用され，複数の商品等の販売又は役務の提供を行うものがある（2条2項）。さらに，販売業者に代わってクレジット・信販会社が保証するタイプのものもあるが，基本的構造は同じである。

割賦購入あっせん　クレジット・信販会社が信用供与を行う。クレジット・信販会社が立替払いをし，消費者がクレジット・信販会社に割賦で返済する。カード等が利用される総合割賦購入あっせんと，カード等が利用されない個品割賦購入あっせんがある（2条3項。立替払い契約）。

割賦購入あっせん業者に対する抗弁　購入者又は役務の提供を受ける者は，割賦購入あっせんに係る購入又は受領について，支払の請求を受けたときは，割賦購入あっせん関係販売業者又は割賦購入あっせん関係役務提供事業者に対して生じている事由をもって，支払の請求をする割賦購入あっせん業者に対抗することができる（30条の4第1項。30条の5参照）。ただし，政令で定める金額に満たない支払総額（4万円とされている）に係るもの，その購入が購入者のために商行為となる指定商品に係るもの（連鎖販売個人契約及び業務提供誘引販売個人契約に係るものを除く）は除かれる（同条4項）。以上の抗弁の接続（抗弁の対抗ともいう）の規定は1984年改正で導入されたものであるが，これが創設的規定（法律によって創設する規定）か確認的規定（当然の法理を確認する規定）かについては考え方が分かれる（判例は創設的規定という）。

ローン提供業者に対する抗弁　30条の4の規定は，ローン提携販売に係る分割返済金の返済についてローン提携販売業者に対して生じている事由をもってローン提供業者に対抗する場合に準用される（29条の4第2項）。1999年改正で導入された。

③特定商取引に関する法律（2002年）

特定商取引に関する法律は，訪問販売等に関する法律（1976年）が改正され

たものである。所管は経済産業省。

　本法は，特定商取引として，訪問販売，通信販売及び電話勧誘販売に係る取引，連鎖販売取引（いわゆるマルチ商法），特定継続的役務提供取引（語学・エステ・パソコン等・学習塾の教室，家庭教師派遣，結婚相手紹介など），業務提供誘引販売取引（いわゆる内職商法）を掲げ，これらの取引を公正にし，かつ，購入者等が受けることがある損害の防止を図ることなどについて規定する（同法1条参照）。

　本法によれば，消費者は，契約の申込み又は契約の締結をしても，一定の期間，無条件で解約することができる。これをクーリング・オフという（頭をクールにして再考すること）。この期間は，訪問販売・電話勧誘販売・特定継続的役務提供については8日間，連鎖販売・業務提供誘引販売については20日間となっている（期間の起算点は，法定の契約書面が交付された日又はクーリング・オフの告知の日。初日を算入する。特定継続的役務提供，連鎖販売，業務提供誘引販売は店舗での契約も含まれる。消耗品の使用，3000円未満の商品の現金購入，乗用車の購入などクーリング・オフを利用できない場合がある）。なお，通信販売にはクーリング・オフ制度はない。

④金融商品の販売等に関する法律（2001 年施行）

　金融商品販売業者等が金融商品の販売等に際し顧客に説明すべき事項，金融商品販売業者等が顧客に対して当該事項について説明しなかったことにより当該顧客に損害が生じた場合における損害賠償責任，金融商品販売業者等が行う金融商品の販売等に係る勧誘の適正の確保のための措置について定める。これにより顧客の保護を図ることを目的とする（同法1条参照）。

⑷　消費者法のあり方——一般法と特別法の関係

消費者立法の意義と問題点　消費者被害に対する消費者立法による対応は相応の実績をあげており，とりわけ関係実務における努力は評価されるべきである。

　第1に，消費者立法の規定の文言，論理性等の正確を図ることは当然のことであるが，その結果として各規定が難解になってしまった。このことは従来，正確性を期すということで当然のこととして受け止められているが，国

民に利用されるべき法律としては問題である。また，このこととも関係するが，消費者立法による救済を受けるためには被害者は自らが受けた消費者被害の態様を特定しその救済規定の要件を主張・立証しなければならないところ，これは必ずしも容易でなく，弁護士など専門家の助けを必要とする。また，常に立証に成功するとは限らない。さらに，消費者立法の個別規定の解釈はしばしば分かれている。法文の難解性は制度の複雑性によるところが大きい。第2に，消費者立法の規律は，新規の消費者被害にそのつど対応する必要があったこともあり対症療法的になってしまい，新たな態様の被害の発生を防止することができていない。加えて，振込詐欺に象徴されるように，繰り返し同様の被害が発生していることについて被害の深刻さと被害者の苦悩に思いを致すと，専門家にはより徹底した対応をとるべき責務がある。

　以上，消費者保護制度に対する期待は大きいが，ここには制度の構造における課題が存在するのではないか。消費者保護制度に関する問題はより根本的に民法の構造に関する課題として受け止めることが必要である（以下，小賀野晶一「消費者法の課題——リスク管理に基づく消費者被害防止の実践的提案」白門71巻春号46頁以下（2019年）参照）。

民法と消費者法との関係の整理

民法改正の過程では，民法と消費者法のあり方が問われた。例えば消費者被害については，民法の信義則（1条2項），公序良俗（90条）等の一般条項や，錯誤（95条），詐欺・強迫（96条）など意思表示に関する個別条項が適用される。また，民法の特別法である消費者契約法，特定商取引法等の消費者立法の関係規定が民法に優先して適用されることもある。

　理論的問題では，一般法である民法と，消費者契約法など特別法である消費者立法との関係について，具体的には規定をどちらに置くかが争点となった。民法改正では，定型約款の規定が明文化された。他方，不実告知，暴利行為，事情変更の原則については見送られた。

　このうち不実告知をみると，事業者と消費者との契約では，消費者は，事業者が消費者契約の締結について勧誘をするに際し，当該消費者に対して重要事項について事実と異なることを告げ（不実告知），当該告げられた内容が事実であると誤認をして，当該消費者契約の申込み又はその承諾の意思表示

をしたときは，これを取り消すことができる（消費者契約法 4 条 1 号）。一般性のある法理，一般性のある問題を捉え，消費者契約法 4 条の規定（不当条項の規制）を民法に取り込むことが提案された（内田・新書 130 頁，131 頁）が，立法化は見送られた。

　この問題は民法規範のあり方として一般法と特別法との関係をどのように捉え，どのように整理するかという問題である。規範のあり方として検討すると，消費者法における公序良俗論の必要性，民法現代化のなかで形成された私的規範の重要性を確認することが必要である。例えば，消費者法で導入される適合性原則は公序良俗論では対応できないのか，公序良俗の規律はどこまで及ぶかを明らかにすることは有益であろう。法制審議会における審議の結果，立法化が見送られた事項が少なくない。消費者法分野における優先度からいえば，消費者被害の防止と被害者救済を柱とし，インフォームド・コンセント（内田・新書 127 頁），誤振込（内田・新書 200 頁—201 頁），サービス契約のあり方などについて，ひき続いての検討が必要である。以上の問題について，民法の契約における後見的機能，福祉的機能を期待したい（小賀野晶一「重度の心身障害者のための終生介護サービス付施設につき締結された，親と施設運営者間の終生利用契約の有効性と終生利用権利金」私法判例リマークス 52 号 13 頁（2016 年））。

一般条項による救済

　民法における正義を実現するため，公序良俗，信義則，権利濫用など一般条項に関する民法研究が進展した。

　消費者立法は国民の利益に密接に関連する法律として，その構造や制度は単純かつ明快であることが求められるところ，前述のように現状は逆で，多様化，複雑化している。また，新たな被害や，繰り返される消費者被害に対して，予防法学的アプローチが必要である。規律の仕方については，消費者被害態様別アプローチによる細分化を避け，大縄をかけて包括的に救済することが望まれる。

　前述のように，一般条項については，関係する個別規定がある場合には個別規定を適用すべきであり，一般条項を無限定に拡大適用することは法的安定性を害するとの指摘されてきた。また，要件の抽象性を理由に，一般条項

の規定の「適用の濫用」に対する留意がされた。近代民法における人と人の関係を維持できるところではその通りであろう。しかし，消費者立法の整備を踏まえ，消費者被害の広がりや深刻性を踏まえると，民法の一般条項を適用することも意味があるのではないか。事業者と消費者との契約類型は一般法としての民法の規律としては原則的対応とはいえないが，抽象的な人と人の関係，人と人の契約と捉えることが妥当かどうかが問われるべきである。

　消費者法は国民に最も近いところで機能すべき規範であることを考えると，特別法である消費者立法の対象は民法では対応することができない消費者被害に限定するという方針のもとに，現行消費者法制を整序，単純化することによって，規範の透明化を図ることが検討課題となる。考え方の方向としては，消費者被害の防止という予防法学の視点を明確にし，私的規範のあり方については特別法による希薄化を避け，民法の一般条項による濃密化を図るべきではないだろうか。

⑸　消費者法教育の視点

　以上，消費者被害への対応を中心に検討した。消費生活の支援（消費者支援）は広く地域に求めることが望まれるところ，消費者契約の当事者となる事業者の関与は不可欠である。事業者には営利，非営利を問わず民法の原則として，弱者支援・弱者保護の規範が要求されるべきである。なお，弱者保護ないし弱者の権利の強化という観点から，「愚かな人間」を「強く賢い者」に導くものとして消費者教育を位置づける見解（星野英一）については前述したが，そこに弱者保護ないし弱者の権利の強化は合理人・合理的行動の標準を前提にしている。図式的にいえば，そこでは弱者は強者によって強者のルールで賢者となるための教育を受けることになる。他方，合理人・合理的行動の標準に代わる規律・規範として弱者保護・弱者支援の規範の原則化の目的のもとでは，消費者問題に対応できるように強者・弱者を超えて人間に対する教育を進めることになる。消費者法教育も前述した透明性のある単純，明快な規範のもとで，仕組みや内容が説明される。ここでは例えば，富を増やしたいという私たちの欲望と，一定の価値観のもとにこれを抑えることができる人間の理性についても，人々の共通課題として正面からとりあげることがで

きる。そして，人間の理性に働きかけることができるものとして民法規範を
位置づけることが必要である。

⑹　紛争処理——消費者裁判手続特例法

「消費者の財産的被害の集団的な回復のための民事の裁判手続の特例に関
する法律」(消費者裁判手続特例法)」は，2013 年 12 月に成立，2016 年 10 月に施
行された。この法律によって導入された制度は，同種の被害が拡散的に多発
するという消費者被害の特性を考慮し，消費者被害（財産的被害）の集団的な
回復を図るための 2 段階型の訴訟制度を設けた。第 1 に，共通義務確認訴訟
では，内閣総理大臣の認定を受けた特定適格消費者団体が原告となり，相当
多数の消費者と事業者との間の共通義務（2 条 4 号に規定する義務）の存否につ
いて裁判所が判断し，消費者側が勝訴した場合，第 2 に，個々の消費者が対
象債権の確定手続に加入して，簡易な手続によってそれぞれの債権の有無や
金額を迅速に決定することにより，消費者被害回復の実効性の確保を図って
いる。

特定適格消費者団体として現在，NPO 法人消費者機構日本など 3 団体が
認定されている。

Ⅴ　不法行為法の基本──人と人の関係

　債権法，すなわち人と人の関係を規律する私的規範には，Ⅳで概観した契約法のほかに，本章でとりあげる事務管理法，不当利得法，不法行為法がある。契約，事務管理，不当利得，不法行為の各制度はそれぞれ，債権の発生事由であり，民法典の「債権各則」を構成する。事務管理，不当利得，不法行為の各制度は契約と同様，私たちの生活技術といってもよい。

　契約は当事者の約定（合意）により債権が発生する（約定債権）が，事務管理，不当利得，不法行為は，一定の要件が充たされれば民法の規定に基づいて当然に債権が発生する（法定債権）。本章では法定債権とは何かを概観し，法定債権の発生事由の１つである不法行為法について解説する。

第1　法定債権（事務管理，不当利得，不法行為）──債権法Ⅱ

図Ⅴ―1　不法行為，事務管理，不当利得に基づく債権

```
権利（法定債権）
人　→　人（人　⇔　人）
（不法行為，事務管理又は不当利得の当事者）
```

1　事務管理とは

　事故でひん死の重症を負ったＡが，通りがかりのＢによってＣ病院に搬送され，医師Ｄが緊急手術を行った。ここでは民法のいくつかの制度が関係し，状況によっては事務管理の問題も生じる。契約が成立すれば契約の問題となり，行為の違法性が認められると不法行為が成立する。

　義務なく，他人のために，事務の管理を始めた者（以下この章において「管理者」という。）は，その事務の性質に従い，最も本人の利益に適合する方法によって，その事務の管理をしなければならない。管理者が，本人の意思を知って

いるとき，又はこれを推知することができるときは，その意思に従って事務の管理をしなければならない（697条）。これが事務管理の制度である。

　義務なく他人の事務処理を行うことは，他人の生活への干渉になる（違法性等があれば不法行為が成立する）ことがあるから，民法は抑制的である。他方，事務管理には相互扶助・社会連帯の要素がある。この相互扶助・社会連帯の要素をどこまで考慮すべきかについては，私法秩序，私的規範のあり方が問われる。この問題については，相互扶助・社会（的）連帯と他人の事務への干渉（個人主義）とを対立的に捉えるのが一般的であるが，高齢社会の今日，この双方を包括する考え方を提示することが必要になってきている。

ア　要　件

　事務管理の成立要件は，他人の事務の管理を始めること，他人のためにすること，法律上の義務がないこと，本人の意思及び利益に反しないことである（697条1項，700条参照）。

　義務なく　当該事務について管理者に処理すべき権限があると認められる場合には，本条の「義務なく」にあたらないと解するのが有力説である。「義務なく」は，私法上の義務（私的義務）を前提にしており，公法上の義務（公的義務）は対象外とされる。

　事務管理は，当事者の意思の合致という要素が存在しない点において，契約とは基本的に異なる。ただし，事務管理は本人の意思が明らかになった場合等は，その意思に従うことが適切であるとされ（697条2項），この点に注目すると事務管理は契約に準ずるといえる（事務管理を準契約あるいは準法律行為ということがある）。

　事務管理は「義務なく」行われるものであり，契約による事務の委託は委任又は準委任として行われる。

　他人のために　「他人のために」は，他人の利益を図る意思を必要とする（主観説）か，客観的にみて他人の利益を図ることを重視する（客観説）かについて，考え方が分かれる。基準の明確性を重視すると，客観説になろう。

　他人のためにする意思がなく事務の管理が行われた場合は，事務管理の要

件を充足しないが，この場合でも事務管理に準ずるものとして扱うべきか。事務管理の規定を適用又は類推適用すべきであるとする考え方（ドイツ民法の準事務管理論を参考にする）と，不当利得又は不法行為によって対応すべきであるとする考え方に分かれている。

　関連して，管理者の才覚で得た利益について，これを事務管理として捉え，他人に対し返還請求権（701条，646条）を与えるべきか。かかる利益をどのように配分するのが公平かを考え，事案を類型化して，事務管理，不当利得あるいは不法行為の制度を選択することが考えられる。なお，特許権，著作権など無体財産権については，立法的解決がなされており（特許法102条，著作権法114条など），類型化の参考になる。

　準事務管理など民法典にない概念を必要とするかどうかは，実益の有無，論理の明快性などが重要な決め手となろう（準法律行為，不安の抗弁などの概念についても同様）。

図V—2

事務管理【要件・効果】　→　債権（法定債権）

イ　効　果

　事務管理の効果は，違法性が阻却されること，債権関係が発生することである。管理者は，管理開始通知義務を負うこと（699条），事務管理を継続すべき義務を負い（700条），有益費の費用償還請求権（702条）を有する。ただし，報酬請求権は与えられていない。個人主義が働いている。

　事務管理と認められると，その行為の違法性がなくなる。このことについて明文の規定はないが，事務管理が債権の発生事由とされている以上，このように考えるのが自然である。

緊急事務管理　　緊急事務管理とは，管理者が，本人の身体，名誉又は財産に対する急迫の危害を免れさせるために事務管理をした場合をいう。この場合，悪意又は重大な過失がなければ，これによって生じた損害を賠償する責任を負わない（698条）。緊急事務管理は，損害賠償責任について特別の配慮がなされる。

　例えば，川で溺れている人を服を着たまま飛び込んで救助した，隣家が火災のためその窓ガラスを割って消火したなどの場合に，緊急事務管理が認められると，管理者は本人に対しクリーニング代を請求することができ（前者），窓ガラス代（さらに部屋の破損や掃除代等）を弁償する必要はない（後者）。管理者がけがをした場合等の治療費も必要かつ相当なものであれば認められるべきであろう。

　民法は，管理者の報酬請求権について規定していないが，事務管理を一律に無償のままでよいかは私的規範のあり方の問題である。

【判例】
　○事務管理者が本人の名で行った法律行為の効力（最判昭36・11・30民集15巻10号2629頁）
　（事務管理は，事務管理者と本人との間の法律関係を謂うのであって，管理者が第三者となした法律行為の効果が本人に及ぶ関係は事務管理関係の問題ではない。従って，事務管理者が本人の名で第三者との間に法律行為をしても，その行為の効果は，当然には本人に及ぶ筋合のものではなく，そのような効果が発生するためには，代理その他別個の法律関係が伴うことを必要とするものである。）
　○事務管理と消滅時効（最判昭43・7・9判時530号34頁）
　（第三者が他人のためにその不法行為上の損害賠償義務を免れさせるに足りる費用を支出したことにもとづき，右第三者が，民法702条により，右他人に対して取得する右費用の償還請求権は，不法行為とは別個の法律要件である事務管理を原因として新たに発生する権利であるから，その消滅時効も，不法行為上の損害賠償請求権とは別個に，その権利を行使することのできる時，すなわち，その権利の発生した時から，新たに進行を開始するものと解するのが相当である。）

［2　不当利得とは］

　Aが交通事故で死亡し，その相続人（Aと先妻との間の子CとD）が保険金（逸失利益と慰謝料を含む）を受領した。ところが，Aと内縁関係にあったB（内縁の妻）の相続人E（Bと先夫との間の子）から，C及びDに対する不当利得返還請求がなされた。どのように考えるべきか（大阪地判平9・3・10交民30巻2号403頁参照）。C及びDが当該保険金を受領することについて，法律上の原因があるかどうかが要点となる。

　不当利得とは，法律上の原因がなく他人の財産又は労務によって利益を受け，そのために他人に損失を及ぼした者は，これを返還する義務を負う（703条，704条）。これが不当利得の仕組みである。不当利得の制度は，例えば契約が無効，取消し等によって解消された場合や侵害行為が行われた場合などにおいて，当事者の一方に帰属した一定の利益を，損失を被った他方に適正に配分することによって当事者間の公平を実現することを目的とする。

ア　要　件

　不当利得の要件は，法律上の原因がないこと，他人の財産又は労務に因ること，利益を受けたこと（受益），他人に損失を及ぼしたこと，受益と損失との間に因果関係（関連性）があることである（703条参照）。

図Ⅴ—3

不当利得【要件・効果】　→　債権（法定債権）

イ　効　果

　不当利得の効果は，一方（受益者）に帰属した利得を他方（損失者）に返還することである。不当利得の返還義務の範囲は，受益者が善意か悪意かで異なる。

　すなわち，善意の受益者は「その利益の存する限度」において利得を返還すればよい（703条）。この現存利益は，消失した利益はこれに含まれないが，形を変えて残っている場合は含まれる。悪意の受益者は，その受けた利益の全部と，それに利息を付して返還しなければならない（704条）。利益が現存しない場合も返還の義務を免れない。この場合において，なお損害があるときは，その賠償の責任を負う（不法行為の問題である）。

不当利得の類型的考察　不当利得の態様はいくつかあり得るが，類型的に捉えることができる。典型的には，給付不当利得と非給付不当利得（侵害不当利得等）とに大別される。

　給付不当利得とは，他人の給付による不当利得をいい，契約が取り消されたり，無効であったために，当該給付が法律上の原因を欠いた場合をいう。

これに対して，非給付不当利得とは給付とは関係なく他人の財貨からの不当利得をいい，例えば侵害行為による場合がこれにあたる。

　侵害不当利得の場合は返還義務の範囲は，受益者の善意，悪意によって異なる（703条，704条），給付不当利得の場合は法律上の原因を欠くに至った事情が考慮される。

不法原因給付　　不法原因給付とは，不法の原因のために給付をした者は，その給付した物の返還を請求することができない（ただし，不法な原因が受益者についてのみ存したときは，この限りでない）とする制度である（708条）。AはBに対し，Bがある犯罪行為を実行することを条件に100万円を贈与したが，Bが行為を実行しなかったためAがBに100万円の返還を求めても，法はこれを認めない。法的に非難されるべき行為をした者であるAに，法は救済の手を差しのべないのである。英米法のクリーン・ハンズ（clean hands）の原則と同様の思想である。

【判例】
　　○およそ，不当利得された財産について，受益者の行為が加わることによって得られた収益につき，その返還義務の有無ないしその範囲については争いのあるところであるが，この点については，社会観念上受益者の行為の介入がなくても不当利得されたされた財産から損失者が当然取得したであろうと考えられる範囲においては，損失者の損失があるものと解すべきであり，したがって，それが現存するかぎり同条にいう『利益ノ存スル限度』に含まれるものであって，その返還を要するものと解するのが相当である（最判昭38・12・24民集17巻12号1720頁）。
　　○利息制限法所定の制限を超えた利息・損害金が任意に支払われた場合に，これを元本に充当すると計算上元本が完済となったとき，その後に支払われた金額は，債務が存在しないのにその弁済として支払われたものにほかならないから不当利得返還請求が認められる（最判昭43・11・13民集22巻12号2526頁）。
　　○受益と損失との間に第三者の行為が介在する場合に，不当利得の成立要件である因果関係の要件を充たすかという問題につき，公平を図るという制度の趣旨を追求すると，因果関係の直接性を必要とすべきではなく，社会観念によって判断すればよいとした（最判昭49・9・26民集28巻6号1243頁参照）。
　　○同一の貸主と借主との間で基本契約に基づき継続的に貸付けが繰り返される金銭消費貸借取引において，借主がそのうちの一つの買入金債務につき法所定の制限を超える利息を任意に支払い，この制限超過利息を元本に充当してもなお過払金が存する

場合，この過払金は，当事者間に充当に関する特約が存在するなど特段の事情のない限り，民法 489 条及び 491 条の規定に従って，弁済当時存在する他の借入金債務に充当され，当該他の借入金債務の利率が法所定の制限を超える場合には，貸主は充当されるべき元本に対する約定の期限までの利息を取得することができないと解する（最判平 15・7・18 判時 1834 号 3 頁）。

　○A が金融機関から自ら受領権限があるとして預金の払戻しを受けておきながら，B からの不当利得返還請求訴訟において，不当利得返還請求権の成立要件である「損失」が発生していないと主張することは信義誠実の原則に反する（最判平 16・10・26 判時 1881 号 64 頁）。

いわゆる転用物訴権

　○A が建物賃借人 B との間の請負契約に基づき右建物の修繕工事をしたところ，その後 B が無資力になったため，A の B に対する請負代金債権の全部又は一部が無価値となった場合において，右建物の所有者 C が法律上の原因なくして右修繕工事に要した財産及び労務の提供に相当する利益を受けたということができるのは，C と B との間の賃貸借契約を全体としてみて，C が対価関係なしに右利益を受けたときに限られる（最判平 7・9・19 民集 49 巻 8 号 2805 頁）。なお，最判昭 45・7・16 民集 24 巻 7 号 909 頁（ブルドーザー事件）。

不法原因給付

　○民法 708 条は社会的妥当性を欠く行為をなし，その実現を望む者に助力を拒もうとする私法の理想の要請を達しようとする民法 90 条と並び，社会的妥当性を欠く行為の結果の復旧を望む者に助力を拒もうとする私法の理想の要請を達しようとする規定である（最判昭 29・8・31 民集 8 巻 8 号 1557 頁）。

　○いわゆる妾関係を維持するための贈与と 708 条の給付（最大判昭 45・10・21 民集 24 巻 11 号 1560 頁）

　「A はその妾である B との間に不倫の関係を継続する目的で B に建物を贈与した場合に，その贈与が無効であり，したがって，右贈与による所有権の移転が認められない場合であっても，その贈与に基づく履行行為が民法 708 条本文にいわゆる不法原因給付にあたるときは，建物の所有権は B に帰属するにいたったものと解するのが相当である。けだし，同条は，みずから反社会的な行為をした者に対しては，その行為の結果の復旧を訴求することを許さない趣旨を規定したものと認められるから，給付者は，不当利得に基づく返還請求をすることが許されないばかりでなく，目的物の所有権が自己にあることを理由として，給付した物の返還を請求することも許されない筋合であるというべきである。かように，贈与者において給付した物の返還を請求できなくなったときは，その反射的効果として，目的物の所有権は贈与者の手を離れて受贈者に帰属するにいたったものと解するのが，最も事柄の実質に適合し，かつ，法律

関係を明確ならしめる所以と考えられるからである。」

　○**損害賠償請求 (不法原因給付の趣旨を考慮)** (最判平 20・6・10 判時 2011 号 3 頁)

　「反倫理的行為に該当する不法行為の被害者が，これによって損害を被るとともに，当該反倫理的行為に係る給付を受けて利益を得た場合には，同利益については，加害者からの不当利得返還請求が許されないだけでなく，被害者からの不法行為に基づく損害賠償請求において損益相殺ないし損益相殺的な調整の対象として被害者の損害額から控除することも，---民法 708 条の趣旨に反するものとして許されない。」

　(組織的やみ金業者による利息制限法の利率の何百倍，何千倍の高利での貸し付けに対して，借りた金銭の返還も不要とした。)

⎣ 3　不法行為とは———一般不法行為と特殊不法行為 ⎦

　不法行為 (tort) とは，違法な加害行為によって他人に損害を及ぼした場合をいい，不法行為法はこの場合における損害賠償責任について規律している。不法行為は故意に加害行為を行う場合と過失によって加害行為を行う場合がある。

　不法行為法は人と人の関係を「債権」によって規律している (契約，事務管理，不当利得も同様)。不法行為は一般不法行為と特殊不法行為に分類することができる。

　709 条は，行為者自身の行為を原因とする，不法行為法の一般的規定であり (710 条〜711 条を含めることもできる)，原則的規定である。これに対して，行為者以外の人の行為あるいは物の瑕疵を原因とする (あるいはそこに注目する)，特殊不法行為として分類されている (共同不法行為や名誉毀損も特殊不法行為に含めるものがある)。一般不法行為では，過失の立証責任は被害者側にあるが，特殊不法行為責任では加害者側に転換されている (ただし，土地工作物責任の所有者は無過失責任)。本書ではこの点を捉えて中間責任という (学説上は自己責任か代位責任かという問題設定をし，自己責任についてのみ中間責任を論ずる意味があると捉えるものがある)。これにより被害者救済が図られている。

図V—4

不法行為【要件・効果】　→　債権 (法定債権)

4　不法行為法の目的

(1)　損害の公平な分担

不法行為法は，損害の公平な分担を目的とする。その方法・内容は損害賠償であり，金銭賠償を原則とする（417条，722条1項）。発生した損害をどのように分担すれば公平かということに主眼があるから，刑法のように行為に対する非難という要素は後退している。そのため，加害者の故意と過失によって効果に違いを設けてない。

民法は，損害の項目として，財産における損害（財産的損害という）とそれ以外の損害（非財産的損害という）とを予定する。非財産的損害の典型は慰謝料（精神的損害ともいう）である（法人の名誉毀損が行われた場合の無形損害もここに含まれる）。

(2)　不法行為法の機能——不法行為責任と刑事責任の役割分担の考え方

不法行為法は損害填補機能を柱とするが，加えて，抑止機能，制裁機能や，不法行為訴訟の住民運動的機能，立法・行政への指導的機能，新たな社会的紛争の場におけるルール設定の機能がある。

わが国では懲罰的損害賠償あるいは制裁的慰謝料は認められていない。不法行為責任の存在理由や機能は，刑事責任とは明確に区別されているのである。学説のなかには，私罰の必要性を強調し，制裁・予防を不法行為制度の重要な目的と位置づけるもの，加害行為の抑制を目的とし，被害者救済と加害者制裁の統一をめざした損害賠償論を提唱するものなどがある。

近時，犯罪・非行が国際化，高度化し，かかる危険や不安に対するリスク管理が必要である。不法行為法は危険・リスク管理の法として位置づけることができる。そして，不法行為責任のあり方を私的規範のあり方の観点から考察することによって，不法行為責任と刑事責任の今日における役割分担を一層明らかにすることができるであろう。

加藤一郎　民事責任と刑事責任では性質上の相違と実際上の相違があるとし，性質上の相違について，「刑事責任は，行為者に対する応報であるとともに，将来そのような害悪が発生するのを防止しようとするものであって，行為者の社会に対する責任を問うものである。これに対して，民事責任は，被害者に生じた損害を填補することによって，過去の害悪の結果

を回復し，加害者・被害者間の負担の公平をはかるものであって，行為者の被害者個人に対する責任を問うものである。」という。そして，かかる基本的相違から，「刑事責任は，行為者の悪性を追及し，その道義的責任を問うものであるから，主観的事情を重視し，故意犯だけを罰するのが原則であり，過失犯を罰するのは例外であるし，また，他面において，未遂でも罰せられることがある。これに対して，民事責任においては，損害の塡補が問題であるから，主観的事情に差を設けず，故意であっても過失であっても他人に損害を与えたならば一様にそれを賠償することになるし，また，現実の損害を生じない未遂は全く問題にならない。」と指摘する（加藤一郎『不法行為』3 頁（有斐閣，初版 1957 年・増補版 1974 年））。

平井宜雄 不法行為法の機能である損害塡補的機能，予防的機能及び制裁的機能は，相互に矛盾するところと共通するところがあると分析し，現在のところ損害塡補的機能を重視し，かつ広く社会に生じた損失負担制度一般との関連において不法行為法を捉えようとする見解がどちらかといえば有力であるとする。そして自らは損害塡補的機能を重視するとともに，予防的機能ないし制裁的機能を重視する立場を採り，故意不法行為の保護範囲の決定基準は過失のそれと区別して定立されるべきであると指摘する（平井宜雄『債権各論 II 不法行為』4 頁以下，124 頁（弘文堂，1992 年），同「責任の沿革的・比較法的考察──不法行為責任を中心として」『岩波講座 基本法学 5 責任』3 頁以下（岩波書店，1984 年））。

民事介入暴力 暴力団による民事介入暴力（いわゆるみかじめ料，総会屋，ヤミ金融等による行為）は，刑事事件の対象となることはもとより，民事事件として不法行為法の対象になり得る。警察はその捜査において原則として，いわゆる「民事不介入の原則」を採用しているが，民事介入暴力については積極的に関与することが期待される。なお，1991 年に取締・対策法として，「暴力団員による不当な行為の防止等に関する法律」（暴力団対策法）が制定された。

　地域社会の法秩序は，私法秩序（民事法秩序）と刑事法秩序とを総合的に検討することも必要である（山川一陽『犯罪と民法』（現代法律出版，2003 年），同『新警察民法』（立花書房，2001 年）。

5　過失責任の原則とその修正

　過失責任の原則は，行為者（加害者）は故意又は過失がなければ責任を負わないとする考え方をいう。不法行為責任は，故意・過失，権利侵害・法律上保護される利益の侵害（違法性），因果関係，損害発生の事実を，被害者側が立証しなければならない（責任能力がなかったこと，違法性阻却事由があったことの抗弁は加害者側にある）。なお，事案によっては，立証責任を尽くすことが困難な場合がある（立証責任の困難性を表す諺として「立証責任あるところ敗訴あり」，「悪魔の立証」などがある）。

　例えば公害訴訟，医療事故訴訟等では，過失（さらに因果関係等）について，被害者の立証責任が緩和されることがある。また，過失の立証責任を，被害者から加害者に転換する例もみられる（自動車損害賠償保障法3条など）。

　過失責任の原則が適用されることにより，人々の行動の自由が保障されることになる。

　特定の不法行為については，被害者救済をより徹底して行うため，過失責任の原則が修正され，無過失責任の規定が導入されている（鉱業法，大気汚染防止法，水質汚濁防止法，原子力損害の賠償に関する法律，製造物責任法など）。

6　要件論の意味

　第1，ある加害行為が行われたとき，それが不法行為に該当するかどうかを判断するものが不法行為の要件論である。当該事案が不法行為にあたるか，それとも，不当利得か，事務管理か，契約かという判断は，問題解決の出発点となる。ここでの判断は，紛争処理等にあたりいずれの制度を用いるかという制度決定が求められる。換言すれば，不法行為の要件論では不法行為が成立するかどうかを吟味するが，その裏側では不当利得，事務管理あるいは契約の成否も吟味される（例えば準事務管理，転用物訴権の議論も参照せよ）。

　第2，不法行為の要件論では，基本的視点として，損害の公平な分担という不法行為の目的を考慮し，そのなかで被害者救済を実現することが必要である。この分野では判例法が広範に形成されている。

> **参考　加藤一郎ほか『日本不法行為法リステイトメント』（有斐閣，1988 年）**
> 　民法典の不法行為法の規定は 16 箇条（709 条～724 条）に過ぎないが，それらの規定に関する判例法が豊富に展開している。日本不法行為法リステイトメント（1987 年～1988 年）は，共同研究（不法行為法研究会）の成果に基づき，判例法の趣旨を考慮して，あるべき不法行為法の姿を展望している。この成果は不法行為法の学習（及び研究）において参考にすべきであろう。

【判例】
　○クロロキン薬害 2 次訴訟（東京地判昭 62・5・18 判時 1231 号 3 頁，判タ 642 号 100 頁）
　「不法行為による精神的損害に対する慰藉料の額を定めるにあたっては，加害行為の主観的態様，すなわち，それが故意，過失のいずれによるか，また過失の程度等も，一切の事情の 1 つとして斟酌すべきであり，それは，加害行為が故意，重過失，軽過失のいずれによるかが，被害感情すなわち精神的損害の程度に差異をもたらすため，慰藉料額に反映されることにほかならない。そして，その限度で，加害者が一種の制裁を受ける結果が生ずるのである。しかし，被告製薬会社の故意責任は認められないのであるから，原告らの主張は，既にこの点において前提を欠くばかりでなく，右の限度を超えて，加害行為が故意によるものであることを理由に，制裁の目的をもって責任を加重することは，損害の公平な分担を目的とする損害賠償制度の理念に反するとともに，私法と刑事法を峻別し，刑罰権を国家に独占させることとしたわが国の法制に合致しないものである。」

第 2　不法行為の責任論（一般不法行為，特殊不法行為）

A　一般不法行為

1　不法行為の要件

　故意又は過失によって，他人の権利又は法律上保護される利益を侵害した者は，これによって生じた損害を賠償する責任を負う（709 条）。他人の身体，自由もしくは名誉を侵害した場合又は他人の財産権を侵害した場合のいずれであるかを問わず，709 条の規定により損害賠償の責任を負う者は，財産以

外の損害に対しても，その賠償をしなければならない（710条）。他人の生命を侵害した者は，被害者の父母，配偶者及び子に対しては，その財産権が侵害されなかった場合においても，損害の賠償をしなければならない（711条）。

　一般不法行為は，不法行為の要件と効果について規律している（709条〜711条）。要件論では，故意・過失，権利侵害，因果関係，損害の発生，責任能力など，効果論では損害の評価・算定などについて概観する。

　　　図Ⅴ—5　不法行為（損害賠償責任）の成立要件（実体的要件）

> ①故意・過失
> ②権利侵害・法律上保護される利益の侵害（違法性）
> ③因果関係
> ④損害発生
> ⑤責任能力　←　（抗弁の1つ）

［2　故意又は過失］

　一般不法行為が成立するためには，行為者に故意又は過失がなければならない。民事訴訟では故意又は過失があったという評価を根拠づける事実（評価根拠事実）は，原告が主張・立証しなければならない。

　不法行為責任では原則として，過失を故意と同格に扱う（刑事責任では過失を例外的に処罰するにとどまる。ただし，民法解釈論として，故意不法行為の概念の必要性を説く学説がある）。また，立法や解釈によって不法行為責任の無過失責任化が進められている。このように不法行為責任の範囲が拡大され，加害行為への追及が広範に行われているのである。

　不法行為責任における過失論は，違法性論と密接に関連し，受忍限度論及び新受忍限度論の形成に寄与している。なお，こうした法理論の発展は安全配慮義務論にも影響を及ぼしている。

⑴　過失とは

　過失とは，注意義務違反をいう。具体的には，結果の予見義務あるいは予見可能性があることを前提にして，結果回避義務に違反することをいう。過失は，かつては不注意な心理状態とされ，主観的に捉えられたが，最近では

注意義務違反として客観的に捉えられている。

　注意義務を尽したかどうかは，通常人（あるいは合理人ともいう）の判断が基準とされる。この基準は，客観的でわかり易いという利点がある。また，通常人を基準にすると，実際に他人の行動を予測，期待することができるので，社会生活が円滑に成り立ち得る。このような過失を抽象的過失ともいう。善良な管理者の注意（400条，644条，852条，869条）も，同様の考え方である。

(2)　注意義務の内容

　注意義務は，交通事故，医療過誤等の不法行為（事故）の類型に応じて，客観化されている。そこでは，職業又は地位が重視され，人の生命・身体の健康・自由に直接関係する医師，自動車等の運転手，警察官，食品製造販売業者等には，それぞれの職に求められる，当時の水準に照らした最善の注意義務が要求される（東大輸血梅毒事件，未熟児網膜症事件など参照）。

　医療行為については，医療水準が問題になる。また，例えば専門と専門外，最新設備のある専門病院とへき地の診療所では，要求される注意義務が異なる。医療側には問診義務などに加え，手術，治療，投薬等にあたり患者又は家族・近親者に十分に説明し，その承諾を得ること，すなわちインフォームド・コンセントが求められている。

(3)　交通事故における信頼の原則

　信頼の原則は，刑事交通法において問題提起され，他の車両の運転者が交通秩序に従った適切な行動をとってくれるものと信頼して運転し事故を起こした自動車運転者について，刑事法上の責任を否定する考え方をいう。人々に交通ルールが周知された社会では，交通事故を回避するための相応の規範的行動が一般的に要請されるが，信頼の原則はそうした要請に応えようとするものといえる。

　信頼の原則は刑事責任だけでなく，民事責任（過失）についても活用することができる。信頼の原則は過失の客観化の一つの側面でもある。しかし，例えば，交通弱者といわれる幼児，高齢者，障害者などが被害者となる場合に，信頼の原則を無限定に適用することは適切でない。民事責任では個別事情を

考慮して正面から過失の有無を判断すべきであろう。

【判例】
　○**大阪アルカリ事件**。化学工業に従事する会社その他の者がその目的たる事業によって生ずることがある損害を予防するため，右事業の性質に従い相当な設備を施した以上は偶々他人に損害を被らせてもこれをもって不法行為者としてその損害賠償の責任を負うことはない（大判大 5・12・22 民録 22 輯 2474 頁）。
　○**東大輸血梅毒事件**（最判昭 36・2・16 民集 15 巻 2 号 244 頁）
　○**特別事情による損害と予見可能性**（最判昭 48・6・7 民集 27 巻 6 号 681 頁）
　○**信頼の原則**（最判平 3・11・19 判時 1407 号 64 頁，判タ 774 号 135 頁，交民 24 巻 6 号 1352 頁）
　○**医療水準**（未熟児網膜症事件最判平 7・6・9 民集 49 巻 6 号 1499 頁）
　（医師は，診療契約に基づき，人の生命及び健康を管理する業務に従事する者として，危険防止のために経験上必要とされる最善の注意を尽くして患者の診療にあたる義務を負担したものというべきである（最高裁昭和 31 年（オ）第 1065 号同 36 年 2 月 16 日第 1 小法廷判決・民集 15 巻 2 号 244 頁参照）。そして，右注意義務の基準となるべきものは，診療当時のいわゆる臨床医学の実践における医療水準である（最高裁昭和 54 年（オ）1386 号同 57 年 3 月 30 日第 3 小法廷判決・裁判集民事 135 号 563 頁参照）。そして，ある新規の治療法の存在を前提にして検査・診断・治療等にあたることが診療契約に基づき医療機関に要求される医療水準であるかどうかを決するについては，当該医療機関の性格,所在地域の医療環境の特性等の諸般の事情を考慮すべきであり，右の事情を捨象して，すべての医療機関について診療契約に基づき要求される医療水準を一律に解するのは相当でない。そして，新規の治療法に関する知見が当該医療機関と類似の特性を備えた医療機関に相当程度普及しており，当該医療機関において右知見を有することを期待することが相当と認められる場合には，特段の事情が存しない限り，右知見は右医療機関にとっての医療水準であるというべきである。そこで，当該医療機関としてはその履行補助者である医師等に右知見を獲得させておくべきであって，仮に，履行補助者である医師等が右知見を有しなかったために，右医療機関が右治療法を実施せず，又は実施可能な他の医療機関に転医をさせるなど適切な措置を採らなかったために患者に損害を与えた場合には，当該医療機関は，診療契約に基づく債務不履行責任を負うものというべきである。また，新規の治療法実施のための技術・設備等についても同様であって，当該医療機関が予算上の制約等の事情によりその実施のための技術・設備等を有しない場合には，右医療機関は，これを有する他の医療機関に転医をさせるなど適切な措置を採るべき義務がある。）（債務不履行責任）
　○**医薬品添付文書の副作用の記載と医師の過失**（最判平 14・11・8 判時 1809 号 30 頁）

　　○急性脳症等を含む重大で緊急性のある病気に対しても適切に対象し得る，高度な
医療機器による精密検査及び入院加療等が可能な医療機関へ転送し，適切な治療を受
けさせる義務（最判平 15・11・11 判時 1845 号 63 頁）

　　○A の主治医には，薬物等にアレルギー反応を起こしやすい体質である旨の申告を
している A に対し，アナフィラキシーショック症状を引き起こす可能性のある薬剤
を新たに投与するに際しては，その発症の可能性があることを予見し，その発症に備
えて，あらかじめ，担当の看護婦に対し，投与後の経過観察を十分に行うこと等の指
示をするほか，発症後における迅速かつ的確な救急措置をとり得るような医療態勢に
関する指示，連絡をしておくべき注意義務がある（最判平 16・9・7 判時 1880 号 64
頁）。

　　○**新潟水俣病事件**。結果回避のための具体的方法は，その有害物質の性質，排出程
度等から予測される実害との関連で相対的に決められるべきであるが，最高技術の設
備をもってしてもなお人の生命，身体に危害が及ぶおそれがある場合には，企業の操
業短縮はもちろん，操業停止まで要請されることもある（新潟地判昭 46・9・29 判時
642 号 96 頁）。

③　権利の侵害，法律上保護される利益の侵害

　不法行為が成立するためには，他人の権利の侵害が認められなければならな
い。この権利侵害の要件を充たすかどうかについては，違法性の概念が用
いられてきた。また，2004 年の民法典現代語化の改正により，権利に加え，
法律上保護される利益が条文に明記された。これは判例法の展開を考慮した
ものである。

　民事訴訟では原告の権利又は法律上保護される利益が侵害された事実は，
原告が主張・立証しなければならない。

権利侵害　権利侵害には，財産権の侵害のほか，人の生命・自由・名誉等
の侵害も含まれる（710 条，711 条）。後者は，人の身体的・精神的
側面に由来する諸利益を内容とするものであり，人格権（あるいは人格権的権利
あるいは人格的利益）と称され，貞操・氏名・肖像なども含まれる（プライバシー
もここに位置づけることができる）。

著作権とは　著作権法をみると，著作権とは，著作物に関する著作者の権
利をいい，複製権，上演権，演奏権，放送権，有線放送権，口
述権，展示権，上映権，頒布権，貸与権，翻訳権，翻案権，二次的著作物の

利用に関する原著作者の権利等をいう（2条1項，17条，21条〜28条）。著作権は，特許権，商標権等とともに知的財産権として法的保護の対象になっている。

権利侵害論から違法性論へ　人は他人の権利を侵害しない限り自由に活動することができる。立法者はかかる自由を重視した。

民法709条の権利侵害について，初期の判例は権利（浪曲のレコードの複製販売）の侵害が認められるかどうかを厳格に捉えた（桃中軒雲右衛門事件）が，その後の大学湯事件では法規違反の行為（暖簾の無断使用）によって他人の利益を侵害したという点を捉えて責任を認めた。

これが契機となり，通説・判例はその後，権利侵害の要件を厳密に解さず，法律上保護される利益を違法に侵害すればこの要件を充たすと解してきた（「権利侵害から違法性へ」）。こうして，2004年の民法改正によって，民法709条に法律上保護される利益が明記されたのである。

違法性論はそれが形成されたのは初期の時代であるが，被害者の救済において果たした民法・不法行為法理論では最大の成果といえるものではないだろうか。違法性論に対して学説上は，権利拡大論など異論（有力説）が主張された。

(1)　相関関係理論——違法性論の構造

不法行為の成立要件としての違法性は，被侵害法益（被侵害利益）と侵害行為の態様との関係で判断されるとする考え方（末川博，我妻榮，加藤一郎らによって確立された理論である）を，相関関係理論という。

相関関係理論は，紛争処理において弾力性を有する法理論として，不法行為論の基礎とされてきたが，今日これをどのように位置づけるかが問われている。この理論に対してはその基準としての明確性に疑問を呈する見解など批判説も有力である。相関関係理論の本質である柔軟性を維持しつつ，そこに科学・技術の知見を応用することによって明確性を追求することが必要であろう。

ア　被侵害法益の種類

被侵害法益とは，所有権，占有権，用益物権，担保物権，特別法上の物権

など，無体財産権，有価証券，債権，営業権，人格権，親族権などをいう。

　物権のように被侵害法益が強力であれば，侵害行為の程度が小さくても違法性を帯びるといえる。逆に，債権のように被侵害法益が物権と比べて相対的に強力でない場合には，侵害行為の程度がより大きくならないと違法性を帯びない。

　環境権（淡路剛久・ジュリ900号220頁（1988年）），日照権（好美清光・ジュリ900号204頁（1988年）），景観権，嫌煙権（山田卓生・ジュリ900号262頁（1988年）），入浜権（若林敬子『東京湾の環境問題史』（有斐閣，2000年））などは，私法上の権利としては形成途上にある。

イ　侵害行為の態様

　侵害行為の態様とは，刑法など刑罰法規違反，道路交通法，食品衛生法など取締法規違反，民法の公序良俗違反や権利濫用などのほか，作為義務に反する不作為，自力救済などをいう。侵害行為の態様，程度は，不法性ともいわれる。

　例えば名誉毀損・信用毀損・詐欺・文書偽造等の刑法上の犯罪行為によって他人に損害を与えた場合には，被侵害法益の種類を問わず違法性がある。

　公序良俗違反又は権利濫用と認められる場合には，個別の法規に違反しなくても違法性がある。不当な強制執行，不当訴訟，不当競売などがこれにあたる。取締法規は，これに違反したことにより人々の利益が侵害されたことが必要であろう。

第三者の債権侵害　債権は排他性がないから第三者がこれを侵害しても，不法行為が成立しないのではないかが問題になる。否定説もみられたが，判例は古くからこれを肯定する（大判大4・3・10刑録21輯279頁）。判例法は故意の場合に違法性を認める。第三者の債権侵害については権利の不可侵性として説明することもできる。

　本判決は，不法行為法の規範のもとで，債権の財産性を保障するものでもある。

(2)　受忍限度論，新受忍限度論──公害・環境訴訟における違法性論の展開

　違法性論は，公害・環境訴訟の判例法において受忍限度論として展開した。受忍限度論とは，不法行為の成立要件の1つである違法性を，社会生活上一般に受忍すべき限度をこえた侵害があったかどうかによって判断する考え方をいう。また，新受忍限度論とは，過失及び違法性の有無を受忍限度の枠組で一体的に判断する考え方をいう。すなわち，過失は，受忍限度を超えた侵害を防止するための相当な手段をとったか否かの問題であるとして，受忍限度を超える被害を与えた場合には，予見可能性の有無にかかわらず過失があるとする。そこでは原因者の故意・過失は，独立の要件としては扱われない。

　受忍限度論と新受忍限度論は，利益衡量論を基礎とする同質の理論である。環境上の利益は絶対的に保護されるのではなく，被害者側の被害の種類・程度，加害行為の態様・程度，公共性の有無・程度，損害防止措置等を総合的に比較衡量して判断することにより，相対的に保護されるべきであると考えるものである。

　受忍限度の判断要素は，手続的要素，規制的要素及び実体的要素の3要素に類型化されている。かかる類型化は，加害行為に関する法的評価を総合的，実質的に行うことに資するものである。

【判例】
　○桃中軒雲右衛門事件（大判大3・7・4刑録20輯1360頁）
　○大学湯事件（大判大14・11・28大審院民事判例集4巻670頁）
　○日照・通風妨害と権利濫用，違法性（最判昭47・6・27民集26巻5号1067頁）
　「思うに，居宅の日照，通風は，快適で健康な生活に必要な生活利益であり，それが他人の土地の上方空間を横切ってもたらされるものであっても，法的な保護の対象にならないものではなく，加害者が権利の濫用にわたる行為により日照，通風を妨害したような場合には，被害者のために，不法行為に基づく損害賠償の請求を認めるのが相当である。もとより，所論のように，日照，通風の妨害は，従来与えられていた日光や風を妨害者の土地利用の結果さえぎったという消極的な性質のものであるから，騒音，煤煙，臭気等の放散，流入による積極的な生活妨害とはその性質を異にするものである。しかし，日照，通風の妨害も，土地の利用権者がその利用地に建物を建築してみずから日照，通風を享受する反面において，従来，隣人が享受していた日照，通風をさえぎるものであって，土地利用権の行使が隣人に生活妨害を与えるという点

においては、騒音の放散等と大差がなく、被害者の保護に差異を認める理由はないというべきである。

　本件において、原審は、挙示の証拠により、上告人の家屋の2階増築部分が被上告人居住の家屋および庭への日照をいちじるしくさえぎることになったこと、その程度は、原判示のように、右家屋の居室内および庭面への日照が、季節により若干の変化はあるが、朝夕の一時期を除いては、おおむね遮断されるに至ったほか、右増築前に比較すると、右家屋への南方からの通風も悪くなった旨認定したうえ、かように、日中ほとんど日光が居宅に差さなくなったことは、被上告人の日常万般に種々影響を及ぼしたであろうことは容易に推認することができると判示している。

　ところで、南側家屋の建築が北側家屋の日照、通風を妨げた場合は、もとより、それだけでただちに不法行為が成立するものではない。しかし、すべて権利の行使は、その態様ないし結果において、社会観念上妥当と認められる範囲内でのみこれをなすことを要するのであって、権利者の行為が社会的妥当性を欠き、これによって生じた損害が、社会生活上一般的に被害者において忍容するを相当とする程度を越えたと認められるときは、その権利の行使は、社会観念上妥当な範囲を逸脱したものというべく、いわゆる権利の濫用にわたるものであって、違法性を帯び、不法行為の責任を生ぜしめるものといわなければならない。」

4　因果関係

　不法行為が成立するためには、行為と結果との間に因果関係がなければならない。

　不法行為による損害賠償の因果関係論は、加害行為と結果との間の法的つながりを明らかにするものであり、原則として、個別認定に基づく個別因果関係を問うものである。709条の規定の内容を分析すると、「故意又は過失によって他人の権利又は法律上保護される利益を侵害した者は」の「よって」は損害賠償責任の有無に関する因果関係を示し、「これによって生じた損害を賠償する責めに任ずる」の「よって」は損害賠償の範囲に関する因果関係を示す。この二つの因果関係は相互に関連している。

　因果関係の立証は、裁判上は通常、高度の蓋然性の証明が求められている。高度の蓋然性とは、科学的証明までは必要としないが、単なる可能性では足りず、その可能性が相当に高い場合をいう（医療事故に関するルンバール事件最高裁判決参照）。

　民事訴訟において因果関係があるという事実は、原告が主張・立証しなけ

ればならない。

(1)　相当因果関係論

不法行為については，債務不履行における通常損害及び特別損害の基準（民法416条）が明示されていない。判例は，損害賠償の範囲は原則としてその不法行為によって通常生ずべき損害であり，また，特別事情によって生じた損害については当事者（加害者）が予見していたか，予見可能であった場合に限り損害賠償の範囲に含められるとする。ここでの予見は通常人（合理人）が基準とされる。

因果関係とは何か。因果の流れをみると，無現に広がり得る。すなわち，「風が吹けば桶屋がもうかる」式に広がる因果の流れをそのまま損害賠償の範囲としたのでは法の求める公平とは到底いえないので，公平を実現するために法的視点から限定する必要がある。これが法的因果関係である。以上について，判例が採用してきた相当因果関係論は，その行為がなければその損害が生じなかったであろうと認められ，かつ，そのような行為があれば通常はそのような損害が生じるであろうと認められる場合に，法的因果関係が認められるとする。そこでは，事実的因果関係の存在を前提にし，さらに法的に，損害賠償責任の有無と損害賠償の範囲とを確定する（法的因果関係という）。法的因果関係は損害賠償の範囲を確定する機能を有している。

以上のように，相当因果関係論は不法行為の因果関係論として相当性の判断基準を導入したものといえる。相当因果関係はドイツ法上の概念であり，これを日本法に用いることについては議論がある。確かに相当因果関係論の起源に関する議論は重要であるが，わが国の民法，判例法において相当因果関係が果たしてきた機能に注目することができる。

区分論——事実的因果関係，保護範囲，損害の金銭的評価　相当因果関係論に対しては，責任成立要件としての事実的因果関係と，損害賠償範囲確定のための因果関係とを明確に分けるべきであるとし，後者について保護範囲，義務射程，有責性関連，危険性関連，危険範囲などの概念のもとにそれぞれの基準を提示する。そのうえで，因果関係のもう1つの要素として損害の金銭的評価の項目を独立させる（平井宜雄，前田達明な

ど）。以上の考え方を本書では区分論と称する。

　この立場では，事実的因果関係という概念を因果関係論の独立した要素とする。或る加害行為が原因となってその被害が発生したという原因と結果の事実上のつながりを，事実的因果関係と捉える。そして，事実的因果関係は「あれなければこれなし」の条件関係をいい，「あるかないか（オール・オア・ナシング）」の考え方を基準にして判断される。

　以上の考え方は，不法行為による損害賠償のみならず，債務不履行による損害賠償についても妥当する。

　割合的因果関係論　割合的因果関係論は，複数の原因が競合してBという結果をもたらしたと考えられる場合に，原因Aが結果Bの発生にどの程度影響したかを考慮し，事故の寄与度に応じた損害賠償責任を加害原因者に対して負担させようと考える。

　割合的因果関係論では，結果に対する原因が複数認められる，いわゆる原因競合事例について，加害行為の寄与度（事故の寄与度）が吟味される。他原因が結果に寄与した部分については，当該不法行為事例では共同不法行為が成立する場合を除いて責任追及の対象から除外される。ただし，他原因に対して，別に責任を追及する可能性が残されている場合もある。

　素因競合，すなわち被害者が事故前から有していた素因（心因的要因，疾患ないし身体的素因）が事故の損害を発生あるいは拡大させている場合に，判例は発生した損害の評価にあたり損害の公平な分担の観点から損害額を減額している（いわゆる素因減額）。そして，その形式として，722条2項の過失相殺の規定を類推適用する（有力説）。ここでの類推適用は，公平の観点から損害額を減額するために実定法の過失相殺規定を用いるものであり，素因等を被害者（側）の落ち度として斟酌しているわけではないと捉えるべきであろう（学説には素因を落ち度と同様に捉える見解もある）。類推適用の解釈技術の通常の用法（例えば94条2項の類推適用）とは異なっている。

　素因競合における割合的認定論は素因競合の事案だけでなく，不法行為法の一般理論として適用されるべきものである。近年，医学，医療さらにその関連分野が発達し，未解明の医療問題が顕在化している。割合的認定論をめぐる議論は，不法行為法における法的判断と科学的知見との関係を問い，不

法行為法の本質に関わる問題を提示する（野村好弘「因果関係の本質――寄与度に基づく割合的因果関係論」『交通事故損害賠償の法理と実務』（交通事故紛争処理センター創立 10 周年記念論文集）62 頁以下（ぎょうせい，1984 年），小賀野晶一「割合的認定論の法的構成――相当因果関係論の再構成」『交通賠償論の新次元』100 頁以下（判例タイムズ社，2007 年））。

⑵　寄与度論

　判例が採用する相当因果関係論における相当性判断は，因果関係と損害の双方に及んでおり，割合的認定，すなわち寄与度責任あるいは素因減額を行っている。相当因果関係論における「相当性」の判断にあたっては寄与度を基本にしている（『交通事故民事裁判例集』参照）。

　相当因果関係論は日本の実務に定着し，その本質である相当性判断に科学的，医学的知見を用いることによって相当性を数値化することを許容する。これが判例における割合的認定論ではないだろうか。判例において割合的認定論を可能にしたものは，判例が採用する相当因果関係論における相当性判断の枠組みではないかと考える。

　寄与度論は，割合的因果関係論の本質に学びそこにおける割合的認定の方法を参考にして，同時に，相当因果関係論における相当性の判断方法との接続を図っている。これにより寄与度論は相当因果関係における相当性判断の柔軟性を追求する。そして，相当因果関係論に対する区分論の批判に学びつつ，科学的知見に基づく事故の寄与度（賠償科学的寄与度）を因果関係論と損害論の双方に位置づけるものである。その基礎となるのは交通事故判例法（その構造や機能）である（小賀野晶一「素因競合と割合的認定――日本不法行為法の課題」千葉大学法学論集 25 巻 2 号（2010 年））。

図Ｖ―6　因果関係論のアプローチにおける 2 つの視点

第 1 の視点　伝統的因果関係論（あるかないか）VS 割合的因果関係論（結果への寄与度）
第 2 の視点　相当因果関係論及びこれを再評価する立場 VS 平井説などの区分論

【判例】
相当因果関係論
　　○富喜丸事件（大判大 15・5・22 大審院民事判例集 5 巻 386 頁）
　　○**高度の蓋然性の証明**（最判昭 50・10・24 民集 29 巻 9 号 1417 頁，ルンバール事件）
　「訴訟上の因果関係の立証は，一点の疑義も許されない自然科学的証明ではなく，経験則に照らして全証拠を総合検討し，特定の事実が特定の結果発生を招来した関係を是認し得る高度の蓋然性を証明することであり，その判定は，通常人が疑を差し挟まない程度に真実性の確信を持ち得るものであることを必要とし，かつ，それで足りる」
　（本判決は，他に特段の事情が認められないかぎり，経験則上本件発作とその後の病変の原因は脳出血であり，これが本件ルンバールに因って発生したものとし，本件発作及びその後の病変と本件ルンバールとの間に因果関係を肯定した）。
　　○**不作為医療行為**（最判平 11・2・25 民集 53 巻 2 号 235 頁，判時 1668 号 60 頁，判タ 997 号 159 頁）

相当程度の可能性の存在の証明（不作為医療行為）
　　○**不法行為責任**（最判平 12・9・22 民集 54 巻 7 号 2574 頁）
　「疾病のため死亡した患者の診療に当たった医師の医療行為が，その過失により，当時の医療水準にかなったものでなかった場合において，右医療行為と患者の死亡との間の因果関係の存在は証明されないけれども，医療水準にかなった医療が行われていたならば患者がその死亡の時点においてなお生存していた相当程度の可能性の存在が証明されるときは，医師は，患者に対し，不法行為による損害を賠償する責任を負うものと解するのが相当である。けだし，生命を維持することは人にとって最も基本的な利益であって，右の可能性は法によって保護されるべき利益であり，医師が過失により医療水準にかなった医療を行わないことによって患者の法益が侵害されたものということができるからである。」
　　○**債務不履行責任**（最判平 16・1・15 判時 1853 号 85 頁，判タ 1147 号 152 頁）
　「（上記最判平 12・9・22 の考え方は）診療契約上の債務不履行責任についても同様に解される。すなわち，医師に適時に適切な検査を行うべき診療契約上の義務を怠った過失があり，その結果患者が早期に適切な医療行為を受けることができなかった場合において，上記検査義務を怠った医師の過失と患者の死亡との間の因果関係の存在は証明されなくとも，適時に適切な検査を行うことによって病変が発見され，当該病変に対して早期に適切な治療等の医療行為が行われていたならば，患者がその死亡の時点においてなお生存していた相当程度の可能性の存在が証明されるときには，医師は，患者が上記可能性を侵害されたことによって被った損害を賠償すべき診療契約上の債務不履行責任を負うものと解するのが相当である。」
　　○**確率的心証**（東京地判昭 45・6・29 判時 615 号 38 頁）
　「肯定の証拠と否定の証拠とが並び存する場合，相当因果関係があるのかないのか，

そのいずれか一つで答えねばならぬものとすれば，70 パーセントの肯定の心証を以て十分とし，以下損害の算定に入るか，70 パーセントでは因果関係を肯定する心証としては不足するとして，再発後以後の損害賠償請求を全然排斥するか，二途のいずれかを選ばねばならない。しかし，当裁判所は，損害賠償請求の特殊性に鑑み，この場合，第 3 の方途として再発以後の損害額に 70 パーセントを乗じて事故と相当因果関係ある損害の認容額とすることも許されるものと考える。けだし，不可分の一個請求権を訴訟物とする場合と異なり，可分的な損害賠償請求権を訴訟物とする本件のような事案においては，必ずしも 100 パーセントの肯定か全然の否定かいずれかでなければ結論が許されないものではない。否，証拠上認容し得る範囲が 70 パーセントである場合に，これを 100 パーセントと擬制することが不当に被害者を有利にする反面，全然棄却することも不当に加害者を利得せしめるものであり，むしろ，この場合，損害額の70 パーセントを認容することこそ，証拠上肯定し得る相当因果関係の判断に即応し，不法行為損害賠償の理念である損害の公平な分担の精神に協い，事宜に適し，結論的に正義を実現し得る所以であると考える。したがって，再発以後の後遺症に基づく損害については，その 7 割を賠償額と見ることとする。」

素因競合と割合的認定
・心因的要因
　○被害者の特異な性格，回帰への自発的意欲の欠如等（最判昭 63・4・21 民集 42 巻 4 号 243 頁，判時 1276 号 44 頁，判タ 667 号 99 頁）

・疾患（身体的素因）
　○被害者の一酸化炭素中毒による各種の精神的症状（最判平 4・6・25 民集 46 巻 4 号 400 頁，判時 1454 号 93 頁，判タ 813 号 198 頁）

・自殺
　○交通事故後の自殺と因果関係（最判平 5・9・9 判時 1477 号 42 頁，判タ 832 号 267 頁）
　「本件事故により太郎が被った傷害は，身体に重大な器質的障害を伴う後遺症を残すようなものでなかったとはいうものの，本件事故の態様が太郎に大きな精神的衝撃を与え，しかもその衝撃が長い年月にわたって残るようなものであったこと，その後の補償交渉が円滑に進行しなかったことなどが原因となって，太郎が災害神経症状態に陥り，さらにその状態から抜け出せないままうつ病になり，その改善をみないまま自殺に至ったこと，自らに責任のない事故で傷害を受けた場合には災害神経症状態を経てうつ病に発展しやすく，うつ病にり患した者の自殺率は全人口の自殺率と比較してはるかに高いなど原審の適法に確定した事実関係を総合すると，本件事故と太郎の自殺との間に相当因果関係があるとした上，自殺には同人の心因的要因も寄与してい

るとして相応の減額をして死亡による損害額を定めた原審の判断は，正当として是認することができ，原判決に所論の違法はない。」

その他の自殺事例
・学校事故
　○**伝統的な考え方**。県立高校3年男子生徒（最判昭52・10・25判タ355号260）
　○**割合的認定**。市立中学校3年生の自殺につき，自殺との間の因果関係を肯定し，損害算定にあたり本人及び家庭側の事由を斟酌し，過失相殺類推適用の形式のもとに損害額を70％減額した（福島地いわき支判平2・12・26判時1372号27頁）。
　○**いじめと自殺との因果関係**。区立中学校2年生の自殺につき，1審判決は暴行についてのみ責任を肯定した。また，控訴審判決は，いじめを自殺の主たる原因とし，しかし予見可能性がなかったとして自殺の責任を否定し，いじめについて慰謝料を認めた（中野富士見中学校事件。1審東京地判平3・3・27判時1378号26頁，控訴審東京高判平6・5・20判時1495号42頁）。

・労働者
　○**労働者のうつ病罹患ないし自殺と損害算定**（最判平12・3・24民集54巻3号1155頁，判時1707号87頁，判タ1028号80頁（電通事件））
　（ある業務に従事する特定の労働者の性格が同種の業務に従事する労働者の個性の多様さとして通常想定される範囲を外れるものでない限り，その性格及びこれに基づく業務遂行の態様等が業務の過重負担に起因して当該労働者に生じた損害の発生又は拡大に寄与したとしても，そのような事態は使用者として予想すべきものということができる。）

身体的特徴
　○被害者が平均的な体格ないし通常の体質と異なる身体的特徴を有していたとしても，それが疾患にあたらない場合には，特段の事情の存しない限り，被害者の右身体的特徴を損害賠償の額を定めるにあたり斟酌することはできない（最判平8・10・29民集50巻9号2474頁）。

いわゆる「あるがまま判決」
　○「加害者は被害者のあるがままを受入れなければならない。」のが不法行為法の基本原則であり，肉体的にも精神的にも個別性の強い存在である人間を基準化して，当該不法行為と損害との間の相当因果関係の存否等を判断することは，この原則に反するから許されない（東京地判平元・9・7判時1342号83頁，判タ729号191頁）。

5　責任能力

　不法行為責任が成立するためには加害者に責任能力が必要である。709条にはこの要件は明示されていないが，民法712条及び713条の規定からうかがえる。実質的にも，自己の行為がどのような結果をもたらすかを理解できない者に責任を負わせるのは酷である。理論的には，責任能力のない者がなぜ責任を負わないのかは問題になり得る。免責の理由として諸説があり，①故意・過失（709）の前提となる判断能力がない，②違法性を判断する能力がない，③通常資力の乏しい者を救済しようとする政策判断過などが考えられる。過失責任主義に立つ以上，責任能力がない者に責任を追及することはできないと考えるべきであろう。民法はこのような意味における結果責任を認めていない。

　民事訴訟では，不法行為時に加害者に責任能力がなかったという事実は抗弁として位置づけられる。

(1)　責任能力の概念

　責任能力とは，自己の行為の責任を弁識するに足りる知能又は弁識する能力をいう。

　責任能力は通常，11〜12歳で備わると解されている。もっとも，当該不法行為の性質・態様等によってもその年齢は上下し，例えば単純な加害行為では6，7歳でも責任能力が認められることがある。

　責任無能力者　民法は責任無能力者として，未成年者でその行為の責任を弁識するに足る能力を有しない者（712条）と，精神上の障害により自己の行為の責任を弁識する能力を欠く状態にある者（713条）（旧規定では心神喪失者と称した）を掲げる。

(2)　心神喪失の状態

　例えば，健常な判断能力を有する成年者が，泥酔・麻酔等によって一時的に心神喪失状態に陥った場合に，責任能力がないと評価されることがある。ただし，故意又は過失によってその状態を招き，加害行為をしたときは，責任無能力者としての免責を受けることができない（713条ただし書）。

6　損害の発生

　不法行為が成立するためには，損害が発生しなければならない。

　民事訴訟では損害発生の事実及び損害額は，原告が主張・立証しなければ
ならない（損害額については異論がある）。ちなみに，裁判所は，損害の性質上そ
の額を立証することが極めて困難であるときは相当な損害額を認定すること
ができる（民事訴訟法 248 条参照）。

　損害の意義（損害とは何か），損害の評価・算定，損害賠償の方法などの問題
は，損害論で扱われる。

　損害の発生は，不法行為の被害性を明らかにするための要素として位置づ
けることができる。事案のなかには，そもそも損害が発生したといえるかと
いう問題（被害性）があり，事故法ではむち打ち損傷，PTSD（心的外傷後ストレ
ス障害），原子力発電所事故等による風評被害などいくつかの問題がとりあげ
られた。この問題については，医学，工学など科学的知見を参考にして被害
の実像を明らかにしなければならない。

7　違法性阻却事由

　民法は違法性阻却事由（あるいは責任阻却事由）として，正当防衛と緊急避難
について規定する（刑法の要件・効果とは異なる）。正当防衛とは，他人の不法行
為に対し，自己又は第三者の権利又は法律上保護される利益を防衛するため，
やむをえず加害行為をした場合をいい（「法律上保護される利益」は現代語化の改正
により加えられた），緊急避難とは他人の物から生じた急迫の危難を避けるため
その物を損傷した場合をいう。それぞれの要件が充たされれば，加害行為を
行った者は損害賠償責任を負わない（720 条 1 項，2 項）。正当防衛，緊急避難は
その効果として免責のみを規定するが，民法の解釈論としては免責ではなく
減責を認めるべき場合が考えられる。減責，免責の根拠としては，違法性が
減殺されるとするもの，結果回避義務がないとするもの，過失相殺に位置づ
けるものなど，考え方が分かれている（それら関係項目の考察が必要である）。

　損害賠償責任が免責（あるいは減責）される場合としては正当防衛，緊急避
難の他に，自力救済（強盗から物を奪い返すこと等），正当業務行為（医療行為とし
ての手術等），被害者の承諾（ボクシング等），危険への接近（大気汚染地域への転居

等)，などもある。法治国家として，自力救済などいくつかの行為は原則として禁止されており，例外的に認められるに過ぎない。

　民事訴訟（損害賠償請求訴訟）では違法性阻却事由は抗弁となる。

【判例】
正当防衛，緊急避難
　　○漁港水域内に不法に設置されたヨット係留杭を強制撤去した場合に，民法720条の緊急避難等は成立するか（消極）（最判平3・3・8民集45巻3号164頁，判時1393号83頁，判タ768号56頁）。
　　○**けんか（17歳の加害少年）と正当防衛，緊急避難**（東京地判平7・11・1判時1569号72頁）

危険への接近
　　○空港の騒音が一定の程度に達しており，空港周辺住民の一部がこれを原因とする訴訟を提起し，騒音問題が頻々と報道されていた等の状況の下に空港周辺地域に転入した者は，特段の事情が認められない限り，被害を受忍すべきである（最大判昭56・12・16民集35巻10号1369頁）。

8　不法行為の消滅時効

　時効の一般規定については総則編に定めがあり本書Ⅲで述べた。不法行為法について補足する。

(1)　3年・5年の短期消滅時効

　3年（人身損害については5年）の短期消滅時効の起算点となる「損害及び加害者を知った時」とは，その事実を具体的に認識していればよい。

　時効の起算点は，不法行為が継続している場合はどうか。時効の進行は，(1)被害者が最初に損害を知ったとき，(2)損害が発生するたびごと，(3)継続的な不法行為が止んだとき（鉱業法115条2項類推適用），の3説が考えられる。このうち第1説は，被害者に酷な結果となろう。不法行為が継続している場合には新たな被害が発生していると捉えると，第2説となる。しかし，実際上は，その損害の発生時を確定することは困難な場合もある。

⑵　20 年の消滅時効

　20 年は消滅時効ではなく，除斥期間と解された（判例・通説）が，前述のように 2017 年改正民法は時効説を採用した。

【判例】
消滅時効
　○724 条の「加害者を知る」とは（最判昭 44・11・27 民集 23 巻 11 号 2265 頁）
　「不法行為による損害賠償請求権は，被害者又はその法定代理人が損害および加害者を知った時から 3 年間これを行なわなかったときは，時効によって消滅することは，民法 724 条の規定するところであるが，同法 715 条において規定する使用者の損害賠償責任は，使用者と被用関係にある者が，使用者の事業の執行につき第 3 者に損害を加えることによって生ずるのであるから，この場合，加害者を知るとは，被害者らにおいて，使用者ならびに使用者と不法行為者との間に使用関係がある事実に加えて，一般人が当該不法行為が使用者の事業の執行につきなされたものであると判断するに足りる事実をも認識することをいうものと解するのが相当である。」

時効の起算点
　○**長崎じん肺訴訟**（最判平 6・2・22 民集 48 巻 2 号 441 頁）
　「じん肺という進行性の疾患について最初の軽い行政上の決定を受けた時点で，その後の重い決定に相当する症状に基づく損害を含む全損害が発生していたとみることは，じん肺という疾病の実態に反する。消滅時効は最終の行政上の決定を受けた時から進行する。契約上の基本的な債務の不履行に基づく損害賠償債務は，本来の債務と同一性を有するから，その消滅時効は，本来の債務の履行を請求し得る時から進行するものと解すべきであるが（最判昭 35・11・1 民集 14 巻 13 号 2781 頁参照），安全配慮義務違反に基づく損害賠償債務は，安全配慮義務と同一性を有するものではない。けだし，安全配慮義務は，特定の法律関係の付随義務として一方が相手方に対して負う信義則上の義務であって，この付随義務の不履行による損害賠償請求権は，付随義務を履行しなかった結果により積極的に生じた損害についての賠償請求権であり，付随義務履行請求権の変形物ないし代替物であるとはいえないからである。そうすると，雇用契約上の付随義務としての安全配慮義務の不履行に基づく損害賠償債務が，安全配慮義務と同一性を有することを前提として，右損害賠償請求権の消滅時効は被用者が退職した時から進行するという上告人の主張は，前提を欠き，失当である。」
　○**筑豊じん肺訴訟**（最判平 16・4・27 判時 1860 号 152 頁，判タ 1152 号 128 頁）
　「雇用者の安全配慮義務違反によりじん肺にかかったことを理由とする損害賠償請求権の消滅時効は，じん肺法所定の管理区分についての最終の行政上の決定を受けた時から進行すると解すべきであるが（最判平 6・2・22），じん肺によって死亡した場

合の損害については，死亡の時から損害賠償請求権の消滅時効が進行すると解するのが相当である。なぜなら，その者が，じん肺法所定の管理区分についての行政上の決定を受けている場合であっても，その後，じん肺を原因として死亡するか否か，その蓋然性は医学的にみて不明である上，その損害は，管理2〜4に相当する病状に基づく各損害とは質的に異なるものと解されるからである。」

　○交通事故の後遺症

　交通事故損害賠償請求訴訟において，後遺障害に基づく損害賠償請求権の消滅時効は後遺障害の症状固定の診断を受けた時から進行する（最判平16・12・24判時1887号52頁）。

除斥期間

　○不法行為損害賠償請求権の20年の期間は，被害者側の認識のいかんを問わず，一定の時の経過によって法律関係を確定させるため，請求権の存続期間を画一的に定めたものと解する（最判平元・12・21民集43巻12号2209頁）。

　○不法行為の時から20年を経過する前6か月内において心神喪失の常況にあるが法定代理人を有しなかった場合における，民法724条後段の効果（最判平10・6・12民集52巻4号1087頁，判時1644号42頁，判タ980号85頁）

　○除斥期間の起算点。身体に蓄積した場合に人の健康を害することとなる物質による損害や，一定の潜伏期間が経過した後に症状が現れる損害のように，当該不法行為により発生する損害の性質上，加害行為が終了してから相当の期間が経過した後に損害が発生する場合には，当該損害の全部又は一部が発生した時が除斥期間の起算点となると解すべきである（筑豊じん肺訴訟最判平16・4・27判時1860号34頁，判タ1152号128頁）。

　○民法724条後段所定の除斥期間は，「不法行為ノ時ヨリ20年」と規定されており，加害行為が行われた時に損害が発生する不法行為の場合には，加害行為の時がその起算点となると考えられる。しかし，身体に蓄積する物質が原因で人の健康が害されることによる損害や，一定の潜伏期間が経過した後に症状が現れる疾病による損害のように，当該不法行為により発生する損害の性質上，加害行為が終了してから相当の期間が経過した後に損害が発生する場合には，当該損害の全部又は一部が発生した時が除斥期間の起算点となると解するのが相当である。このような場合に損害の発生を待たずに除斥期間が進行することを認めることは，被害者にとって著しく酷であるだけでなく，加害者としても，自己の行為により生じ得る損害の性質からみて，相当の期間が経過した後に損害が発生し，被害者から損害賠償の請求を受けることがあることを予期すべきであると考えられるからである（水俣病関西訴訟最判平16・10・15民集58巻7号1802頁，判時1876号3頁，判タ1167号89頁）。

B　特殊不法行為

図Ⅴ—7　一般不法行為と特殊不法行為

①一般不法行為
　行為者の加害行為を原因とするもの
　　・不法行為による損害賠償（709条）
　　・財産以外の損害の賠償（710条）
　　・近親者に対する損害の賠償（711条）
　　　（近親者は被害者の相続人に限られない。）
　　・責任能力（712条，713条）
②特殊不法行為
　第三者の加害行為を原因とするもの
　　・責任無能力者の監督義務者等の責任（714条）
　　・使用者等の責任（715条）
　　（・注文者の責任（716条））
　物を原因とするもの
　　・土地の工作物等の占有者及び所有者の責任（717条）
　　・動物の占有者等の責任（718条）
　複数の加害行為を原因とするもの
　　・共同不法行為（719条）

1　監督義務者等の責任（714条）

⑴　監督義務者の責任とは

　責任能力のない者（責任無能力者）が行った行為については，これを監督すべき法定の義務ある者（監督義務者）及びその者に代わって監督する者（以下，通例に従い代理監督者という。民法の代理とは異なるものである）が，自己の注意を怠らなかったことを証明しない限り，責任を負う（714条）。監督義務者責任は，監督者の過失の立証責任が転換されている。

　責任能力の有無は，その行われた不法行為の性質，内容等により判断されるが，中学生になれば通常は責任能力があると考えられる。ただし，事案によっては，より低年齢でも責任能力が認められることがある。

⑵　代位責任

　監督者責任は，責任無能力者の行為については，その者に責任を負わせることはできないが，監督義務者及び代理監督者たる地位にある者は，その地位にある者として本人に代わって責任を負うべきであるとする考え方（代位責任）に基づく（国家賠償法 1 条の責任と同性質）。

　監督者責任について，学説は自己責任か代位責任かという問題を設定して責任の性質を論ずるが，代位責任といっても自己責任に近い場合も考えられる。また，監督者の過失は，責任無能力者の加害行為についての過失ではなく，監督義務を怠ったという過失であるという点に着目すると，監督者責任は自己責任に基づくとする学説もある。

　監督者責任は，責任無能力者が加害行為を行い，監督義務者及び代理監督者が監督義務を怠らなかったことを証明できなかった場合に成立する（714 条ただし書の反対解釈）。

　監督義務者と代理監督者の責任は併存的に成立し得る。この場合，両責任は不真正連帯債務の関係に立つ。

⑶　監督義務者とは

　監督義務者とは従来，未成年者の親権者（820 条），後見人（857 条）などをいうとされた。児童福祉施設の長（児童福祉法 47 条），保護者（精神保健福祉法 20 条〜21 条）も，親権者等がいないときは監督義務者になり得る。

　代理監督者とは，保育士（保育園等），教員（幼稚園，小学校，中学校等），病院の医師，少年院の職員などをいう。契約による監督の委託を重視し，幼稚園・小学校・精神病院等については個々の職員ではなく施設自体を代理監督者とみる見解もある。

責任能力のある未成年者の不法行為と監督義務者の 709 条責任　不法行為を行った未成年者に責任能力が認められるときは，714 条の適用はなく，未成年者自身が責任を負わなければならない。かかる場合，未成年者に資力がない場合は，被害者救済に欠けることになる。

　これに対しては，未成年者の責任能力を当該不法行為の性質，内容等を考慮して弾力的に判断することによって対応することができる。また，その監

督に義務違反があり結果との間に因果関係が認められる場合には，監督者に
709 条の責任が認められる。

【判例】
　○**JR 東海認知症高齢者死亡事件**（最判平 28・3・1 民集 70 巻 3 号 681 頁）
　認知症が進んだ高齢者がホームから線路内に入り列車と衝突して死亡した事故につ
き，JR 東海が，死亡事故によって振替輸送等の費用の支出を余儀なくされたとして，
遺族に対して人件費等約 720 万円の損害賠償を請求した。原告は JR 東海であり，被
告は列車に轢かれて死亡した A（91 歳）の遺族である。亡 A と同居し介護に当たったそ
の妻 Y1（85 歳，愛知県大府市内在住で同居）には 4 人の子がいたが，長男 Y2（事故
当時 57 歳）とその妻 B（横浜市内在住だったが平成 14 年以降 A 宅の近くに引っ越し，
デイサービス以外の介護を担った）の他は，直接には介護に関わっていなかった。

図 V—8　裁判所の判断

＜民法の損害賠償責任の有無：被告に責任あり（●），被告に責任なし（○）＞		
判決（認容額）	妻（要介護 1）	長男（20 年以上別居）
①1 審　名古屋地裁	●民法 709 条	●民法 714 条
（約 720 万円）		
②控訴審　名古屋高裁	●民法 714 条	○　（長期の別居）
（約 360 万円）		
③上告審　最高裁	○	○
（高齢で監督できる状況にない）（長期の別居，月 3 回訪問）		

　最高裁判決の考え方を要約すると次の 1~3 のようになる。
　1　法定監督義務者とは——（保護者や）成年後見人は直ちに法定監督義務者に該
当するとはいえない。
　「身上配慮義務は，---成年後見人が契約等の法律行為を行う際に成年被後見人の身
上について配慮すべきことを求めるものであって，成年後見人に対し事実行為として
成年被後見人の現実の介護を行うことや成年被後見人の行動を監督することを求める
ものと解することはできない。」
　2　精神障害者と同居する配偶者は，法定監督義務者に当らない（夫婦の同居協力
扶助義務は根拠とならない）。
　3　法定監督義務者に該当しない者であっても，責任無能力者との身分関係や日常
生活における接触状況に照らし，第三者に対する加害行為の防止に向けてその者の監
督義務を引き受けたとみるべき特段の事情が認められる場合には，法定監督義務者に
準ずべき者として 714 条 1 項が類推適用され責任が認められる場合がある。

「諸般の事情を総合考慮して，その者が精神障害者を現に監督しているかあるいは監督することが可能かつ容易であるなど衡平の見地からその者に対し精神障害者の行為に係る責任を問うのが相当といえる客観的状況が認められるか否かという観点から判断する。」

本判決は特段の事情の判断要素としては，以下の諸点を掲げた。

　①その者自身の生活状況や心身の状況など

　②精神障害者との親族関係の有無・濃淡

　③同居の有無その他の日常的な接触の程度

　④精神障害者の財産管理への関与の状況などその者と精神障害者との関わりの実情

　⑤精神障害者の心身の状況や日常生活における問題行動の有無・内容

　⑥これらに対応して行われている監護や介護の実態など

【判例】

　○**サッカーボール事件**（最判平27・4・9民集70巻3号681頁）

　責任を弁識する能力のない未成年者が，サッカーボールを蹴って他人に損害を加えた場合において，その親権者が民法714条1項の監督義務者としての義務を怠らなかったと認めた。

　小学6年生の児童が放課後，小学校の校庭でサッカーをして遊び，ゴールポストをめがけて蹴ったサッカーボールがゴールポストの後方10mの門を越え，道路にころがり出たところ，折から走行してきたバイクがこれを避けようとして転倒，負傷（後に死亡）した事故について，民法714条に基づき児童の両親が損害賠償を請求された事案。原審は法定監督義務者である両親の責任を認めたが，最高裁は「責任能力のない未成年者の親権者は，その直接的な監視下にない子の行動について，人身に危険が及ばないよう注意して行動するよう日頃から指導監督する義務があると解されるが，本件ゴールに向けたフリーキックの練習は，上記各事実に照らすと，通常は人身に危険が及ぶような行為であるとはいえない。また，親権者の直接的な監視下にない子の行動についての日頃の指導監督は，ある程度一般的なものとならざるを得ないから，通常は人身に危険が及ぶものとはみられない行為によってたまたま人身に損害を生じさせた場合は，当該行為について具体的に予見可能であるなど特別の事情が認められない限り，子に対する監督義務を尽くしていなかったとすべきではない。」と述べ，責任を否定した。

　○**民法714条の法定監督義務者責任の要件**。小学校2年生の鬼ごっこ中の事故と，違法性（消極），責任能力（消極）（最判昭37・2・27民集16巻2号407頁，判時293号14頁）

　○**責任能力のない未成年者の失火と監督義務者の責任**（最判平7・1・24民集49巻1号25頁，大判昭18・4・9民集22輯255頁）

　「民法714条1項は，責任を弁識する能力のない未成年者が他人に損害を加えた場

合，未成年者の監督義務者は，その監督を怠らなかったとき，すなわち監督について過失がなかったときを除き，損害を賠償すべき義務があるとしているが，右規定の趣旨は，責任を弁識する能力のない未成年者の行為については過失に相当するものの有無を考慮することができず，そのため不法行為の責任を負う者がなければ被害者の救済に欠けるところから，その監督義務者に損害の賠償を義務づけるとともに，監督義務者に過失がなかったときはその責任を免れさせることとしたものである。ところで，失火ノ責任ニ関スル法律は，失火による損害賠償責任を失火者に重大な過失がある場合に限定しているのであって，この両者の趣旨を併せ考えれば，責任を弁識する能力のない未成年者の行為により火災が発生した場合においては，民法714条1項に基づき，未成年者の監督義務者が右火災による損害を賠償すべき義務を負うが，右監督義務者に未成年者の監督について重大な過失がなかったときは，これを免れるものと解するのが相当というべきであり，未成年者の行為の態様のごときは，これを監督義務者の責任の有無の判断に際して斟酌することは格別として，これについて未成年者自身に重大な過失に相当するものがあるかどうかを考慮するのは相当でない。」

責任能力のある未成年者の監督義務者の責任

　○未成年者（中学3年生，15歳11か月）が責任能力を有する場合であっても，監督義務者の義務違反と当該未成年者の不法行為によって生じた結果との間に相当因果関係が認められるときは，監督義務者に709条に基づく不法行為責任が成立する（最判昭49・3・22民集28巻2号347頁）。

［2］　使用者責任（715条）

(1)　使用者責任とは

　使用者あるいは使用者に代わって事業を監督する者は，その被用者が事業の執行につき第三者に加えた損害を賠償する責任を負う(715条1項本文，2項)。ただし，相当の注意をして監督をしたこと，又は相当の注意をしても損害が生じたであろうことを証明すれば責任を負わない（1項ただし書）。

　使用者責任は被用者の不法行為について使用者が被用者に代わって責任を負うものである（代位責任）。ただし学説には，使用者責任を，被用者の選任・監督上の使用者の過失に基づくものと捉える見解もある（自己責任）。

　使用者責任は，過失の立証責任が被害者から加害者側に転換され，その分被害者救済に貢献している。使用者責任は企業の責任（企業責任）が認められる一態様である（企業の責任の根拠は他に一般法人法78条，709条，716条，717条や，

その他の特別法上の責任・契約責任も考えられる）。

⑵　報償責任

　使用者責任は，使用者は被用者の行為（事業の執行）によって利益を得ているのであるから，被用者の行為によって損害が発生した場合には被用者に代わって責任を負担しなければならない，とする報償責任の考え方に基づいている。

　報償責任の考え方を徹底すると，被用者への求償（715条3項）を無限定に認めることは必ずしも合理的でない。判例法は，信義則（1条2項）に基づき，一定の状況のもとに求償の範囲を限定している。

⑶　使用者責任の成立要件

　使用者責任の成立要件は，①ある事業のために他人を使用すること，②被用者が事業の執行について第三者に損害を与えたこと，③使用者が相当の注意をして被用者を監督したこと又は相当の注意をしても損害が生じたであろうことを証明できないことである。

　715条の「事業の執行につき」とは，その行為の外形から客観的に観察し，職務の範囲に属すると認められるものであればよい（外形理論あるいは外形標準説という）。外形理論に関して判例は，取引的不法行為については行為の外形に対する第三者の信頼保護にその根拠を求めている。事実的不法行為については，行為の外形を重視し，職務の範囲内にあたるかどうかを客観的に判断する。判例は従業員の犯罪行為についても事業との関連性を考慮して使用者責任を認める場合がある。以上により被害者救済が図られている。

　本条の使用・被用関係は，雇用契約を必要とせず，日常の用法よりも広義である。

⑷　使用者と被用者の責任関係

　使用者の責任（715条）と被用者の責任（709条）とは，不真正連帯債務の関係に立つ。

(5)　国家賠償法との関連

　国立大学法人・公立大学法人やその附属校の教職員，あるいは指定管理者に指定された団体の職員が，事業の執行（あるいは職務を行う）について第三者（あるいは他人）に損害を及ぼした場合，民法（715条）が適用されるか，国家賠償法（1条1項）が適用されるかは，必ずしも明確でない。土地工作物責任（717条）と営造物責任（国家賠償法2条1項）についても同様である。

③　注文者の責任（716条）

　注文者は，請負人がその仕事につき第三者に加えた損害を賠償する責任を負わない。ただし，注文又は指図につき注文者に過失があったときはこの限りでない（716条）。

　請負人は，注文者から独立し，自らの裁量でその仕事を完成させることをめざしている。こうした請負の性質を考慮し，請負人がその仕事について第三者に損害を及ぼしても，注文者は原則として責任を負わないとし，注文又は指図につき注文者に過失があったときにのみ責任を負うとしたのである（716条ただし書）。解釈にあたっては，当該事案における注文・請負の関係を実質的に捉えることが必要である。

　注文者の責任（716条ただし書）は，709条を注意的に規定したものであり，自己責任と捉えることができる。請負人の不法行為責任の成否とも関係しない。

【判例】
　○**使用者責任と外形理論**（最判昭40・11・30民集19巻8号2049頁）
　「民法715条にいわゆる「事業の執行につき」とは，被用者の職務執行行為そのものには属しないが，その行為の外形から観察して，あたかも被用者の職務の範囲内の行為に属するものとみられる場合をも包含する（最判昭32・7・16民集11巻7号1254頁，最判昭36・6・9民集15巻6号1546頁）。これを被用者が取引行為のかたちでする加害行為についていえば，使用者の事業の施設，機構及び事業運営の実情と被用者の当該行為の内容，手段等とを相関的に勘酌し，当該行為が(1)被用者の分掌する職務と相当の関連性を有し，かつ，(2)被用者が使用者の名で権限外にこれを行うことが客観的に容易である状態におかれているとみられる場合も，被害者の保護を目的とする同条の法意や判例の趣旨にかんがみ，外形上の職務行為に該当する。」

○**事業の執行につき**（最判昭 42・4・20 民集 21 巻 3 号 697 頁）

「民法 715 条にいわゆる「事業ノ執行ニ付キ」とは，被用者の職務の執行行為そのものには属しないが，その行為の外形から観察して，あたかも被用者の職務の範囲内の行為に属するものと見られる場合をも包含するものと解すべきであることは，当裁判所の判例とするところである（最判昭 37・11・8 民集 16 巻 11 号 2255 頁，同 40・11・30 民集 19 巻 8 号 2049 頁，なお大審院大判 15・10・13 民集 5 巻 785 頁参照）。したがって，被用者がその権限を濫用して自己又は他人の利益をはかったような場合においても，その被用者の行為は業務の執行につきなされたものと認められ，使用者はこれにより第三者の蒙った損害につき賠償の責を免れることをえないわけであるが，しかし，その行為の相手方たる第三者が当該行為が被用者の権限濫用に出るものであることを知っていた場合には，使用者は右の責任を負わないものと解しなければならない。けだし，いわゆる「事業ノ執行ニ付き」という意味を上述のように解する趣旨は，取引行為に関するかぎり，行為の外形に対する第三者の信頼を保護しようとするところに存するのであって，たとえ被用者の行為が，その外形から観察して，その者の職務の範囲内に属するものと見られるからといって，それが被用者の権限濫用行為であることを知っていた第三者に対してまでも使用者の責任を認めることは，右の趣旨を逸脱するものというほかないからである。したがって，このような場合には，当該被用者の行為は事業の執行につきなされた行為には当たらないものと解すべきである。」

○**私立大学**。私立大学の応援団員が上級生から暴行を受け死亡した事故につき，学校法人の被用者である執行部会議，教授会等の構成員たる職員は，暴力行為を止めるよう強く要請，指導し，これに従わない場合には学内施設の使用禁止，懲罰処分など具体的な作為義務を負うに至ったものであり，かかる措置を採ることは学校法人の事業の範囲内に属するとして，大学設置者である学校法人に対し使用者責任を認めた（最判平 4・10・6 判時 1454 号 87 頁，判タ 815 号 131 頁）。

○**暴力団**。暴力団の下部組織の構成員がした殺傷行為につき，組長に使用者責任を認めた事例（最判平 16・11・12 判時 1882 号 21 頁）

○**複数使用者の責任と求償**（最判平 3・10・25 民集 45 巻 7 号 1173 頁）

○**使用者から被用者への求償**（最判昭 51・7・8 民集 30 巻 7 号 689 頁）

「使用者が，その事業の執行につきなされた被用者の加害行為により，直接損害を被り又は使用者としての損害賠償責任を負担したことに基づき損害を被った場合には，使用者は，その事業の性格，規模，施設の状況，被用者の業務の内容，労働条件，勤務態度，加害行為の態様，加害行為の予防若しくは損失の分散についての使用者の配慮の程度その他諸般の事情に照らし，損害の公平な分担という見地から信義則上相当と認められる限度において，被用者に対し右損害の賠償又は求償の請求をすることができるものと解すべきである。」（損害額の 4 分の 1 の限度で認容）

○**被用者から使用者への求償**（最判令 2・2・28 裁判所時報 1742 号 7 頁）

「被用者が使用者の事業の執行について第三者に損害を加え，その損害を賠償した

場合には，被用者は，——損害の公平な分担という見地から相当と認められる額について，使用者に対して求償することができる」

注文者の責任
　　○建築工事と注文者の不法行為責任（最判昭 43・12・24 民集 22 巻 13 号 3413 頁）

［4　土地工作物責任（717 条）］

⑴　土地工作物責任とは

　土地の工作物の設置又は保存に瑕疵があったために他人に損害を及ぼしたときは，その工作物の占有者又は所有者はその損害を賠償する責任を負う（717 条 1 項）。これが土地工作物責任である。なお，道路，河川など公の営造物の設置又は管理の瑕疵に起因する損害については，国家賠償法の営造物責任が問題となる。

⑵　危険責任

　土地の工作物はしばしば危険性を内包しているので，そのような物を占有又は所有する者は，相応の責任を負担すべきである。土地工作物責任はかかる危険責任の考え方に基づいている。民法は占有者に無過失の免責を認めるが，所有者に無過失責任を課している。

⑶　土地工作物責任の成立要件

　土地工作物責任の成立要件は，①土地の工作物の設置又は保存に瑕疵があること，②瑕疵によって他人に損害が生じたことである。

　瑕疵とは，欠陥のことをいい，その物が通常備えているべき安全性を欠いていることをいう。売買・請負の瑕疵担保責任と同義と解されるが，安全性に重点がある。この一般的基準に基づき，瑕疵があったかどうかが事案の性質，態様等に応じて判断される。

　土地の工作物とは，土地に接着し，人工的作業がなされたものをいい，建物，道路，橋，トンネル，石塀，堤防，電線などがある（判例）。例えば，宅地の石塀がくずれて通行人が負傷した場合などが，土地工作物責任の例である。

⑷　賠償責任を負う者

　本条の賠償責任を負う者は，第1次的にはその工作物の占有者である。占有者が損害発生の防止義務を尽くしていたときは，第2次的に工作物の所有者が責任を負う。この場合，所有者は過失がなくても責任を負わなければならない（無過失責任）。

　占有者と所有者の責任は，併存的ではなく，順位的な関係にある。しかし，合理的根拠がないとする批判があり立法論上の課題である。

⑸　瑕疵と自然災害（豪雨，地震など）とが競合して損害が発生した場合

　この場合も，本条の責任が問題となり得る。瑕疵の認定にあたり，自然災害が考慮されることがある。また，損害算定にあたり，結果に対して自然災害が影響したと認められる場合に，瑕疵の認定をどのようにすべきかについては考え方が分かれるであろう（営造物責任が問題となった後掲飛騨川バス転落事件参照）。

【判例】
　　○高圧線の感電事故と電力会社（所有者）の責任（最判昭37・11・8民集16巻11号2216頁）
　　「本件送電線がたといゴム被覆がなくても当時の取締規定に違反しないものであることは，所論のとおりである。しかしながら，行政上の取締規定に違反しないという一事をもって，民法717条1項の規定による所有者の賠償責任を免れることはできない。また，以上の取締規定の変遷に徴すれば，市街地においては，本件のような事故を防止するため，3500ボルト以下の高圧架空送電線にゴム被覆電線を使用することが裸線を使用することよりも本来望ましいものというべく，現に本件事故現場においてもゴム被覆電線が架設せられていたのであるが，本件事故当時は終戦後の物資の乏しい時代であったので，会社管下にある破損したゴム被覆高圧送電線を全部完全なものに取り替えることは資材および経済の点からいって極めて困難な状況にあったにしても，本件事故現場の電線の修補をすること自体が科学及び経済の許す範囲を超えて不可能なものであったとは認められないのみならず，修補の困難ということもまた所有者の賠償を免責せしめる事由とはならない。」
　　○瑕疵の存在時期（最判昭59・12・21判時1145号46頁）
　　○宮城県沖地震でブロック塀が倒壊して8歳男児が死亡し，両親からブロック塀の所有者に対し，土地工作物に瑕疵があったとして，717条に基づいてなされた損害賠

償請求を否定（仙台地判昭 56・5・8 判時 1007 号 30 頁），造成宅地・建物に生じた被
害と，宅地造成工事の欠陥による宅地の隠れた瑕疵（民法 570 条）を認容（仙台高判
平 12・10・25 判自 227 号 78 頁）

　○**自然災害と瑕疵との競合（原因競合）**。阪神淡路大震災（兵庫県南部地震）による
マンションの倒壊について，マンションの瑕疵を認め，割合的認定をした事例（神戸
地判平 11・9・20 判時 1716 号 105 頁），高速道路の高架橋脚の倒壊について瑕疵を認
めなかった事例（神戸地尼崎支判平 15・1・28 判タ 1140 号 110 頁）

営造物責任（国家賠償法）——道路管理瑕疵　道路などの公の営造物の設置又
は管理に瑕疵があったために，
他人に損害を生じたときは，国又は公共団体はこれを賠償する責任を負う（国
家賠償法 2 条 1 項）。営造物の設置又は管理の瑕疵は，営造物が通常有すべき安
全性を欠いている状態をいい，安全性を欠いている場合には当該営造物を形
成する物的施設自体に存する物理的，外形的な欠陥ないし不備によって他人
に危害を生ぜしめる危険性がある場合いい，このような瑕疵を物的性状瑕疵
という。

　公の営造物とは，国又は地方公共団体等が特定の公の目的に供用する建設
物又は物的施設をいう。例えば，道路，河川，橋，空港，港湾，干拓地，水
道，下水道，学校・病院・官公庁等の建物，公園，海浜，湖沼などがある。
不動産だけでなく，動産も含まれる（自動車，航空機，臨海学校の飛込台，ストーブ，
拳銃，砲弾，事務椅子，電気かんな，自動旋盤機など）。

瑕疵論における客観説（判例・通説）　瑕疵の有無は，営造物が通常有すべき
安全性又は設備（防護施設等）が欠けて
いたかどうかを基準に判断する（客観説）（判例・通説）。その際，管理者の管理
義務違反等の過失は問わない（無過失責任）。

道路の安全性　道路の安全性は，その道路が通常有すべき安全性を備えて
いることが必要でありかつそれで足りる（野村好弘「道路の安
全性の欠如による交通事故とその賠償責任」ジュリ 413 号 106 頁以下（1969 年））。

　安全性の欠如の有無は具体的には，道路法等関係法令の精神，当該道路の
交通量・使用状況，不良状況の性質・程度，被害の性質・程度，塗装の有無
などのほか，管理者及び行為者の行為態様を含めて，総合的に判断される。

管理者が危険防止の措置をとってもそれが不完全であった場合は瑕疵にあたる。安全性の程度については，通常予想される危険の発生を防止し得るものでよい。

瑕疵論における義務違反説　　営造物を安全良好な状態に保つべき作為又は不作為の義務（損害防止義務）を設置者・管理者に認め，その違反があったかどうかを基準に瑕疵の有無を判断すべきであると主張する（植木哲『災害と法　営造物責任の研究（2 版）』（一粒社，1991 年），國井和郎「営造物管理責任」多古圭一編『二十一世紀の法と政治　大阪大学法学部創立 50 周年記念論文集』161 頁以下（有斐閣，2002 年））。

　管理者の管理義務違反等の過失は，義務違反説では瑕疵の主要要素として吟味されるのに対し，客観説では瑕疵の判断に組み込まれている。瑕疵の規範性という観点から裁判例を分析すると，判例法は客観説と義務違反説のいずれも排斥していない。道路管理瑕疵についてみると，通常有すべき安全性の認定にあたり，①道路状況，②管理者の管理態様，③通行者（被害者）の行為態様を考慮している。事故類型の違いなどにより，①②③の重点が異なり，これが客観説と評価され，あるいは義務違反説等と評価されることを可能にしているのである（小賀野晶一「道路の設置・管理の瑕疵についての法的考え方──判決例の分析と類型化」野村好弘・小早川光郎編『道路管理の法と争訟』324 頁以下（ぎょうせい，2000 年））。

供用関連瑕疵──もう一つの安全性　　国家賠償法 2 条 1 項にいう営造物の設置又は管理の瑕疵は，物的性状瑕疵だけでなく，その営造物が供用目的に沿って利用されることとの関連において危害を生ぜしめる危険性がある場合を含むと解され，このような瑕疵を供用関連瑕疵という。その危害は，営造物の利用者に対するものだけでなく，利用者以外の第三者に対するものが含まれている。供用関連瑕疵の有無は受忍限度論に基づいて判断される。

【判例】
　○**高知国道落石事件**（最判昭 45・8・20 民集 24 巻 9 号 1268 頁）。国家賠償法 2 条 1 項の瑕疵とは，営造物が通常有すべき安全性を欠いていることをいう。

○瑕疵があったかどうかは，営造物の構造，用法，場所的環境及び利用状況等諸般の事情を総合的に考慮して，具体的個別的に判断すべきである（最判昭53・7・4民集32巻5号809頁）。

○**大東水害訴訟・溢水型水害における河川管理の特質及び諸制約**（最判昭59・1・26民集38巻2号53頁）

○**多摩川水害訴訟・破堤型水害**（最判平2・12・13判時1369号23頁）

「国家賠償法2条1項にいう営造物の設置又は管理の瑕疵とは，営造物が通常有すべき安全性を欠き，他人に危害を及ぼす危険性のある状態をいい，このような瑕疵の存在については，当該営造物の構造，用法，場所的環境及び利用状況等諸般の事情を総合考慮して具体的，個別的に判断すべきものである。ところで，河川は，当初から通常有すべき安全性を有するものとして管理が開始されるものではなく，治水事業を経て，逐次その安全性を高めてゆくことが予定されているものであるから，河川が通常予測し，かつ，回避し得る水害を未然に防止するに足りる安全性を備えるに至っていないとしても，直ちに河川管理に瑕疵があるとすることはできず，河川の備えるべき安全性としては，一般に施行されてきた治水事業の過程における河川の改修，整備の段階に対応する安全性をもって足りるものとせざるをえない。そして，河川の管理についての瑕疵の有無は，過去に発生した水害の規模，発生の頻度，発生原因，被害の性質，降雨状況，流域の地形その他の自然的条件，土地の利用状況その他の社会的条件，改修を要する緊急性の有無及びその程度等諸般の事情を総合的に考慮し，河川管理における財政的，技術的及び社会的諸制約のもとでの同種・同規模の河川の管理の一般的水準及び社会通念に照らして是認し得る安全性を備えていると認められるかどうかを基準として判断すべきであると解するのが相当である（最判59・1・26民集38巻2号53頁，同60・3・28民集39巻2号333頁参照）。右当審判例が示した右の河川管理の瑕疵についての判断基準は，本件の場合にも適用されるものというべきであるから，原審の判断のうち，この点を指摘する部分は，正当であるというべきである。」

○**幼児テニス審判台事件**（最判平5・3・30民集47巻4号3226頁）

○**飛騨川バス転落事件**（控訴審名古屋高判昭49・11・20判時761号18頁，1審名古屋地判昭48・3・30判時700号3頁）

1審は不可抗力の寄与度を40％と認めたが，控訴審は国の全面的責任を認めた。

供用関連瑕疵について

○**国道43号線訴訟**（最判平7・7・7判時1544号18頁，判タ892号124頁）

道路からの騒音等によって生活妨害が生じているとして，設置管理の瑕疵を認め，国及び公団の損害賠償責任を認めた（差止請求は却下）。

「国家賠償法2条1項にいう営造物の設置又は管理の瑕疵とは，営造物が通常有すべき安全性を欠いている状態，すなわち他人に危害を及ぼす危険性のある状態をいう

とし，これには営造物が供用目的に沿って利用されることとの関連においてその利用者以外の第三者に対して危害を生ぜしめる危険性がある場合をも含み，営造物の設置・管理者においてこのような危険性のある営造物を利用に供し，その結果周辺住民に社会生活上受忍すべき限度を超える被害が生じた場合には，原則として同項の規定に基づく責任を免れることはできないと解すべきである。」

5　動物占有者等の責任（718条）

(1)　動物占有者責任とは

　動物の占有者あるいは占有者に代わって動物を保管する者は，その動物が他人に加えた損害を賠償する責任を負う（718条1項本文，同2項）。ただし，動物の種類及び性質に従い相当の注意をして保管していたことを証明すれば責任を負わない（1項ただし書）。

　動物占有者責任は，過失の立証責任が転換され，免責が認められている。本条は危険責任の法理に基づくが，今日では動物以外にも多くの危険が存在するから，本条の意義は必ずしも大きくないとする見方もある。

(2)　動物占有者責任の成立要件

　①動物が損害（人身被害，物的被害）を加えたこと，②占有者に免責事由の証明がないことである。

(3)　賠償責任を負う者

　本条の賠償責任を負う者は，動物の占有者か，占有者に代わって動物を保管する者である。占有者と保管者が同時に責任を負うことは，法文からは導き出せないであろう。損害賠償をした占有者又は保管者は，他に真に責任を負う者がいる場合にはその者に求償することができる。

【判例】
　○動物の占有者が，自己に代わって動物を保管する者（運送人）を選任し，これに保管させた場合に，動物の種類及び性質に従い相当の注意をもってその保管者を選任監督したときは，賠償責任を免れる（最判昭40・9・24民集19巻6号1668頁）。
　○飼犬の鳴声が一般家庭の飼犬のそれとは大きく異なり，長時間にわたり，連日の

ごとく深夜・早朝に及ぶなど極めて異常な場合には，飼主は民法718条に基づき自己の飼犬がかかる鳴声を発しないように飼育上の配慮をすべき注意義務がある（横浜地判昭61・2・18判時1195号118頁）。

　　○猟犬による幼児咬殺事故と動物占有者の責任，共同不法行為者の1人になされた免除の効果（神戸地判昭61・3・28判時1202号104頁，判タ616号110頁）

6　共同不法行為責任（719条）

(1)　共同不法行為責任とは

　数人が，共同の不法行為により他人に損害を加えたときは，各自連帯して損害賠償責任を負う（719条1項前段）。共同行為者中のいずれがその損害を加えたかを知ることができないときも同様の責任を負い（同後段）（加害者不明の共同不法行為），教唆者及び幇助者は共同行為者とみなされる（同条2項）。

　共同不法行為責任は，発生した損害の全部について，複数加害者に連帯責任（不真正連帯責任）を課すことによって被害者救済を図っている。

(2)　共同不法行為の成立要件（719条1項前段）

　共同不法行為の成立要件は，①各加害行為が不法行為の一般的成立要件をみたすこと（ただし，各行為の因果関係が結果との間に必要か，共同行為との因果関係で足りるかについては議論がある），②関連共同性が認められることである。例えば，それぞれの不法行為に間に関連共同性が認められないと，共同不法行為は成立しない。

　このうち関連共同性は，客観的関連共同性で足りると解されてきた（従来の判例・通説。四日市訴訟判決参照）。その論拠としては，被害者救済が挙げられた。ただし，主観的要素を全く無視することはできないとの付記がなされていることに留意すべきである）。最近では，行為者間の主観的事情を考慮すべきであるとする見解，客観的事情と主観的事情を併用すべきであるとする見解などが主張されている。また，「寄与度を超えたところまで責任を負わせて良いだけの実質的関係」という基準が提示されている。この考え方は不法行為損害賠償法の割合的認定論を基礎にする。共同不法行為の要件と効果とを関連させるものといえる。

⑶　加害者不明の場合は（719条1項後段）

共同行為者中のいずれがその損害を加えたかが不明のときも，共同不法行為者と同様の責任を負う（719条1項後段）。被害者救済のために政策的に認められた。

⑷　教唆・幇助の場合は（719条2項）

教唆者及び幇助者は，共同行為者とみなされる（719条2項）。ここに教唆とは他人をそそのかして不法行為をさせること，幇助とは不法行為の補助的行為をすることをいう。

⑸　共同不法行為者間の求償

共同不法行為者間には，明示の規定はないが解釈上，その責任割合に応じた求償が認められる（かかる求償権の性質は不当利得返還請求権ともいうべきものであり，不法行為損害賠償請求権の3年の短期消滅時効にかからないと解される）。

⑹　共同不法行為と過失相殺

共同不法行為事案において被害者に過失がある場合の過失相殺の方法には，絶対的方法（絶対説）と相対的方法（相対説）がある。

例えば，A車が非常点滅表示灯を点滅することなく駐車禁止の車道に駐車させていたところ，A車を避けようとしてB車がセンターラインを超えて進行したため，対向車線を進行してきたC車（被害車）と衝突した事案をとりあげよう。A，Bに共同不法行為が成立し，A，B，Cの過失割合を1対4対1，Cが被った損害を600万円とする。

相対的過失相殺の解決例　Cは全損害（600万円）につき，自己の過失割合（制限速度超過等によるもの）である6分の1を控除した6分の5（500万円）の限度でA車，B車に対して各当事者ごとの相対的過失割合に従って損害賠償を請求できる。具体的には，C対Aの関係ではCに2分の1の過失相殺，C対Bの関係ではCに5分の1の過失相殺を行う。したがって，CはAに対して600万円の50％の過失相殺をした後の300万円を，Bに対して20％の過失相殺をした後の480万円を，500万円を限度として請

求することができる（後掲最判平13・3・13，後掲最判平15・7・11の原審名古屋高判平14・7・17の考え方）。

絶対的過失相殺の解決例　Ｃは自己の損害600万円につき，Ｃの絶対的過失割合である6分の1による過失相殺をした後の500万円の限度で，ＡとＢに対して不真正連帯責任を追及することができる。求償関係の基礎となるＡの負担部分は5分の4にあたる480万円であり，Ｂの負担部分は5分の1にあたる120万円である（後掲最判平15・7・11の考え方）。

　最判平15・7・11が指摘するように，絶対的過失相殺は，当該事案の原因者（複数加害者及び被害者）に過失割合を配分できる場合に限って行うことができる。このように絶対的過失割合を認定できない場合（交通事故と医療事故の競合事例など）には相対説が適切である。

(7)　複数加害者の責任の関係

　共同不法行為が成立すると，発生した損害の全額について連帯（不真正連帯）責任が成立する。

　この場合，719条1項の共同不法行為責任が成立すれば，分割責任は解釈論としては無理であるとするのが多数説であった。しかし，後掲山王川事件を契機に学説が動いた。伝統的な全部連帯責任に対する疑問が出され，分割責任があり得ることが指摘されたのである。

　複数加害者の責任関係，とりわけ複数汚染者の責任，交通事故と医療事故の競合，車の2重・多重衝突事故，事故と自然災害との競合など，いわゆる原因競合の事案をいかに処理するかが問われている。このような事案において，公平の実現，結果の妥当性を求めるなら，分割責任を認めるべき場合があり得るであろう。大きくは，719条の共同不法行為責任のなかで分割責任を認める考え方と，719条は連帯責任を維持し，同条に該当しない場合に分割責任を認める考え方に分かれる。

被告らの総寄与度に基づく分割責任論
——都市型複合大気汚染訴訟　西淀川，川崎，倉敷の各判決は，被告企業らの共同不法行為責任を認めたが，汚染源全体との関係では，被告企業全体の寄与率（寄与度）に基づく分

割責任を認めた。この考え方は，四日市判決などの伝統的考え方と異なるものである。

　ここでの考え方はまず，複数汚染源（複数加害行為）の全体に占める被告ら全体の寄与率を認定する。次に，共同不法行為の成否は，「寄与率を超えたところまで責任を負わせてよいだけの実質的関係」があるかどうかを吟味する。この場合，(a)複数原因者全体について考える場合と，(b)個々の原因者ごとに考える場合の二通りの処理が考えられる（最近の大気汚染訴訟判決の横断的考察・判タ850号（1994年））。そこでは要件論と効果論が密接に関連する。

【判例】
　共同不法行為（不真正連帯責任）か分割責任か，共同不法行為における過失相殺のあり方（相対的過失相殺か絶対的過失相殺か）
　　○交通事故と医療事故の競合——共同不法行為の成否，相対的過失相殺（最判平13・3・13民集55巻2号328頁）
　「原審の確定した事実関係によれば，本件交通事故により，優作は放置すれば死亡するに至る傷害を負ったものの，事故後搬入された被上告人病院において，優作に対し通常期待されるべき適切な経過観察がされるなどして脳内出血が早期に発見され適切な治療が施されていれば，高度の蓋然性をもって優作を救命できたということができるから，本件交通事故と本件医療事故とのいずれもが，優作の死亡という不可分の1個の結果を招来し，この結果について相当因果関係を有する関係にある。したがって，本件交通事故における運転行為と本件医療事故における医療行為とは民法719条所定の共同不法行為にあたるから，各不法行為者は被害者の被った損害の全額について連帯して責任を負うべきものである。本件のようにそれぞれ独立して成立する複数の不法行為が順次競合した共同不法行為においても別異に解する理由はないから，被害者との関係においては，各不法行為者の結果発生に対する寄与の割合をもって被害者の被った損害の額を案分し，各不法行為者において責任を負うべき損害額を限定することは許されないと解するのが相当である。けだし，共同不法行為によって被害者の被った損害は，各不法行為者の行為のいずれとの関係でも相当因果関係に立つものとして，各不法行為者はその全額を負担すべきものであり，各不法行為者が賠償すべき損害額を案分，限定することは連帯関係を免除することとなり，共同不法行為者のいずれからも全額の損害賠償を受けられるとしている民法719条の明文に反し，これにより被害者保護を図る同条の趣旨を没却することとなり，損害の負担について公平の理念に反することとなるからである。したがって原審の判断には，法令の解釈適用を誤った違法があり，この違法は原判決の結論に影響を及ぼすことが明らかである。
　本件は，本件交通事故と本件医療事故という加害者及び侵害行為を異にする2つの

不法行為が順次競合した共同不法行為であり，各不法行為については加害者及び被害者の過失の内容も別異の性質を有するものである。ところで，過失相殺は不法行為により生じた損害について加害者と被害者との間においてそれぞれの過失の割合を基準にして相対的な負担の公平を図る制度であるから，本件のような共同不法行為においても，過失相殺は各不法行為の加害者と被害者との間の過失の割合に応じてすべきものであり，他の不法行為者と被害者との間における過失の割合をしん酌して過失相殺をすることは許されない。」

　○**絶対的過失割合による過失相殺**。絶対的過失割合に基づく被害者の過失分による過失相殺をした損害賠償額について，加害者らは連帯して共同不法行為に基づく賠償責任を負う（最判平 15・7・11 民集 57 巻 7 号 815 頁，判時 1834 号 37 頁，判タ 1133 号 118 頁）

　「複数の加害者の過失及び被害者の過失が競合する一つの交通事故において，その交通事故の原因となったすべての過失の割合（以下「絶対的過失割合」という。）を認定することができるときには，絶対的過失割合に基づく被害者の過失による過失相殺をした損害賠償額について，加害者らは連帯して共同不法行為に基づく賠償責任を負うものと解すべきである。これに反し，各加害者と被害者との関係ごとにその間の過失の割合に応じて相対的に過失相殺をすることは，被害者が共同不法行為者のいずれからも全額の損害賠償を受けられるとすることによって被害者保護を図ろうとする民法 719 条の趣旨に反することになる。」

関連共同性
　○**山王川事件**（最判昭 43・4・23 民集 22 巻 4 号 964 頁）
　学説は本事件を単独責任として位置づける見解が有力。
　○**四日市大気汚染訴訟**（津地四日市支判昭 47・7・24 判時 672 号 30 頁）
　○**都市型複合大気汚染訴訟──719 条 1 項前段について**（西淀川訴訟（2〜4 次）大阪地判平 7・7・5 判時 1538 号 17 頁
　「共同行為に客観的関連性が認められ，加えて，共同行為者間に主観的な要素（共謀，教唆，幇助のほか，他人の行為を認識しつつ，自己の行為と合わさって被害が生じることを認容している場合等）が存在したり，結果に対し質的に関わり，その関与の度合いが高い場合や，量的な関与であっても自己の行為のみによっても全部又は主要な結果を惹起する場合など（強い関連共同性）は，共同行為の結果生じた損害の全部に対し責任を負わせるのが相当である。右のような主観的な要素が存在しないか，希薄であり，共同行為への関与の程度が低く，自己の行為のみでは結果発生の危険が少ないなど，共同行為への参加の態様，そこにおける帰責性の強弱，結果への寄与の程度等を総合的に判断して，連帯して損害賠償義務を負担させることが具体的妥当性を欠く場合（弱い関連共同性）には，各人の寄与の程度を合理的に分割することができる限り，責任の分割を認めるのが相当である。」

○**都市型複合大気汚染訴訟と共同不法行為責任**（神戸地判平 12・1・31 判時 1726
号 20 頁，判タ 1031 号 91 頁）

不真正連帯債務
　○民法 719 条所定の共同不法行為者が負担する損害賠償債務は，いわゆる不真正連
帯債務であって連帯債務ではないから，右損害賠償債務について連帯債務に関する同
法 434 条の規定は適用されないものと解するのが相当であり（最判昭 48・2・16 民集
27 巻 1 号 44 頁，最判昭 48・1・30 裁判集民事 108 号 119 頁参照），右の共同不法行為
が行為者の共謀にかかる場合であっても，これと結論を異にすべき理由はない（最判
昭 57・3・4 判時 1042 号 87 頁，判タ 470 号 121 頁）。

求償
　○共同不法行為の加害者の各使用者が使用者責任を負う場合において，一方の加害
者の使用者は，当該加害行為の過失割合に従って定められる自己の負担部分を超えて
損害賠償をしたときは，その額を超える部分につき，他方の加害者の使用者に対し，
当該加害者の過失割合に従って定められる負担部分の限度で求償することができる
（最判平 3・10・25 民集 45 巻 7 号 1173 頁）。

第3　不法行為の損害論

1　不法行為の効果——損害賠償請求権

　不法行為の要件が充足されると，不法行為の効果が発生する。民法709条は不法行為の効果として損害賠償を挙げるが，その詳細を法の解釈・運用に委ねており，判例法によって新しい理論が形成されている（判例法による法の創造が顕著に認められる）。

　不法行為法の構造については，加害者に損害賠償責任があるかという問題と，損害賠償額はいくらかという問題とは区別することができるとし，かかる区別を重視する考え方が通説である。因果関係論において前述したように，709条の前段の「よって」は損害賠償責任の成否を，後段の「よって」は損害賠償の範囲を指している。判例は，債務不履行に関する民法416条は相当因果関係を定めたものと解し，この規定を不法行為にも適用ないし準用する。学説は416条のそのままの適用ではなくて，必要に応じて修正を加え，原則として通常損害は当然に，特別事情の損害は例外的に賠償の対象としている。

　これに対して，責任の大小と損害の量とが無関係ではあり得ないとし，あるいは，損害論と因果関係論とを関連させる考え方も可能である。判例法における相当因果関係論はそのような機能を果たしている（従来の通説はこれを支持した）。責任と損害との関係をどのように捉えるべきかは，不法行為法の課題といえる。

公正な賠償　　金銭賠償は，損害の公平な分担という不法行為法の目的を実現するために，損害額を適正に算定することが必要である。加藤一郎によって提唱された公正な賠償論は，わが国の裁判例及び学説の動向や，アメリカ不法行為法の状況をも考慮し，損害賠償法のあるべき理念として提示されたものといえる。すなわち，「被害者にできるだけ多くの賠償を与えることが常に望ましいわけではなく，被害者・加害者双方にとって公正な賠償でなければならないという，不法行為の本来のあるべき姿が表面に現れてきた，ということができよう」とし，「被害者保護から公正な賠償へ」移

行すべきであると指摘する（加藤一郎「戦後不法行為法の展開——被害者保護から公正な賠償へ」法教 76 号 10 頁（1987 年），加藤一郎「被害者保護と公正な賠償」判自 22 号 1 頁（1986 年））。学界では被害者救済のもとに高額賠償をひたすら追求する考え方がみられるが，民法の考え方としてはやや一面的である。

　不法行為法は理論の中立性が問われるべきであるが，公正な賠償は中立の理論によって実現することができるといってよい。公正な賠償を通じて，被害者の生活再建を図ることも求められている。公正な賠償論は，1990 年代までのわが国の不法行為法の議論を総括する見解の一つといえる。

2　金銭賠償の原則

　加害行為によって生命，身体，精神又は財産に被害を受けた者は，被害者として救済対象となる。民事法上，被害者は加害者に対して，不法行為に基づく損害賠償請求権を取得する（原則規定は民法 709 条）。

　民法は，損害賠償の方法として，金銭賠償を原則とする（722 条 1 項，417 条）。なお，名誉毀損については，損害賠償とともに，あるいは損害賠償に代え，名誉を回復するために適当な処分を命じることができる（723 条）。

3　損害の意義——差額説

　損害とは，その不法行為によって生ずる現実の減収をいう（差額説あるいは現実損害説）。判例は原則としてこの考え方を採用する。判例のなかには，被害者に減収はないが労働能力喪失が認められる場合に損害を認めることがある。また，例えば，家事従事者は現実の収入はないが消極損害が認められており，同様に無職者，失業者も状況によっては消極損害が認められることがある。

　学説は損害の評価及び算定のあり方について研究し，労働能力喪失を損害と捉える見解（労働能力喪失説）や，不法行為によって生じた傷害・死亡自体を損害と捉える見解（死傷損害説）のほか，損害事実説・損害評価説による説明や，かかる分類の意義を問う見解などがある。差額説を厳格に用いると，労働能力喪失や死傷が生じているのに損害が認められないことがあり，被害者救済において問題がある。

労働能力喪失説や死傷損害説では，たとえ現実の減収がなくてもそれぞれの要件が充たされれば損害が認められる。実務上は，被害者に労働能力喪失あるいは死傷が認められる場合には収入の減少が認められることがあり，このような場合には差額説からも損害が認められるであろう。以上のように，判例・通説は原則として，損害は被害者となった個人が事故時にどのような生活を送っていたかを客観的な資料に基づいて評価している。このことは，人の生命や身体が有する価値を平等に扱うべきであるとする考え方と矛盾するものではない。

［4］ 損害賠償の方法

(1)　一時金と定期金

損害賠償金は通常，一括して，一時金で，支払われる（一時金方式）。また，例えば毎月 15 万円を 10 年間支払う方式（定期金方式）が用いられることがある。原告の請求は圧倒的に一時金が多く，判決例も一時金が多い。一時金請求は通常，損害の総額が請求されるが，損害の総額を明示し，その一部を請求する一部請求が行われることもある。)

定期金賠償とは，将来の損害の回帰的給付をいう。死亡逸失利益（仮に被害者が生存していれば得られたであろう利益）や，将来の介護費，医療費等（被害者が生存していれば支出したであろう費用）について，その得られたであろう時あるいは支出したであろう時に支払うことを請求する方式をいう。これは本来の意味での定期金賠償である。

これに対して，単純分割方式は，一時金として請求することができる金員を単純に分割して定期金として請求する。この請求は一括払いではないということでは定期金といえるが，損害額が確定し将来の修正を予定しないということでは一時金賠償に分類することができる。

定期金方式については，一時金方式と比べた長所・短所が指摘され，その導入論が繰り返し主張されている。

これまで一時金か定期金かのテーマで論じられてきたが，この双方は原則・例外という形で併存することができる。定期金は口頭弁論終結後に生じた後遺障害の程度や，物価など経済的状況等の変化を考慮することができるが（民

事訴訟法 117 条 1 項参照），一括して損害全額を受け取ることができるという一時金のメリットは被害者にとって大きいことを考えると，原則的には被害者の選択にゆだねるのが妥当であろう。例えば，逸失利益と将来の介護費用など，損害の性質の違いを考慮して，前者は一時金，後者は定期金と整理することもできる。運用論，制度論としては，定期金は将来の支払いをどのように確保するかが要点となる（基金，信託など諸提案がある）。以上のようにこの問題は，損害賠償の方法だけでなく，損害論の基本的問題を問うている。

　後掲最判令 2・7・9 は，後遺障害による逸失利益について原告が定期金による賠償を求めた場合に原則として定期金賠償を認めることができるとした。最高裁判所として初めての判断である。

(2)　一律請求など

　損害は原則として，費目別に個別に主張立証して請求し，裁判所も個別損害を積み上げている（後掲 5 参照）。

　他方，多数の被害者が発生することがある環境訴訟，薬害訴訟等では原告（被害者）から一律請求あるいは包括請求がなされることがある（例えば公害訴訟において，原告側から複数原告らの損害を，死亡者と「公健法」認定等級（公害健康被害補償制度）に基づき類型化するなどして，類型ごとに一律にいくらと決め，請求するもの）が，これに対して裁判例は，かかる原則を修正し，定額的，定型的に慰謝料を認める裁判例もある。

【判例】
　○**定期金賠償における論点**（大阪地判平 16・3・29 交民 37 巻 2 号 453 頁）
　　本判決は，相続構成と扶養構成の違いについて次のように指摘している。
　相続構成
　　「これを死亡逸失利益についてみるに，本件における原告らのように，死者が取得した損害賠償請求権を相続したものとして，いわゆる相続構成により請求している場合には，死亡逸失利益を，死亡時に具体化して確定した損害として捉えているものというほかなく，死亡時に観念的に発生したものが，将来具体化するものと解する余地はない（この点，後遺障害に伴う将来の介護費用，医療器具費等が，将来において現実に当該費用が必要となった時点において損害が具体化し，確定するものであり，これについて定期金賠償を求める場合には，各支分定期金が，各履行期の到来ごとに発生

する将来の請求権と解し得るのとは異なる。）。」

一時金方式（一時金賠償方式）

　「一時金賠償方式による死亡逸失利益の算定に際しては，その者が生存していたならば得られたであろう年収額を認定し，生活費に要する金員を一定割合で控除した上，それが一定の就労可能期間にわたって得られるものとして，その期間に得られたであろう収入総額を，中間利息を控除して一時金としての死亡時における現価を算定しているが，これも，死亡逸失利益が将来にわたって具体化する損害であると捉えているのではなく，死亡時に発生し確定したものとして請求されている死亡逸失利益を，具体的事案において算定するに際し，その算出方法として，あたかも将来具体化するかのように擬制しているにすぎない（例えば，大学生の死亡逸失利益を算定する場合，実務上は，平均賃金額から生活費控除をした上，大学卒業時から満67歳までを就労可能期間として，中間利息を控除して一時金としての現価に換算しているが，そこで使用される基礎収入は，就労可能期間を通じて見れば，平均して得られるであろうという大卒男子又は女子の全年齢平均賃金額であり，被害者が生存していれば，大学卒業時からただちに同金額の収入が得られ，そこから生活費控除をした純利益が損害として毎年現実に具体化し，それを遺族［しかも将来生計を共にするか不明である父母］が取得すると観念するものではない。）。」

扶養構成

　「遺族の扶養利益の喪失を遺族固有の損害として請求する場合（いわゆる扶養構成による場合）であるなら格別，死亡逸失利益について相続構成をとりながら，これについて定期金による賠償を認めることは，理論的には容認しがたいと考えられる。

　また，死亡逸失利益について定期金賠償を求める場合は，請求者は賠償義務者（又は実質上の支払者である損害保険会社）の資力についての危険を負担することになるし（賠償義務者としても，保険契約上の利益を失う危険を負担することになる。），死亡逸失利益の場合には，後遺障害に伴う将来の介護費用，医療器具費等の場合と異なり，損害額の算定の基礎となった事情に将来変動が生じることは，極端なインフレ等の場合を除き，通常考えられないから，請求者及び賠償義務者双方にとって，定期金賠償に本来期待されている実益はないと考えられる。」

【判例】
損害論総論

　○不法行為による損害賠償についても，民法416条が類推適用され，損害賠償の範囲は，原則としてその不法行為によって通常生ずべき損害であり，また，特別の事情によって生じた損害については，加害者において予見し又は予見することができた場合に限り，これを賠償する責任がある（最判昭48・6・7民集27巻6号681頁）。

○宗教的理由による輸血拒否訴訟上告審判決（最判平 12・2・29 号民集 54 巻 2 号 582 頁，判時 1710 号 97 頁，判タ 1031 号 158 頁）

○不法行為に基づく損害賠償債務と遅延損害金の発生時期（最判平 12・9・8 金法 1595 号 63 頁）

定期金

○定期金による支払いを認容（最判令 2・7・9 裁判所ウェブサイト）

交通事故によって傷害を受け，その後に後遺障害が残った被上告人が，加害車両の運転者である上告人 Y1 に対しては民法 709 条に基づき，加害車両の保有者である上告人株式会社に対しては自動車損害賠償保障法 3 条に基づき，損害賠償を求めるとともに，加害車両につき上告人との間で対人賠償責任保険契約を締結していた保険会社に対しては同保険契約に基づき，上告人 Y1 又は上告人と被上告人との間の判決の確定を条件に，損害賠償の額と同額の支払を求めた事案。本判決は，被上告人は本件後遺障害による逸失利益について定期金による賠償を求めているところ，被上告人は，本件事故当時 4 歳の幼児で，高次脳機能障害という本件後遺障害のため労働能力を全部喪失したというのであり，同逸失利益は将来の長期間にわたり逐次現実化するものである」，「上記後遺障害による逸失利益につき定期金による賠償を命ずるに当たっては，交通事故の時点で，被害者が死亡する原因となる具体的事由が存在し，近い将来における死亡が客観的に予測されていたなどの特段の事情がない限り，就労可能期間の終期より前の被害者の死亡時を定期金による賠償の終期とすることを要しないと解するのが相当である」と述べ，本件では上記特段の事情はうかがわれないとして，定期金による賠償の対象とすることは損害賠償制度の目的及び理念に照らして相当であると認めた。

本判決は，定期金に関する典型判例として位置づけることができる。

○損害賠償請求権者が訴訟上一時金による賠償の支払いを求める旨の申立をしている場合に，定期金による支払いを命ずる判決をすることはできないものと解するのが相当であるから，定期金による支払を命じなかった原判決は正当である（中学 3 年生がプールの飛び込み練習中に頭部をプールの底に激突させ，四肢麻痺等のため常時看護人の介護がなければ日常生活を送れない状態になった事故）（最判昭 62・2・6 判時 1232 号 100 頁）。

○定期金賠償による命日ごとの支払い。死亡逸失利益につき定期金賠償を認め，さらにこれを被害者らの命日ごとに支払うように命じた（東京地判平 15・7・24 判時 1838 号 40 頁）。

胎児

○東京地八王子支判平 8・2・19 判時 1585 号 48 頁

(1)父母の固有の慰謝料について判断するに，本件は，出産直前の死亡であるから，

父親，母親としての出産への期待が高まっている状態にあるものと考えられ，その精神的苦痛は，新生児が死亡した場合にも比肩し得るものである。また，妊婦である母には，妊娠，分娩における苦労や苦痛があったことが通常であると考えられることに鑑みれば，その被った精神的苦痛は，父のそれよりも大きいと考えることができる。⑵胎児が死産により娩出した場合は，権利能力の主体となることができず，たとえ出産直前であっても，新生児が死亡した場合と同視することはできない。したがって，逸失利益の請求は失当である。

請求の方法

○一部請求について，損害の全額を明示していないことを理由に，講学上あるいは本来の意味における一部請求と解することはできない（西淀川訴訟（1次）大阪地判平3・3・29判時1383号22頁，水俣病京都訴訟京都地判平5・11・26判時1476号3頁）。

○一律請求について，被害の実態に沿ってある程度の類型化は可能であるが，この場合でも，損害の個別性を全く無視することは妥当でない（西淀川訴訟（2〜4次）大阪地判平7・7・5判時1538号17頁）。

包括一律請求

○**東京大気汚染訴訟**（東京地判平14・10・29判自239号61頁）

「本件未認定患者に係る包括一律請求について。本来，包括一律請求は，原告らも主張するとおり，すべての財産の損害，精神的損害を含めて包括的に請求の対象とするというものであって，これとは別個に財産的損害に係る請求をすることはあり得ないものと考えられるからである。しかるに，原告らが，本件未認定患者が公健法に基づく給付を受けられず，治療費等を自弁していること等を考慮して，本件未認定患者に係る請求については，本件認定患者に係る請求とは区別して，殊更に，上記財産的損害を請求の対象とするとしている趣旨を重視すれば，本件未認定患者に係る原告らの請求の内容は，上記財産的損害の賠償とそれ以外の損害の賠償（包括請求）とを求めるものと解さざるを得ない。

そして，上記財産的損害（治療費，休業損害，逸失利益，入通院雑費）の賠償請求においては，原告らは，本来，これらの各費目について，本件未認定患者のそれぞれが実際に支出した費用を個別，具体的に主張立証すべきものであって，本件未認定患者が自動車排出ガスへの暴露により公健法所定の本件各疾病に罹患したとしても，その事実だけでは，本件未認定患者が同程度の症状の認定等級に係る公健法に基づく各給付額に相当する損害を被ったと認めることはできないものといわざるを得ない。

また，上記財産的損害以外の損害の賠償請求（包括請求）についてみると，上述のとおり，一般に，財産の損害については，原告が，損害算定の基礎となる個々の事実を具体的に主張立証すべきものであるが，原告らは，本件において，上記財産的損害

以外の財産的損害については，損害算定の基礎となる個々の事実の主張立証をしていないのであり，このことからすると，原告らの上記の財産的損害以外の損害の賠償請求（包括請求）の内容は，本件認定患者に係る請求と同様，包括的な慰謝料請求と解さざるを得ない。すなわち，原告らは，上記財産的損害以外の財産的損害については，本件訴訟の口頭弁論終結時までの損害に関する限り，将来において，被告らに対し，別途，賠償請求する意思がないことを明らかにした上で，これらの財産的損害の発生があり得ることを慰謝料額算定の際に斟酌すべき諸般の事情の一つとして位置付けた上で慰謝料額を算定すべきであると主張するものと解される。」

5　損害の評価・算定——交通事故の人身損害論を参考に

(1)　個別損害の積み上げ

判例は積極損害，消極損害，慰謝料の個別損害を積み上げる方式を採用している。

①　積極損害

積極損害とは，金銭の支出による損害をいう。

積極損害の種類をみると，治療関係費，付添看護費，入院雑費，通院交通費，医師等への謝礼，将来の手術費・治療費・通院交通費・雑費等，子どもの学習費・保育費，通学付添費等，器具購入費等，家屋・自動車等改造費・調度品購入費，葬儀費用など，様々なものがある。

損害賠償請求関係費用は必要かつ相当な範囲で認められる。弁護士費用は，認容額の 10% 程度を加害者側に負担させる。これは損害額に加算されるものであり，弁護士に支払われるものではない（弁護士の報酬や弁護活動に伴う費用は，依頼者と弁護士との委任契約に基づいて確定される）。

②　消極損害

消極損害とは，得べかりし利益の喪失をいい，休業損害，後遺症による逸失利益，死亡による逸失利益がある。逸失利益の算定では，将来取得できたであろう収入等を一時金で現在取得するために現在の価値に修正する。

その1——休業損害

休業損害は，有職者（給与所得者，事業所得者，会社役員，外国人労働者），家事従事者，無職者（失業者，学生・生徒・幼児等）の別に算定される。

基礎収入の算定方法は，現実収入がある場合は原則として当該収入が，現

実収入がない場合は平均賃金が用いられる。現実収入が平均賃金に及ばない場合に，平均賃金を基礎にする場合もある。

その2——逸失利益

逸失利益算定方式の統一（3庁共同提言）　逸失利益の算定については長い間，全年齢平均賃金・ライプニッツ方式（東京地裁など）と，初任給固定賃金・ホフマン方式（大阪地裁など）に分かれて運用されてきた。これについては，それぞれの地域性が考慮されるためであるとの説明がなされてきた。しかし，このような説明は必ずしも合理的とはいえなかった。公平を図るためには，ライプニッツ方式，ホフマン方式の違いは解消されることが望ましかった。そこで，こうした統一の基準が望ましいという要請に応えて，1999年11月22日，東京，大阪，名古屋の各地方裁判所による共同提言が公表された。それは以下①～③の骨子から成っている。

①交通事故による逸失利益の算定において，原則として，幼児，生徒，学生の場合，専業主婦の場合，及び，比較的若年の被害者で生涯を通じて全年齢平均賃金又は学歴別平均賃金程度の収入を得られる蓋然性が認められる場合については，基礎収入を全年齢平均賃金又は学歴別平均賃金によることとし，それ以外の者の場合については，事故前の実収入額によることとする。

②交通事故による逸失利益の算定における中間利息の控除方法については，特段の事情のない限り，年5分の割合によるライプニッツ方式を採用する。

③上記①②による運用は，特段の事情のない限り，交通事故の発生時点や提訴時点の前後を問わず，2000年1月1日以後に口頭弁論を終結した事件について，同日から実施する。

共同提言は法律に基づくものではなく，その内容は各裁判官の個々の事件における判断を拘束するものではないと説明されているが，実際には重要な影響を及ぼしている。

中間利息の控除　2017年改正法は中間利息の控除について新設し，規律の明確化を図った（417条の2）。すなわち，「将来において取得すべき利益についての損害賠償の額を定める場合において，その利益を取得すべき時までの利息相当額を控除するときは，その損害賠償の請求権が生

じた時点における法定利率により，これをする。」(1項)，「将来において負担すべき費用についての損害賠償の額を定める場合において，その費用を負担すべき時までの利息相当額を控除するときも，前項と同様とする。」(2項)

改正法は，民事法定利率の規定も改正し，3％，変動制を採用した (404条)。「利息を生ずべき債権について別段の意思表示がないときは，その利率は，その利息が生じた最初の時点における法定利率による。」とし，法定利率を年3パーセントとした。

改正法は，変動制を採用し，法定利率は，3年を一期とし，一期ごとに，一定の方式により変動するものとした。なお，商行為によって生じた債務については，商事法定利率として商法の規定により年6％とされていた (商法514条) が，民法改正に伴い民法に統一された。

③　慰謝料

慰謝料とは，被害者が被った精神的・肉体的苦痛に対する損害をいう。慰謝料は精神的損害ともいわれる。精神的損害は，財産的損害と対置される損害である。精神的損害は自然人については妥当する。胎児，幼児，心神喪失中の者にも認められる。法人にも慰謝料が認められるが，厳密には法人に精神的損害はあり得ないので，法人も含めた呼称は非財産的損害の用語を用いる。

慰謝料の根拠として，民法は次の2カ条を設ける。第1に，民法710条は，財産以外の損害の賠償について規定する。すなわち，「他人の身体，自由若しくは名誉を侵害した場合又は他人の財産権を侵害した場合のいずれであるかを問わず，前条の規定により損害賠償の責任を負う者は，財産以外の損害に対しても，その賠償をしなければならない。」とし，精神的損害に対する賠償義務を認める。第2に，民法711条は，近親者に対する損害の賠償について規定する。すなわち，「他人の生命を侵害した者は，被害者の父母，配偶者及び子に対しては，その財産権が侵害されなかった場合においても，損害の賠償をしなければならない。」とし，生命侵害の場合に近親者に慰謝料請求権を認める。

慰謝料は，裁判官の自由裁量により算定される (大判明43・4・5民録16輯273頁など)。慰謝料算定において考慮される要素は，被害の程度，不法行為の

契機（動機）や経緯，被害者加害者双方の年齢，性別，学歴，職業，収入，資力，既婚未婚の別，社会的地位など，多岐にわたる。

　慰謝料算定において，被害の甚大性，加害行為（犯罪・非行）の性質，態様（悪質性等）を考慮し額を加算することは，公正な賠償論と矛盾するものではない。また，被害者と加害者との互換性がある交通事故等と，互換性のない医療事故等とでは，慰謝料額の算定に違いがあってもよい。責任のあり方としても不自然ではないであろう。

　予防あるいは制裁の機能についてみると，民事責任における賠償額高額化は，刑事責任における予防・制裁機能とは異なる独自の予防・制裁機能を認めることができる。前述のように裁判例は懲罰的損害賠償を否定するが，事案の悪質性等を考慮して慰謝料が増額される例も少なくない。

　慰謝料の性質として，加害者に対する制裁と捉える見解がある（制裁説）が，日本では法制度上，懲罰的慰謝料は認められていないと解されている。

【判例】
逸失利益
　○リハビリのための貝採中の心臓麻痺事件（最判平8・4・25民集50巻5号1221頁）
　　事故とは別原因による死亡の場合に，いわゆる継続説を採用した。
　「交通事故の被害者が事故に起因する傷害のために身体的機能の一部を喪失し，労働能力の一部を喪失した場合において，いわゆる逸失利益の算定に当たっては，その後に被害者が死亡したとしても，右交通事故の時点で，その死亡の原因となる具体的事由が存在し，近い将来における死亡が客観的に予測されていたなどの特段の事情がない限り，右死亡の事実は就労期間の認定上考慮すべきものではないと解するのが相当である。けだし，労働能力の一部喪失による損害は，交通事故の時に一定の内容のものとして発生しているのであるから，交通事故の後に生じた事由によってその内容に消長を来すものではなく，その逸失利益の額は，交通事故当時における被害者の年齢，職業，健康状態等の個別要素と平均稼働年数，平均余命等に関する統計資料から導かれる就労可能期間に基づいて算定すべきものであって，交通事故の後に被害者が死亡したことは，前記の特段の事情のない限り，就労期間の認定に当たって考慮すべきものとはいえないからである。また，交通事故の被害者が事故後にたまたま別の原因で死亡したことにより，賠償義務を負担する者がその義務の全部又は一部を免れ，他方被害者ないしその遺族が事故により生じた損害の填補を受けることができなくな

るというのでは，衡平の理念に反することになる。」

将来の介護費用

　○最判平 11・12・20 民集 53 巻 9 号 2038 頁（事故とは別原因による死亡の場合に，いわゆる切断説を採用。胃ガンの事例）

　「交通事故の被害者が事故に起因する傷害のために身体的機能の一部を喪失し，労働能力の一部を喪失した場合において，逸失利益の算定に当たっては，その後に被害者が別の原因により死亡したとしても，右交通事故の時点で，その死亡の原因となる具体的事由が存在し，近い将来における死亡が客観的に予測されていたなどの特段の事情がない限り，右死亡の事実は就労可能期間の認定上考慮すべきものではないと解するのが相当である（最判平 8・4・25 民集 50 巻 5 号 1221 頁，最判平 8・5・31 民集 50 巻 6 号 1323 頁参照）。これを本件について見ると，亡 T が本件事故に遭ってから胃がんにより死亡するまで約 4 年 10 箇月が経過しているところ，本件事故前，亡 T は普通に生活をしていて，胃がんの兆候はうかがわれなかったのであるから，本件において，右の特段の事情があるということはできず，亡 T の就労可能期間の認定上，その死亡の事実を考慮すべきではない。

　しかし，介護費用の賠償については，逸失利益の賠償とはおのずから別個の考慮を必要とする。すなわち，⑴介護費用の賠償は，被害者において現実に支出すべき費用を補てんするものであり，判決において将来の介護費用の支払を命ずるのは，引き続き被害者の介護を必要とする蓋然性が認められるからにほかならない。ところが，被害者が死亡すれば，その時点以降の介護は不要となるのであるから，もはや介護費用の賠償を命ずべき理由はなく，その費用をなお加害者に負担させることは，被害者ないしその遺族に根拠のない利得を与える結果となり，かえって衡平の理念に反することになる。⑵交通事故による損害賠償請求訴訟において一時金賠償方式を採る場合には，損害は交通事故の時に一定の内容のものとして発生したと観念され，交通事故後に生じた事由によって損害の内容に消長を来さないものとされるのであるが，右のように衡平性の裏付けが欠ける場合にまで，このような法的な擬制を及ぼすことは相当ではない。⑶被害者死亡後の介護費用が損害に当たらないとすると，被害者が事実審の口頭弁論終結前に死亡した場合とその後に死亡した場合とで賠償すべき損害額が異なることがあり得るが，このことは被害者死亡後の介護費用を損害として認める理由になるものではない。以上によれば，交通事故の被害者が事故後に別の原因により死亡した場合には，死亡後に要したであろう介護費用を右交通事故による損害として請求することはできないと解するのが相当である。」

未就労年少女子（11 歳・小学生）の逸失利益

　○最決平 14・7・9（原審東京高判平 13・10・16 判時 1772 号 57 頁，金商 1127 号 11 頁，交民 34 巻 6 号 1818 頁（裁判官：浅生重機，西島幸夫，渡辺左千夫），1 審千葉地

佐倉支判平 13・5・17（女子労働者平均賃金を基礎収入とすることは損害額の合理的算定方法であるとした原審からの上告を棄却・却下）

○最決平 14・7・9（原審東京高判平 13・8・20 判決時 1757 号 38 頁，判タ 1092号 241 頁，金商 1126 号 15 頁，交民 34 巻 4 号 845 頁，1 審東京地判平 13・3・8（全労働者の全年齢の平均賃金を基礎収入とすべきであるとした原審からの上告を却下）

外国人の死亡逸失利益

○最判平成 9 年 1 月 28 日判時 1598 号 78 頁，東京高判平 13・1・25 判タ 1059 号298 頁）

○**慰謝料の増額**（東京地判平 15・7・24 判時 1838 号 40 頁）

被告 C は，加害車両を運転して，東名高速道路を時速 60 km ないし 70 km で走行中，先に飲んだ酒の酔いのために前方注視及び運転操作が困難な状態に陥り，渋滞のため同方向に減速して進行していた被害車両にその手前約 7.5 m に至って初めて気づき，急制動の措置を講じたが間に合わず，被害車両後部に自車右前部を衝突させて被害車両を前方に押し出し，その前方を同様に進行していた F 車両に被害車両の左前部を追突させ，F 車両を道路左側壁に衝突させて半回転させた上，さらに加害車両の前部を被害車両の後部に乗り上げた状態で停止させた。この衝突により，被害車両及び加害車両が炎上し，後部座席に乗車していた D 及び E が焼死した。原告ら（両親）が被告らに対し，民法 709 条，自動車損害賠償保障法 3 条及び自動車保険契約に基づいて損害賠償を請求した。本判決は死亡慰謝料として，本事件を「極めて痛ましい事故である」と捉え，慰謝料算定にあたって斟酌すべき事情を掲げる。

6　過失相殺

損害の発生，拡大について被害者に過失があったときは，裁判所は損害賠償額を減額することができる（722 条 2 項）。これを過失相殺といい，被害者と加害者との間の公平を図ることを目的とする。

被害者に責任能力がなくても，事理弁識能力があれば過失相殺をすることができる（判例）。学説には，被害者の不注意や事理弁識能力も不要とする見解もある。

損害賠償請求訴訟（民事訴訟）では過失相殺は抗弁となる。

過失相殺の根拠　　過失相殺の根拠をどこに求めるかについて，学説は以下のようにいくつかの視点を提示している。

交通事故の過失相殺基準　過失相殺の要否や過失相殺率は，裁判官の裁量にゆだねられているが，裁判例が蓄積することにより，一定の基準が形成されている。

交通事故の紛争処理実務では，過失相殺基準が事故態様別に示されている（東京地方裁判所民事交通訴訟研究会編「民事交通訴訟における過失相殺率の認定基準（全訂4版）」別冊判タ16号（2004年），青本，赤い本を参照）。

例えば，ヘルメットやシートベルトの不着用，不誠実な治療態度等については，過失相殺率が高められることがある。逆に，幼児・障害者・高齢者等の社会的弱者が被害者となった場合には相応の配慮が必要であろう。

自動車損害賠償保障法は被害者に重大な過失があるときに限って，一定割合を減額する。そこには自賠責保険における被害者保護の考え方がある。

交通事故の過失相殺に関する実務上の基準は，裁判規範となり，また，行為規範となり得る。事故の抑止という視点からは，いずれの規範についてもその機能を充実させることが必要である。

過失割合の考え方　例えば，交差点における出会い頭の交通事故など，事故は，双方の過失によって発生していると認められる場合が少なくない。過失割合の概念を明確にすると，当事者相互の責任分担の考え方と割合を明らかにすることができる。

【判例】

過失相殺能力

○被害者たる未成年者の過失を斟酌する場合においても，未成年者に事理を弁識するに足る能力が具わっていれば足り，未成年者に対し不法行為責任を負わせる場合のごとく，行為の責任を弁識するに足る知能が具わっていることを要しないとして，最判昭31・7・20民集10巻1079頁を変更（最大判昭39・6・24民集18巻5号854頁）。

○**被害者側の過失**（最判昭42・6・27民集21巻6号1507頁）

「民法722条2項に定める被害者の過失とは単に被害者本人の過失のみでなく，ひろく被害者側の過失をも包含する趣旨と解すべきではあるが，本件のように被害者本人が幼児である場合において，右にいう被害者側の過失とは，例えば被害者に対する監督者である父母ないしはその被用者である家事使用人などのように，被害者と身分上ないしは生活関係上一体をなすとみられるような関係にある者の過失をいうものと解するを相当とし，所論のように両親より幼児の監護を委託された者の被用者のよう

な被害者と一体をなすとみられない者の過失はこれに含まれないものと解すべきである。けだし，同条項が損害賠償の額を定めるにあたって被害者の過失を斟酌することができる旨を定めたのは，発生した損害を加害者と被害者との間において公平に分担させるという公平の理念に基づくものである以上，被害者と一体をなすとみられない者の過失を斟酌することは，第三者の過失によって生じた損害を被害者の負担に帰せしめ，加害者の負担を免ずることとなり，かえって公平の理念に反する結果となるからである。」

7　損益相殺

　損益相殺とは，損害賠償請求権者が損害を受けたのと同一原因によって利益を得た場合に，損害の算定にあたりその利益（相当因果関係の範囲内の利益）を控除することをいう。各種の保険，補償制度によって重複填補がなされた場合の処理の方法である。

　損益相殺に関する民法上の規定はないが，損害額の算定にあたって当然予定されており，709条の損害は損益相殺をした後の損害をいう。実質的には，利益が損害に填補されること，二重利得を排除すべきこと，当事者間の公平を確保することが考慮されている。

　「赤い本」では，被害者又はその相続人が事故に起因して何らかの利益を得た場合，当該利益が損害の填補であることが明らかなときは損害賠償額から控除する場合があるとする。

　損害賠償請求訴訟では損益相殺は抗弁となる。

第4　人格権論

1　人格権論

　人格権は，民法の権利のうち，財産権，身分権とは異なる権利（私権）である。前述のように，人格権とは人の生命，身体，自由，名誉，貞操などの人格的利益（あるいは人格的価値）をいい，民法710条に根拠を有する。人格権は人に関する権利であり，財産権，すなわち財産に関する権利とは異なる。人格権の性質，内容に関する議論を人格権論という。

　人格権の守備範囲は広く，以下にみるように民法，事故法を中心に各所で

登場している。本書では環境問題における人格権論，名誉権をとりあげ，そ
れぞれどのような議論が行われているかについて概観する。

［2］　環境訴訟と人格権

　人格権は，環境訴訟，環境問題に関する権利論において重要な役割をして
いる。

　民法上の請求としては，損害賠償と差止めが考えられる。被害が発生して
いればそのことを主張立証して損害賠償を請求する。また，人格権・人格的
利益に基づき騒音の差止めを請求することもできる（所有権者などは物権的請求
権を行使することもできる）。以上のいずれの場合も責任の根拠となる違法性の
有無が裁判所によって判断される。ここに形成されるのが法理論であり，裁
判所は受忍限度論という考え方を採用している。なお，環境権は裁判上の請
求権としては認められないとするのが裁判所の考え方である。

東海道新幹線訴訟名古屋高判昭 60・4・12（下級裁判所民事裁判例集 34 巻 1〜4 号
461 頁，判時 1150 号 30 頁，判タ 558 号 326 頁）

　差止請求の適法性（肯定），差止請求の法的根拠としての人格権侵害，新幹
線列車の走行に伴う騒音・振動とこれによる被害の内容，差止請求と受忍限
度，新幹線列車の走行と国賠法 2 条 1 項の適用（肯定），損害賠償請求と受忍
限度，後住者と危険への接近の法理，慰謝料額，将来の慰謝料請求の適法性
（否定）などが争点となった。

　東海道新幹線の列車走行による騒音・振動の差止めと損害賠償につき，受
忍限度論に基づいて判断した。以下，差止請求の法的根拠，受忍限度論の判
断に関する部分を引用する。

差止請求の法的根拠

　「原告らは，平穏にして健康な生活と環境を享受すべき利益は本質的かつ基本的な
価値として人格権及び環境権と把握すべくこれらは他に優越する絶対的権利であると
ころ，原告らが新幹線騒音振動により被っている被害は右人格権及び環境権の侵害で
あるから，これに基づき被告に対し本件差止請求をする旨主張する。これに対し，
被告は，人格権又は環境権なるものは実定法上明文の規定を欠くばかりでなく，その

権利概念の内容・性格が不明確であって，いまだ排他的効力を有する私法上の権利と
して承認することはできず，到底差止請求の根拠となし得ない旨主張するので，以下
判断する。」

環境権について

　「原告らは，環境権とは人間が健康な生活を維持し，快適な生活を求めるため良き環
境を享受し，かつこれを支配し得る権利であって，それは私法上の排他的支配権とし
ての側面を有し，住民に直接具体的な被害が発生する前に環境汚染者の行為の違法性
を追及することを可能とし，また，それは個々の住民が自己の権利侵害と同時に広汎
な地域的被害を直接自己の権利侵害の内容として主張することができるものであると
主張する。

　しかしながら，人の環境は一般に地域的広がりを有する自然的・社会的諸条件を含
むものであり，しかもそれは人により立場によって認識，評価を著しく異にし得るも
のであるから，そのいうところの権利の対象となる環境の範囲及びこれに対する支配
の内容は極めて不明確であり，ひいてはその権利者の範囲も確定し難いものである。
従って，実定法上何らの根拠もなく，権利の主体，客体及び内容の不明確な環境権な
るものを排他的効力を有する私法上の権利であるとすることは法的安定性を害し許さ
れないものといわなければならない。環境の破壊行為と目される行為が住民の具体的
権利を侵害するおそれが生じたときには，当該権利侵害のおそれを理由として侵害行
為の差止を請求することができるのであるから，これによってある程度環境保全の目
的を達することもできるのである。もともと地域的環境の保全については人の社会的
経済的活動の自由との調和がはかられねばならず，本来民主々義機構を通じ終局的に
は立法をもって決定されるべき問題である。原告ら主張のごとき具体的被害の発生を
はなれ，あるいは，個人の被害を超えた地域的被害をもってその内容とし得る環境権
なる私法上の権利を構成し，これによる差止を認めることにより直接環境の保全を企
図するごときは，自然環境の破壊を未然に防止するという社会的目的を達成するため
の即効的な手段を求めるに急な余り，個人の私権の保護を中心に発達してきた民事裁
判制度に対し，その本来の役割を超えて，社会的，経済的，文化的な価値判断を含む
広範な裁量に基づく公権力発動の可能性を求めようとするものであり，法解釈の限界
を超えるものといわざるを得ない。

　よって，環境権を私法上の権利として認めることはできず，本件差止請求の法的根
拠とはなし得ないものであり，環境権に基づく原告らの請求は失当である。」

人格権について

　「次に，原告らが人格権の名のもとに主張しているところについて検討する。騒音振
動は新幹線軌道において発生し，空気中又は地中を通過して原告ら居住敷地に到達し，
直接又は家屋を経由して原告らの身体に伝達される。これが原告らのいう侵害行為の

本体であって，身体に対する物理力（騒音・振動エネルギー）の侵襲である点におい
て，暴行，傷害等ありふれた有形力の行使と本質的に異なるところはない。騒音振動
も充分強大な場合にあっては人の身体を物理的に損壊することもある（例えば爆発音
による鼓膜の破裂）のである。

　しかしながら，騒音振動の物理的エネルギーは多くの場合そのように大きなもので
はなく，身体に到達しても何らの痕跡を止めることなく消え去り，また，身体の機能
を妨害することもない。従って，通常の傷害行為が常に身体を毀損し，その機能を妨
害する結果を生ずるのと異なり，騒音振動の侵襲はそのエネルギーの程度により身体
に対する影響も皆無から身体損傷にいたるまでいろいろの段階があり得るわけであ
る。すなわち，騒音振動の侵襲は，社会生活上認容される程度の身体機能への妨害な
いし影響を与えるものから，これが認容されない程度の強大なものを経て，身体傷害
を惹起するにいたるものまで種々あり得るということになろう。

　このように見てくると，騒音振動による静穏の妨害，日常生活の妨害等といわれて
いるものは，これに対応する権利（静穏権，快適な生活を営む権利）が存在し，これ
が侵害されていると解すべきものではないと考えられる。騒音振動によって侵襲され
ているのは身体であって，日常生活に対する妨害，静穏に対する妨害はその結果とし
て生じたものに外ならないからである。このことは，あたかも，傷害により人が四肢
の一つを失った場合と同様である。手足を失つた人はその結果日常生活の万般にわ
たって不便を感じ日常生活をいわば妨害され，精神的苦痛を受けるであろうが，この
ような場合，快適な生活をする（人格）権を侵害されたとはいわないのである。

　会話妨害を例にとれば，新幹線騒音は音波として人の耳に到達し騒音の感覚を発生
せしめる（侵襲）。この騒音がたまたま聴取しようとする他人の発言（又は自己の発言）
と同時に到達すれば，聴取（発言）が妨害される（侵襲の結果）。この妨害も軽度の場
合法律上無視されるが，これがある程度をこえ多数回にわたるに及んで法律上無視し
得ないもの（被害）となる。このように，会話妨害は，騒音の人体に対する侵襲の結
果として生ずるものであり，会話を妨害されない権利などというものが存在してこれ
が騒音によって侵害されているわけではないのである。

　以上要するに，原告らが人格権の侵害という名の下に主張するところは，騒音振動
による身体の侵襲をいう限りにおいて正当であるが，その余の所論はにわかに採用す
ることができないものである。しかして，ここにいう身体の侵襲は，前記騒音振動の
特質から，その質又は（及び）量によって社会通念上画される一定の限界を超えた場
合においてはじめて法律上許されないものとなる（従って，その結果に対しては損害
賠償を認容すべきこととなる。）。この一定の限界がいわゆる受忍限度である。それ故，
騒音振動の（事実上の）侵襲が，（法律上）侵害行為となるためには，前に述べた鼓膜
破裂のごとき特殊の例を除き，そこにすべて受忍限度判断を経由することを必要とす
る。」

差止請求の当否について

　本判決は，受忍限度判断において考慮すべき諸事項として①本件侵害行為の態様，程度，②被侵害利益の性質・内容，③侵害行為の公共性，④いわゆる発生源対策，⑤いわゆる障害防止対策，⑥行政指針，⑦地域性，⑧他の交通騒音との比較を掲げ，差止請求の当否について判断する。

　そして，結論として，「以上本件において当事者双方の側に存する諸事情を簡潔に要約再掲したが，当裁判所は，一方において，本件新幹線騒音振動の態様・程度，原告らの受けている被害の性質・内容，他方において，東海道新幹線のもつ公共性の内容・程度，被告に対する差止によって生ずる影響を比較衡量し，新幹線営業開始後の騒音振動暴露量の変動，被告がこれに対しとり来った発生源対策，障害防止対策及びその将来の予測，行政指針，原告ら居住地の地域性，新幹線騒音振動の他の交通騒音振動との比較等を総合考慮した結果，東海道新幹線の現在の本件7キロ区間における運行状況（従ってこれに基づく騒音振動の暴露）は，差止の関係において原告らが社会生活上受忍すべき限度を超えるものでない（違法な身体権の侵害とならない）と判断する。」と述べた。

③ 名誉権──名誉毀損を中心に

名誉毀損とは　名誉毀損における名誉とは何か，名誉とプライバシーとの違い，名誉毀損訴訟の動向（記事の配信者の責任，損害額の増額化傾向など），謝罪広告等の実例や有効性，刑法の名誉毀損罪との違いなどについて検討する。

　他人の名誉を毀損した者に対しては，裁判所は被害者の請求により損害賠償に代え又は損害賠償とともに，名誉を回復するに適当な処分を命ずることができる（723条）。適当な処分としては，雑誌や新聞等への謝罪文の掲載が行われている。

　名誉とはその人の人格的利益に対する社会的評価をいい，これを侵害し社会的評価を低下させることを名誉毀損という。社会的評価であるから不特定多数の人々との関係において問題になる。名誉毀損の態様には，事実を摘示しての名誉毀損と，意見ないし論評の表明による名誉毀損がある。後者も事

実を基礎にしている場合がある。学説は判例と同様，両態様で成立要件・免責要件に違いがあることを指摘している。かかる名誉毀損の態様の違いが名誉毀損の本質論に違いをもたらすものではないと考える。

　　名誉毀損については，憲法の表現の自由（21 条）との関係が問われる（表現の媒体はテレビ等の報道，本・雑誌，映画等のほか，インターネットの掲示板などいろいろである）。

　　近時，個人あるいは法人の人格的利益に対する権利意識の高まり，情報通信技術（ICT）の普及等に伴い，人格的利益への侵害とその紛争がしばしば発生している。情報の保護という観点も必要である。

名誉毀損の免責要件　その行為が公共の利害に関する事実に係り，かつ，専ら公益を図る目的に出た場合において，

①摘示された事実がその重要な部分について真実であることが証明されたときは，右行為には違法性がなく，不法行為は成立しない（真実性の抗弁）。

②仮に右事実が真実であることが証明されなくても，行為者においてその事実を真実と信ずるについて相当の理由があるときには，右行為には故意もしくは過失がなく，結局，不法行為は成立しない（相当性の抗弁）。

刑法 230 条の 2（公共の利害に関する場合の特例）　前条第 1 項の行為（公然と事実を摘示し，人の名誉を毀損した行為）が公共の利害に関する事実に係り，かつ，その目的が専ら公益を図ることにあったと認める場合には，事実の真否を判断し，真実であることの証明があったときは，これを罰しない（1 項。2 項・3 項は略）。

名誉毀損の時間的評価　名誉すなわち人の社会的評価は，名誉毀損の事実（不法行為）によって低下するが，その社会的評価は通常はその後の時間の経過によって次第に回復するであろう。そこで，一方で，社会的評価の回復が認められる場合には，その後の名誉毀損の報道は当人が元々有していた社会的評価に対する侵害として評価されることがあり得るが，他方で，社会的評価の回復が完全でない間の報道は，既に低下した社会的評価に対する侵害として，最初の報道と同一には考えられない。名誉毀損の損害賠償責任を考える場合にはこの点を考慮すべきであろう。

名誉毀損の消滅時効　被害者が名誉毀損の事実（例えば某月某日の○○新聞の記事など）を知らない場合は，消滅時効は進行しない。しかし，情報伝達力の強い全国紙や，全国的に販売される雑誌等の場合には，その記事を了知し得ない客観的状況があったなどの特別の事情のない限り，発行後数日内に記事の対象となった原告に伝達されているものと推認するのが相当である。

消滅時効については，複数の報道主体によって報道がなされた場合に，民法439条（連帯債務における時効の完成の絶対的効力）が適用されるかが問題となる。不真正連帯債務説（判例，通説）によれば，1社について消滅時効が成立しても，それは絶対的効力を有しない。

プライバシーの侵害　プライバシーとは，私生活をみだりに公開されないこと，さらには，自己の情報をコントロールし得る権利，利益（自己情報のコントロール権）をいう。最近の研究では，後者に重点がある。個人情報を消去してもらう「忘れられる権利」もプライバシーに含まれる。

プライバシーの侵害が認められる場合には，損害賠償や差止めを請求することができる。

個人情報保護　個人情報保護に関する法律には，①個人情報の保護に関する法律（以下「個人情報保護法」という。民間部門を規律），②行政機関の保有する個人情報の保護に関する法律（国の行政機関を規律），③独立行政法人の保有する個人情報の保護に関する法律がある。また，特定分野ではそれぞれに情報の扱い等について指針等が定められている。例えば，医療情報ではヒトゲノム・遺伝子解析研究に関する倫理指針，医療・介護関係事業者における個人情報の適切な取扱いのためのガイドラインなどがある。

基本となる個人情報保護法は，個人情報の適正な取扱いに関し，基本理念及び政府による基本方針の作成その他の個人情報の保護に関する施策の基本となる事項を定め，国及び地方公共団体の責務等を明らかにするとともに，個人情報を取り扱う事業者の遵守すべき義務等を定めている（1条参照）。2015年の法律改正（2017年施行）により，①個人情報の定義の明確化（「個人識別符号」は個人情報に該当する），②要配慮個人情報（思想，信条及び宗教，人種及び民族，

犯罪歴，社会的身分，病歴，犯罪によって被害を被った事実，健康診断等の結果，診療・調剤が行われたこと，被疑者・被告人として逮捕，捜索等が行われたこと，少年法に基づく調査等が行われたこと等）の取り扱いについて整備した。

　民法は従来，個人情報については，個人情報の侵害を中心に主に人格権論でとりあげてきたが，高齢社会における意思決定支援の観点から個人情報の保護と利用のあり方を，意思表示論あるいは行為能力論において検討することが必要である。

インターネットによる名誉毀損　インターネットが普及し，これに伴う名誉毀損が深刻化している。例えば，電子掲示板に書き込まれた発言による名誉毀損の成否，電子掲示板の管理運営者の責任が問題になる（東京地判平 15・7・17（消極），東京地判平 15・6・25（積極），判時 1869 号 46 頁）。情報化時代における人格権保護のあり方が問われている。

【判例】
　○**723 条に基づく謝罪広告と憲法の良心の自由**（最大判昭 31・7・4 民集 10 巻 7 号 785 頁）
　「民法 723 条にいわゆる「他人の名誉を毀損した者に対して被害者の名誉を回復するに適当な処分」として謝罪広告を新聞紙等に掲載すべきことを加害者に命ずることは，従来学説判例の肯認するところであり，また謝罪広告を新聞紙等に掲載することは我国民生活の実際においても行われているのである。尤も謝罪広告を命ずる判決にもその内容上，これを新聞紙に掲載することが謝罪者の意思決定に委ねるを相当とし，これを命ずる場合の執行も債務者の意思のみに係る不代替作為として民訴 734 条に基き間接強制によるを相当とするものもあるべく，時にはこれを強制することが債務者の人格を無視し著しくその名誉を毀損し意思決定の自由乃至良心の自由を不当に制限することとなり，いわゆる強制執行に適さない場合に該当することもあり得るであろうけれど，単に事態の真相を告白し陳謝の意を表明するに止まる程度のものにあっては，これが強制執行も代替作為として民訴 733 条の手続によることを得るものといわなければならない。そして原判決の是認した被上告人の本訴請求は，上告人が判示日時に判示放送，又は新聞紙において公表した客観的事実につき上告人名義を以て被上告人に宛て「右放送及記事は真相に相違しており，貴下の名誉を傷げ御迷惑をおかけいたしました。ここに陳謝の意を表します」なる内容のもので，結局上告人をして右公表事実が虚偽且つ不当であったことを広報機関を通じて発表すべきことを求めるに帰する。されば少くともこの種の謝罪広告を新聞紙に掲載すべきことを命ずる原判決は，上告人に屈辱的若くは苦役的労苦を科し，又は上告人の有する倫理的な意思，良

心の自由を侵害することを要求するものとは解せられないし，また民法 723 条にいわゆる適当な処分というべきであるから所論は採用できない。」

　　○**法人の名誉と無形の損害**（最判昭 39・1・28 民集 18 巻 1 号 136 頁）
　　○**北方ジャーナル事件**（最判昭 61・6・11 民集 40 巻 4 号 872 頁）

　名誉を違法に侵害された者は，損害賠償（710 条）又は名誉回復のための処分（723 条）のほか，人格権としての名誉権に基づき，加害者に対して現に行われている侵害行為を排除し，又は将来生ずべき侵害を予防するため侵害行為の差止めを求めることができる。

　「憲法 21 条 2 項前段は，検閲の絶対的禁止を規定したものであるから（最高裁昭和 57 年（行ツ）第 156 号同 59 年 12 月 12 日大法廷判決・民集 38 巻 12 号 1308 頁），他の論点に先立って，まず，この点に関する所論につき判断する。憲法 21 条 2 項前段にいう検閲とは，行政権が主体となって，思想内容等の表現物を対象とし，その全部又は一部の発表の禁止を目的として，対象とされる一定の表現物につき網羅的一般的に，発表前にその内容を審査したうえ，不適当と認めるものの発表を禁止することを，その特質として備えるものを指すと解すべきことは，前掲大法廷判決の判示するところである。ところで，一定の記事を掲載した雑誌その他の出版物の印刷，製本，販売，頒布等の仮処分による事前差止めは，裁判の形式によるとはいえ，口頭弁論ないし債務者の審尋を必要的とせず，立証についても疎明で足りるとされているなど簡略な手続によるものであり，また，いわゆる満足的仮処分として争いのある権利関係を暫定的に規律するものであって，非訟的な要素を有することを否定することはできないが，仮処分による事前差止めは，表現物の内容の網羅的一般的な審査に基づく事前規制が行政機関によりそれ自体を目的として行われる場合とは異なり，個別的な私人間の紛争について，司法裁判所により，当事者の申請に基づき差止請求権等の私法上の被保全権利の存否，保全の必要性の有無を審理判断して発せられるものであって，右判示にいう「検閲」にはあたらないものというべきである。したがって，本件において，札幌地方裁判所が「ある権力主義者の誘惑」と題する記事を掲載した月刊雑誌「北方ジャーナル」昭和 54 年 4 月号の事前差止めを命ずる仮処分命令を発したことは「検閲」にあたらない，とした原審の判断は正当である。」

事実を摘示しての名誉毀損か，意見ないし論評の表明による名誉毀損か
　　○**成立要件の異同と区別の基準**（最判平 9・9・9 民集 51 巻 8 号 3804 頁）

　当該表現がいずれに属するかを判別する基準について，本判決は，当該表現が証拠等をもってその存否を決することが可能な他人に関する特定の事項を明示的又は黙示的に主張するものと理解されるときは，当該表現は，特定の事項についての事実を摘示するものと解するのが相当であるとした。

　「新聞記事による名誉毀損の不法行為は，問題とされる表現が，人の品性，徳行，名声，信用等の人格的価値について社会から受ける客観的評価を低下させるものであれ

ば，これが事実を摘示するものであるか，又は意見ないし論評を表明するものである
かを問わず，成立し得るものである。ところで，事実を摘示しての名誉毀損にあって
は，その行為が公共の利害に関する事実に係り，かつ，その目的が専ら公益を図るこ
とにあった場合に，摘示された事実がその重要な部分について真実であることの証明
があったときには，右行為には違法性がなく，仮に右事実が真実であることの証明が
ないときにも，行為者において右事実を真実と信ずるについて相当の理由があれば，
その故意又は過失は否定される（最判昭 41・6・23 民集 20 巻 5 号 1118 頁，最判昭 58・
10・20 裁判集民事 140 号 177 頁参照）。一方，ある事実を基礎としての意見ないし論
評の表明による名誉毀損にあっては，その行為が公共の利害に関する事実に係り，か
つ，その目的が専ら公益を図ることにあった場合に，右意見ないし論評の前提として
いる事実が重要な部分について真実であることの証明があったときには，人身攻撃に
及ぶなど意見ないし論評としての域を逸脱したものでない限り，右行為は違法性を欠
くものというべきである（最判昭 62・4・24 民集 41 巻 3 号 490 頁，最判平元・12・21
民集 43 巻 12 号 2252 頁参照）。そして，仮に右意見ないし論評の前提としている事実
が真実であることの証明がないときにも，事実を摘示しての名誉毀損における場合と
対比すると，行為者において右事実を真実と信ずるについて相当の理由があれば，そ
の故意又は過失は否定されると解するのが相当である。

　上記のように，事実を摘示しての名誉毀損と意見ないし論評による名誉毀損とでは，
不法行為責任の成否に関する要件が異なるため，問題とされている表現が，事実を摘
示するものであるか，意見ないし論評の表明であるかを区別することが必要となる。
ところで，ある記事の意味内容が他人の社会的評価を低下させるものであるかどうか
は，当該記事についての一般の読者の普通の注意と読み方とを基準として判断すべき
ものであり（最判昭 31・7・20 民集 10 巻 8 号 1059 頁参照），そのことは，前記区別に
当たっても妥当するものというべきである。すなわち，新聞記事中の名誉毀損の成否
が問題となっている部分について，そこに用いられている語のみを通常の意味に従っ
て理解した場合には，証拠等をもってその存否を決することが可能な他人に関する特
定の事項を主張しているものと直ちに解せないときにも，当該部分の前後の文脈や，
記事の公表当時に一般の読者が有していた知識ないし経験等を考慮し，右部分が，修
辞上の誇張ないし強調を行うか，比喩的表現方法を用いるか，又は第三者からの伝聞
内容の紹介や推論の形式を採用するなどによりつつ，間接的ないしえん曲に前記事項
を主張するものと理解されるならば，同部分は，事実を摘示するものと見るのが相当
である。また，右のような間接的な言及は欠けるにせよ，当該部分の前後の文脈等の
事情を総合的に考慮すると，当該部分の叙述の前提として前記事項を黙示的に主張す
るものと理解されるならば，同部分は，事実を摘示するものと見るのが相当である。」

　○**法的見解。**法的な見解の表明それ自体は，意見ないし論評の表明にあたる（最判
平 16・7・15 判時 1870 号 15 頁）。

　○**ロス疑惑配信記事訴訟**（最判平 14・1・29 民集 56 巻 1 号 185 頁，判時 1778 号 28

頁，判タ 1086 号 96 頁）

「本件各記事は，被上告補助参加人が配信した記事を，被上告人らにおいて裏付け取材をすることなく，そのまま紙面に掲載したものである。そうすると，このような事情のみで，他に特段の事情もないのに，直ちに被上告人らに上記相当の理由があるといい得るかについて検討すべきところ，今日までの我が国の現状に照らすと，少なくとも，本件配信記事のように，社会の関心と興味をひく私人の犯罪行為やスキャンダルないしこれに関連する事実を内容とする分野における報道については，通信社からの配信記事を含めて，報道が加熱する余り，取材に慎重さを欠いた真実でない内容の報道がまま見られるのであって，取材のための人的物的体制が整備され，一般的にはその報道内容に一定の信頼性を有しているとされる通信社からの配信記事であっても，我が国においては当該配信記事に摘示された事実の真実性について高い信頼性が確立しているということはできないのである。したがって，現時点においては，新聞社が通信社から配信を受けて自己の発行する新聞紙に掲載した記事が上記のような報道分野のものであり，これが他人の名誉を毀損する内容を有するものである場合には，当該掲載記事が上記のような通信社から配信された記事に基づくものであるとの一事をもってしては，記事を掲載した新聞社が当該配信記事に摘示された事実に確実な資料，根拠があるものと受け止め，同事実を真実と信じたことに無理からぬものがあるとまではいえないのであって，当該新聞社に同事実を真実と信ずるについて相当の理由があるとは認められないというべきである。」

プライバシー

○江沢民主席講演会名簿提出事件（最判平 15・9・12 民集 57 巻 8 号 973 頁）

「本件個人情報は，早稲田大学が重要な外国国賓講演会への出席希望者をあらかじめ把握するため，学生に提供を求めたものであるところ，学籍番号，氏名，住所及び電話番号は，早稲田大学が個人識別等を行うための単純な情報であって，その限りにおいては，秘匿されるべき必要性が必ずしも高いものではない。また，本件講演会に参加を申し込んだ学生であることも同断である。しかし，このような個人情報についても，本人が，自己が欲しない他者にはみだりにこれを開示されたくないと考えることは自然なことであり，そのことへの期待は保護されるべきものであるから，本件個人情報は，上告人らのプライバシーに係る情報として法的保護の対象となるというべきである。」

（裁判官亀山継夫，同梶谷玄の反対意見がある。）

○宴のあと事件（東京地判昭 39・9・28 下民集 15 巻 9 号 2317 頁。控訴審係属中に原告が死亡，遺族と被告との間に和解が成立）

○ウェブサイトの情報の差止請求の要件（最決平 29・1・31 民集 71 巻 1 号 63 頁）

第 5　特別法の制定——不法行為法の展開

1　自動車損害賠償保障法

(1)　自動車事故の責任——立証

　交通事故の賠償責任は，民法や国家賠償法の責任のほかに，自動車損害賠償保障法（1955 年。以下「自賠法」という）の運行供用者責任が問題となる。

　交通事故損害賠償法は現在，大きな転換期にあり，故意・過失に関する責任論から損害の評価・算定に関する損害論へ，の法理論における潮流を指摘することができる。責任論では，不法行為法における無過失責任論の影響のもとに，自賠法３条の運行供用者責任に関する判例法がほぼ確立している。そして，学説は運行供用者概念を規範的概念と捉え，運行支配・運行利益二元論のもとで運行支配を中心に事案に応じて具体的，類型的に整理している。

　紛争処理実務では，運行供用者責任に関する自賠法３条の解釈論は加害者に厳しいものになっており，事実上，無過失責任化の傾向を指摘することができる。責任論は今後，人工知能（AI）による自動運転中の事故責任の規律を明確にし，予防法学の観点から事故防止のあり方を中心に議論を進めることになろう。

　紛争処理実務における論点は責任論から，因果関係論を含む損害論に移っている。そして，実務の関心は観念的な損害論にはなく，具体的な損害算定のあり方，基準のあり方にある。紛争処理実務では現在，「赤い本」「青本」など弁護士会が策定した基準を用いている。ここには基準として相当数の裁判例が提示されている。ここに実務理論の形成を認めることができる。

(2)　運行供用者責任

　自賠法３条は，自己のために自動車を運行の用に供した者（運行供用者）は，その運行によって他人の生命又は身体を害したときは，これによって生じた損害を賠償しなければならないとし，ただし，過失がなかったこと，第三者に故意又は過失があったこと，自動車の構造上の欠陥又は機能上の障害がなかったことの３点を証明したときは責任を負わないと規定する。同条の責任

は過失責任（あるいは過失等の立証責任が転換した中間責任）に立つが，立証責任が転換されている。裁判において加害者がただし書きの３点を証明することは困難であり，実務上は無過失責任に近い運用がなされている。加害者が運行供用者責任とともに民法の不法行為責任（709条，715条等）を負うこともある。

　保有者とは，自動車の所有者その他自動車を使用する権利を有する者で，自己のために自動車を運行の用に供するものをいう（自賠法２条３項）。

　運行供用者となるかどうかは，運行支配と運行利益によって判断される（運行支配に重点がある）。運行供用者となり得るのは，自動車を使用する正当な権限を有する者（自賠法２条３項の保有者），すなわち自動車の所有者や賃借人などのほか，無断運転や泥棒運転などのように正当な権限を有しない者も上記運行支配等が認められればこれに含まれる。運行供用者責任の範囲は判例法によって拡大している。運行概念及び運行起因性を柔軟かつ広義に解し，貸与，名義貸し・名義残り，従業員のマイカー通勤，無断運転，盗難車などに係る事故について，保有者に運行供用者責任が認められることがある。

　被害者救済ということでは，自賠責保険・自賠責共済への加入が義務づけられ（強制保険，強制共済の導入），被害者補償が一定限度で担保されている（保有者の運行供用者責任と連動する。自賠法11条）。加えて，任意保険・任意共済が広く普及している。以上のしくみと実務は世界に誇り得るものである。なお，保険（共済）一般の問題であるが，加害者側のモラルハザードの問題がある。

　自賠法３条による救済を受けるためには，被害者が「他人」であることを要するが，当該事故について加害者（側）とともに被害者にも運行支配・運行利益があり運行共用者性が認められる場合（共同運行共用者という）には，他人性はどのように判断されるか。「他人」とは運行共用者及び当該自動車の運転者以外の者をいうが，判例は被害者である運行共用者に他人性を認めた。判例は，好意同乗者（無償同乗者）は原則として「他人」であるが，例外的に好意同乗者が共同運行供用者となる場合，すなわち，好意同乗者の運行支配の程度が保有者のそれと比べて「直接的・顕在的・具体的」であるとき（保有者の非同乗型），又は，好意同乗者の運行支配が責任を追及している他の共同運行供用者のそれと比べて「優るとも劣らない」とき（保有者の同乗型）には，「他人」に当たらないと解している，とされる。

【判例】
　　○**妻は他人（同乗中の妻の他人性）**（最判昭 47・5・30 民集 26 巻 4 号 898 頁）
　　○**共同運行供用者の他人性**。A と被害者 B が共同運行供用者とされる場合に，本件
では具体的運行に対する支配の程度態様において B のそれは直接的，顕在的，具体的
であるから，A に対して自賠法 3 条の「他人」であることを主張することは許されな
いと認めた（最判昭 50・11・4 民集 29 巻 10 号 1501 頁）。

(3)　交通事故訴訟から交通事故医療訴訟へ

　近時，交通事故医療訴訟に対する関心の高まりを指摘することができる。
すなわち，交通事故の被害者に生じる PTSD，高次脳機能障害，脳脊髄液減
少症（低髄液圧症候群），CRPS（RSD）や，軽度外傷性脳損傷（の主張）の事案で
は，被害者に他覚的所見のない症状（不定愁訴，主観的症状，自覚症状等）が続き，
あるいは比較的軽微な事故にもかかわらず重篤な症状が現われる場合があ
り，紛争処理にあたる裁判官（さらに訴訟当事者の代理人）を悩ましている。これ
は，むち打ち損傷・頸椎捻挫による受傷に係る裁判・紛争処理実務において
生じた状況と類似する。

　こうした状況のもと，交通事故損害賠償法理論は医療に関する法理論を必
要としている。すなわち，被害者に発生したとされる傷害・後遺症がはたし
てその事故によって発生したといえるか，あるいは発生したとされる傷害・
後遺症はどのような性質か，紛争処理において被害者の症状をどのように捉
えたらいいかが主要争点となっており，裁判の実態は医療訴訟といえるもの
になっている。交通事故損害賠償訴訟の分野では，医療の知見を考慮した，
より踏み込んだ法的検討，特に因果関係論及び損害論を必要としている。

　交通事故医療に関する法的アプローチは，適切に認定された事実について
過失・因果関係・損害等を明らかにすることである。実務の発展という視点
からは，訴訟代理人（主に弁護士）の立証活動と，これを受けた裁判官の心証形
成が重要であり，準備書面の作成及び法廷の現場を直接経験する実務家の論
考等に注目することができる。以上は，交通事故損害賠償法の到達点を示し
ている。

　近時の論考においてとりあげられる事案は，障害の性質（器質性・非器質性，
精神障害，神経障害，疼痛障害など）や症状は同じではないが，そのいくつかは「目

に見えない後遺障害」，あるいは「目に見えにくい後遺障害」という整理もされ，損害の評価・算定のあり方について集中的に検討がなされている。ここでは主として因果関係論，損害論が中心テーマとなっており，検討成果は分析的というよりは統合的である。こうした実務を中心とする関心の「うねり」を受け止め，問題の本質を解明するために理論的，実務的検討を進めることが必要である。交通事故において問題となる医療を「交通事故医療」と捉えることができる。

2 製造物責任法

(1) 欠陥に基づく責任——無過失責任

製造物責任法（1995年7月施行）（Product Liability Act）は，製造物の欠陥について，製造業者等に損害賠償責任を認めている。製造物責任とは，製造物（自動車，携帯電話，テレビ，食品，医薬品もその1つ）に欠陥があった場合における損害賠償責任をいう。

製造物とは，「製造又は加工された動産」をいう（2条1項）。不動産は本法の対象外である。

製造業者等は，その製造，加工，輸入又は一定の氏名等の表示をした製造物であって，その引き渡したものの欠陥により他人の生命，身体又は財産を侵害したときは，これによって生じた損害を賠償する責めに任ずる（ただし，その損害が当該製造物についてのみ生じたときは，この限りでない）（3条）。製造者等の過失を要件としておらず，無過失責任を導入したものといえる。なお，本法制定に際し学界，産業界など関係各界において賛否議論が分かれたことを付記する。

欠陥とは，当該製造物の特性，その通常予見される使用形態，その製造業者等が当該製造物を引き渡した時期その他の当該製造物に係る事情を考慮して，当該製造物が通常有すべき安全性を欠いていることをいう（2条2項）。

欠陥は，開発・設計，製造工程，説明・警告などの各段階で発生する。

(2) 責任の主体

責任の主体は，⑴当該製造物を業として製造，加工又は輸入した者（「製造

業者」），⑵自ら当該製造物の製造業者として当該製造物にその氏名，商号，商標その他の表示をした者又は当該製造物にその製造業者と誤認させるような氏名等の表示をした者，⑶以上のほか，当該製造物の製造，加工，輸入又は販売に係る形態その他の事情からみて，当該製造物にその実質的な製造業者と認めることができる氏名等の表示をした者である（2条3項）。

(3)　免責規定

本法は，製造業者等の免責規定（開発危険の抗弁，部品・原材料製造業者の抗弁）を設けている（4条）。日本ではいわゆるアメリカ型でなくEC指令型（当時）が採用された。

(4)　賠償額の無限定

本法は，賠償額の限度を設けていない。事故と相当因果関係を有する損害が賠償の対象となる。

本法は，民法と同様，懲罰的損害賠償の規定を設けていない。これもアメリカ法と異なる点である。

【判例】
　○医薬品の欠陥。KMのような医薬品は，一定の効能がある反面，ある程度の副作用は避けられないという性質を有していることから，輸入された医薬品が（製造物責任法2条の）「欠陥」を有するかどうかは，当該医薬品の効能，通常予見される処方によって使用した場合に生じ得る副作用の内容及び程度，副作用の表示及び警告の有無，他の安全な医薬品による代替性の有無並びに当該医薬品を引き渡した時期における薬学上の水準等の諸般の事情を総合考慮して判断するのが相当である（名古屋地判平16・4・9判時1869号61頁）。

VI　債権総則（債権法の一般ルール）──債権法Ⅲ

　民法は人と人の関係を債権という権利で規律している。本書Ⅵ及びⅤでは債権の各論，すなわち債権各則について概観し，契約が約定債権，不法行為などが法定債権であることを述べたが，本章では約定債権（契約）と法定債権（不法行為，事務管理，不当利得）に共通する債権の一般ルール（総論），すなわち債権総則について概観する。なお，債権総則は，物権の一般ルール（総論）を定める物権総則に対応する。民法典第3編は「債権」について規律し，債権法の分野を構成するところ，その第1章「総則」（399条～520条の20）が「債権総則」にあたる。

　債権総則の規律は，民法のなかでもとりわけ合理性が追求されている。そして，ここでの考え方は債権各則の規律に影響している。2017年改正民法によって保証人保護などについて一層の配慮がなされたが，債権総則における合理原則の考え方は基本的に維持されている。民法の課題である。

図Ⅵ─1　債権総則と債権各則

【債権各則】			【債権総則】
契約	→	債権	債権の効力（債務不履行，債権者代位権，詐害行為取消権）
事務管理	→	債権	多数当事者の債権及び債務（連帯債務，保証債務等）
不当利得	→	債権	債権譲渡，債務の引受け
不法行為	→	債権	債権の消滅（弁済，相殺等）

1　債権の目的

　民法は，債権の種類として，特定物債権，種類債権，金銭債権，選択債権などを掲げる。元本債権や利息債権は金銭債権の一つである。

(1)　特定物債権

　特定物債権とは，例えば，東京都中央区銀座のA店東側の土地150坪，A

店に陳列されている走行距離 10 万キロメートルのこの中古車など，特定された物（特定物）の引渡しを目的とする債権をいう。

債務者は，特定物についてはその引渡しをするまで，善良な管理者の注意義務（善管注意義務という）をもって，その物を保存しなければならない（400条）。債務者は，特定物を現状で引渡しをすれば債務を免れる（483条）。

(2)　種類債権

種類債権とは，一定の種類に属する，一定数量の物の引渡しを目的とする債権をいう（401条）。種類債権とは不特定物債権ともいう。不特定物とは，種類物のことをいう。例えば，サクランボ，コメ（米），ビールなどがこれである。

種類債権は，種類物に代替性があるので，債務者は市場において調達する義務がある。種類物を債権の目的とした場合において，その品質を法律行為の性質あるいは当事者の意思表示で定めることができないときは，債務者は中等の品質を有する物を引き渡せばよい（401条1項）。

債務者が物の給付をするのに必要な行為を完了し，又は債権者の同意を得てその給付すべき物を指定したとき（これを種類債権の特定という）は，以後その物が債権の目的物となる（同条2項）。種類債権の特定については履行の場所が関連する。特定の態様は，持参債務（474条・493条。484条後段），取立債務（493条ただし書），送付債務によって，それぞれ異なる。履行の場所を契約によって定めれば，それによる。

種類債権のうち，制限種類債権として分類されるものがある。制限種類債権とは，種類債権のうち，例えば品川のT倉庫内にあるAビール8ダース，などをいう。「T倉庫内」が種類債権を制限しており，債務者は倉庫外での調達義務はない。これに対して，例えば，単に「Aビール」というだけでは，種類債権であり，制限種類債権とならない。市場に同種のものが存在する場合には，債務者の調達義務はなくならないのである（山形県産サクランボ佐藤錦5箱，秋田県産コメあきたこまち10キログラムも同様である）。

(3)　選択債権

選択債権とは，数個の給付の中から選択によって定まる1個の給付を目的とする債権をいい，その選択権は債務者に属する（406条）。選択権は，相手方に対する意思表示によって行使する（407条1項）。

(4)　金銭債権，金銭債務

金銭債権とは，一定額の金銭の給付を目的とする債権をいう。

金銭債務の不履行に基づく損害賠償額は，416条ではなく，419条1項に特則が設けられており，法定利率又は（約定利率が法定利率を超えるときは）約定利率による。

(5)　利息債権，利息債務

利息債権とは，利息の支払を目的とする債権（金銭債権）をいう。金銭消費貸借契約では，利息について当事者の合意がなければ無利息である（587条）。商人間の金銭消費貸借では，利息は当然に発生する（商法513条1項）。

利息を付けることについては合意があるが，利率を定めていなかった場合は，民事法定利率による（404条1項）。2017年改正によって法定利率の引き下げが次のように行われた。

法定利率の引き下げ　法規範はひとたび実定法の規定として明記されると，その後の社会経済の変化や実態との乖離を避けることができない。かかる乖離は，第1次的には解釈論で対応されるが，解釈論には限界があり，解釈論（さらに運用）で対応できない場合には立法による対応が必要である。この意味において法と実態とは緊張関係にある。

民法の規定が社会の実態と乖離している典型例として，民事法定利率の規定が指摘されていた。改正前民法404条は，「利息を生ずべき債権について別段の意思表示がないときは，その利率は，年5分とする。」と定め，法定利率を5％と定めた。これは超低金利が続く実勢金利を大きく超過していた。

3％，変動制　改正法（404条）は，「利息を生ずべき債権について別段の意思表示がないときは，その利率は，その利息が生じた最初の時点における法定利率による。」とし，法定利率を年3パーセントとした。改正

法はまた，変動制を採用し，法定利率は，3年を一期とし，一期ごとに，一定の方式により変動するものとした。ちなみに，商行為によって生じた債務については，商事法定利率として商法の規定により年6％とされていた（商法514条）が，民法改正に伴い民法に統一されることとなった。

改正法は，現下の市場金利との乖離を是正するとともに，将来にわたって実態に即して公平を実現しようとするものである

なお，法定利率の3％は，当事者に特約がなければ利息も遅延損害金も同様に適用される。また，法定利率の引き下げは，中間利息控除（417条の2）に連動する（後掲⑧）。

遅延利息　遅延利息とは，借主が弁済期に借金の弁済をしなかったために支払う損害賠償をいう。利息制限法4条（賠償額の予定の制限）は特約がある場合にのみ適用される。特約がない場合は419条1項が適用される。

債務不履行に陥った後は，利息は発生せず，遅延損害金のみが発生する。

利息の元本への組入れ　利息はそのままでは更なる利息を生まない。利息の支払いが1年分以上延滞した場合に，債権者が催告しても債務者がその利息を支払わないときは，債権者はこれを元本に組み入れることができる（405条）。本条は特約がない場合の規定であるが，複利の特約がある場合はそれに従う。

② 債権の効力

(1)　債務不履行の責任等──債権の効力Ⅰ（①〜⑫）

民法は，履行期，債務不履行（履行遅滞，履行不能など），受領遅滞などについて規律している。

債務不履行とは，債務者が債務の本旨に従った履行をしない場合をいい（415条参照），履行遅滞，履行不能及び不完全履行がある。このうち，履行遅滞・履行不能とは履行期が来ているのに債務が履行されない場合をいい（履行遅滞は履行が可能なのに履行されない場合をいう），不完全履行とは債務の履行はされたが不完全な履行，すなわち債務の本旨に従った履行とはいえない場合をいう（履行方法の不適切，目的物の瑕疵，役務の瑕疵，損害の拡大など）。

①　履行遅滞──債務不履行の態様の1

　履行期についてみると，期限には，期限の到来が確定している確定期限と，期限の到来が確定していない不確定期限がある。確定期限があるとき，及び期限を定めなかったときについては，改正法（412条）は改正前民法と変わらない。すなわち，「債務の履行について確定期限があるときは，債務者は，その期限の到来した時から遅滞の責任を負う。」（1項），「債務の履行について期限を定めなかったときは，債務者は，履行の請求を受けた時から遅滞の責任を負う。」（3項）と定める。

　他方，不確定期限については，「債務者は，」の下に「その期限の到来した後に履行の請求を受けた時又は」を，「知った時」の下に「のいずれか早い時」を加えた。「②債務の履行について不確定期限があるときは，債務者は，その期限の到来した後に履行の請求を受けた時又はその期限の到来したことを知った時のいずれか早い時から遅滞の責任を負う。」と定めた（2項）

②　履行不能──債務不履行の態様の1

　新設。「債務の履行が契約その他の債務の発生原因及び取引上の社会通念に照らして不能であるときは，債権者は，その債務の履行を請求することができない。」（1項），「契約に基づく債務の履行がその契約の成立の時に不能であったことは，415条の規定によりその履行の不能によって生じた損害の賠償を請求することを妨げない。」（2項）と定めた（412条の2）。

③　受領遅滞

　改正前民法は，受領遅滞について413条にのみ規定をおき，「債権者が債務の履行を受けることを拒み，又は受けることができないときは，その債権者は，履行の提供があった時から遅滞の責任を負う。」としていた。

　改正法（413条）は遅滞の責任の内容や，受領遅滞の要件に係る履行の提供の効果を明記した。すなわち，「債権者が債務の履行を受けることを拒み，又は受けることができない場合において，その債務の目的が特定物の引渡しであるときは，債務者は，履行の提供をした時からその引渡しをするまで，自己の財産に対するのと同一の注意をもって，その物を保存すれば足りる。」（1項），「債権者が債務の履行を受けることを拒み，又は受けることができないことによって，その履行の費用が増加したときは，その増加額は，債権者の

負担とする。」（2項）定めた。

④　履行遅滞中又は受領遅滞中の履行不能と帰責事由

さらに，改正法（413条の2）は，「債務者がその債務について遅滞の責任を負っている間に当事者双方の責めに帰することができない事由によってその債務の履行が不能となったときは，その履行の不能は，債務者の責めに帰すべき事由によるものとみなす。」（1項），「債権者が債務の履行を受けることを拒み，又は受けることができない場合において，履行の提供があった時以後に当事者双方の責めに帰することができない事由によってその債務の履行が不能となったときは，その履行の不能は，債権者の責めに帰すべき事由によるものとみなす。」（2項）と定めた。

⑤　履行の強制

債務が履行されない場合に，最終的には国家による履行の強制の制度が設けられている。

改正法（414条）は改正前民法で用いられた「強制履行」の概念を止め，「履行の強制」に改めた。そして，「債務者が任意に債務の履行をしないときは，債権者は，民事執行法その他強制執行の手続に関する法令の規定に従い，直接強制，代替執行，間接強制その他の方法による履行の強制を裁判所に請求することができる。ただし，債務の性質がこれを許さないときは，この限りでない。」（1項），「前項の規定は，損害賠償の請求を妨げない。」（2項）と定めた。

強制執行の手続はかつては民事訴訟法に規定されていたが，そこから独立し民事執行法（1979年），民事保全法（1989年）が制定されている。

民事執行法は，民法にいう上記の強制履行のことを強制執行といい，これについて手続上の規定をおいている。例えば間接強制については，債務者に対し，遅延の期間に応じ，又は相当と認める一定の期間内に履行しないときは直ちに，債務の履行を確保するために相当と認める一定の額の金銭を債権者に支払うべき旨を命じる方法をいうと規定する（民事執行法172条1項）。

　　　　　　　直接強制は「与える債務」について行われる。直接強制の手続
直接強制　　は，金銭の支払いは民事執行法43条以下に，物の引渡しは民事執行法168条以下に定めがある。

代替執行(民事執行法171条)　代替執行は作為・不作為を内容とする「なす債務」について行われる。代替執行の手続は，民事執行法171条に定めがある。法律行為を目的とする債務の代替執行は，裁判で行う。

間接強制(民事執行法172条)　間接強制は「なす債務」で，代替執行をすることができないもの（172条1項），一定の強制執行につき債権者の申立てがあるとき（173条1項）に行われる。

⑥　債務不履行による損害賠償

債務不履行をどのように規律するかは，2017年民法改正における論点の一つとされた。

改正前民法は，「債務者がその債務の本旨に従った履行をしないときは，債権者は，これによって生じた損害の賠償を請求することができる。債務者の責めに帰すべき事由によって履行をすることができなくなったときも，同様とする。」としていた。

改正法（415条）は，「債務者がその債務の本旨に従った履行をしないとき又は債務の履行が不能であるときは，債権者は，これによって生じた損害の賠償を請求することができる。ただし，その債務の不履行が契約その他の債務の発生原因及び取引上の社会通念に照らして債務者の責めに帰することができない事由によるものであるときは，この限りでない。」と定めた（1項）。また，「前項の規定により損害賠償の請求をすることができる場合において，債権者は，次に掲げるときは，債務の履行に代わる損害賠償の請求をすることができる。」とし，①債務の履行が不能であるとき，②債務者がその債務の履行を拒絶する意思を明確に表示したとき，③債務が契約によって生じたものである場合において，その契約が解除され，又は債務の不履行による契約の解除権が発生したとき，と定めた（2項）。

⑦　損害賠償の範囲

債務不履行による損害賠償の範囲について，改正前民法では予見可能性を要素としたが，改正法は予見義務を要素とする。すなわち，改正前民法は「特別の事情によって生じた損害であっても，当事者がその事情を予見し，又は予見することができたときは，債権者は，その賠償を請求することができる。」

としていたが，改正法は，特別事情の損害について，改正前民法の「予見し，又は予見することができた」を「予見すべきであった」に改め，「特別の事情によって生じた損害であっても，当事者がその事情を予見すべきであったときは，債権者は，その賠償を請求することができる。」と定めた（416条2項）。

　以上の改正について，改正の前後で規律の内容に変更はないとする見方も散見されるが，予見可能性と予見義務の概念は必ずしも同一ではなく，改正法は予見に関する規範をより濃密にしたと捉えることもできる。今後の判例の動向に注目したい。

　なお，本条は改正前民法のもとでは相当因果関係論の根拠として位置づけられていたが，この点は改正法のもとでも変わらないであろう。学説における相当因果関係論と区分論（事実的因果関係，保護範囲，損害の金銭的評価）との対立は不法行為法を含む債権法の課題であるが，改正法はここには立ち入らなかった。

⑧　中間利息の控除

　損害賠償額の算定に当たり被害者の将来の介護費等や逸失利益を現在価額に換算するために中間利息を控除する。

　改正法（417条の2）は，中間利息の控除について新設し，規律の明確化を図った。すなわち，「将来において取得すべき利益についての損害賠償の額を定める場合において，その利益を取得すべき時までの利息相当額を控除するときは，その損害賠償の請求権が生じた時点における法定利率により，これをする。」（1項），「将来において負担すべき費用についての損害賠償の額を定める場合において，その費用を負担すべき時までの利息相当額を控除するときも，前項と同様とする。」（2項）と定めた。

【参考判例】
中間利息の控除割合（最判平17・6・14民集59巻5号983頁）
　改正法により法定利率（404条）が5％から3％に変わり，変動制が導入されたことについては前述した。以下，中間利息控除について，改正前民法における判例の考え方を掲げておこう。判例が法的安定性を重視していることが窺える。
　「民法404条において民事法定利率が年5％と定められたのは，民法の制定に当たって参考とされたヨーロッパ諸国の一般的な貸付金利や法定利率，我が国の一般的な貸

付金利を踏まえ，金銭は，通常の利用方法によれば年5％の利息を生ずべきものと考えられたからである。そして，改正前民法は，将来の請求権を現在価額に換算するに際し，法的安定及び統一的処理が必要とされる場合には，法定利率により中間利息を控除する考え方を採用している。例えば，民事執行法88条2項，破産法99条1項2号（旧破産法（平成16年法律第75号による廃止前のもの）46条5号も同様），民事再生法87条1項1号，2号，会社更生法136条1項1号，2号等は，いずれも将来の請求権を法定利率による中間利息の控除によって現在価額に換算することを規定している。損害賠償額の算定に当たり被害者の将来の逸失利益を現在価額に換算するについても，法的安定及び統一的処理が必要とされるのであるから，民法は，民事法定利率により中間利息を控除することを予定しているものと考えられる。このように考えることによって，事案ごとに，また，裁判官ごとに中間利息の控除割合についての判断が区々に分かれることを防ぎ，被害者相互間の公平の確保，損害額の予測可能性による紛争の予防も図ることができる。上記の諸点に照らすと，損害賠償額の算定に当たり，被害者の将来の逸失利益を現在価額に換算するために控除すべき中間利息の割合は，民事法定利率によらなければならないというべきである。」

⑨　過失相殺

改正法は，旧規定の「不履行」の下に「又はこれによる損害の発生若しくは拡大」を加え，「債務の不履行又はこれによる損害の発生若しくは拡大に関して債権者に過失があったときは，裁判所は，これを考慮して，損害賠償の責任及びその額を定める。」と定めた（418条）。判例・学説を踏まえたものである。

⑩　金銭債務の特則

改正前民法（419条1項）は，「金銭の給付を目的とする債務の不履行については，その損害賠償の額は，法定利率によって定める。ただし，約定利率が法定利率を超えるときは，約定利率による。」としていた。改正法（419条）は，「額は，」の下に「債務者が遅滞の責任を負った最初の時点における」を加え，「金銭の給付を目的とする債務の不履行については，その損害賠償の額は，債務者が遅滞の責任を負った最初の時点における法定利率によって定める。ただし，約定利率が法定利率を超えるときは，約定利率による。」と定めた（1項）。「前項の損害賠償については，債権者は，損害の証明をすることを要しない。」（2項），「第1項の損害賠償については，債務者は，不可抗力をもって

抗弁とすることができない。」(3項)は，改正前民法と変わらない。

　3項については，不可抗力による免責を否定することに疑問を呈する見解があったが，今後の課題とされた。金銭債務の特則については画一的処理を行うこと等について検討されたが，法定利率の合理化の改正を受けた部分的改正にとどまった。

⑪　賠償額の予定

　改正前民法は「当事者は，債務の不履行について損害賠償の額を予定することができる。この場合において，裁判所は，その額を増減することができない。」としていたが，改正法(420条)は後段を削り，「当事者は，債務の不履行について損害賠償の額を予定することができる。」と定めた(1項)。「賠償額の予定は，履行の請求又は解除権の行使を妨げない。」(2項)，「違約金は，賠償額の予定と推定する。」(3項)は，改正前民法と変わらない。

　各事例において予定された賠償額の適切性(過大，過小)については，それぞれの解釈にゆだねられた。

⑫　代償請求権

　新設。「債務者が，その債務の履行が不能となったのと同一の原因により債務の目的物の代償である権利又は利益を取得したときは，債権者は，その受けた損害の額の限度において，債務者に対し，その権利の移転又はその利益の償還を請求することができる。」と定めた(422条の2)。

⑵　責任財産の保全──債権の効力Ⅱ　(①～②)

　債権は，債権者Aが債務者Bに対して有する権利であるが，一定の場合には第三者Cに対しても効力を有する場合がある。債務者の責任財産を保全するために，債権者に一定の権限を付与しているのである。その結果，優先弁済の機能を果たす場合もある。

　民法は，債権の第三者に対する効力をもたらす制度として，債権者代位権と詐害行為取消権(債権者取消権)を認めている。

①　債権者代位権

　債権者Aは，自己の債権を保全するため，債務者Bに属する権利(一身専属権は除く)を行使することができる(423条)。これを債権者代位権という。

　債権者代位権の要件は，債権保全の必要性があること，債務者が自らに属する権利（被代位債権）を行使しないこと，及び債権者の債権が原則として履行期にあること（例外は，裁判上の代位，保存行為），である（423条）。改正法は，債権者は，その債権が強制執行により実現することのできないものであるときは，被代位権利を行使することができないこととした（423条3項）。

　代位行使できる債務者の権利は，請求権，形成権を問わない。代位行使できないとされる一身専属権は，帰属上の一身専属権（親権，扶養請求権など）と行使上の一身専属権（婚姻，離婚，縁組取消権，夫婦間の契約取消権，財産分与請求権，慰謝料請求権）の双方が含まれる。

　債権者代位権の効果は，当該債務者に直接に帰属し，総債権者の共同担保となる。代位権を行使した債権者が優先弁済権を取得することにはならない。

　改正法は，代位行使の範囲について，債権者は被代位権利を行使する場合において被代位権利の目的が可分であるときは，自己の債権の額の限度においてのみ被代位権利を行使することができるとし（423条の2），債権者への支払又は引渡しについて，債権者は被代位権利を行使する場合において，被代位権利が金銭の支払又は動産の引渡しを目的とするものであるときは，相手方に対しその支払又は引渡しを自己に対してすることを求めることができるとし，この場合において相手方が債権者に対してその支払又は引渡しをしたときは，被代位権利は，これによって消滅するとした（423条の3）。債権者が被代位権利を行使したときは，相手方は，債務者に対して主張することができる抗弁をもって，債権者に対抗することができるとした（423条の4）。

　債権者代位権はその本来の目的を超えたいわゆる「転用」が行われてきたが，改正法は登記又は登録の請求権を保全するための規定を新設した（423条の7）。

②　詐害行為取消権

　債権者Ａは，債務者ＢがＡを害することを知ってなした法律行為（詐害行為）の取消しを，裁判所に請求することができる（424条）。これを詐害行為取消権という（債権者取消権ともいう）。詐害行為としては，弁済，代物弁済，贈与，担保権設定などが対象となる。

　詐害行為取消権の要件は，債務者が債権者を害する法律行為（詐害行為）を

したこと，債務者が債権者を害することを知っていること（詐害意思），及び受益者・転得者が悪意であることである。受益者又は転得者から取り戻された財産は，総債権者のための責任財産となる。詐害行為取消権の法的性質について学説は，詐害行為の取消しを重視するもの（形成権説），詐害行為によって逸出した財産の債務者又は保証人への取戻し（返還請求）を重視するもの（請求権説），取消しと取戻しの双方を重視するもの（折衷説，判例・通説）などが主張された（他に，債務者の責任財産の保全につき責任を負えばよいとする責任説なども主張された）。ここでの対立は，被告とされる者の範囲や請求の内容に違いが出てくる。

　改正法は，詐害行為取消権をめぐる以上の議論を踏まえ，詐害行為取消権の性質，要件，効果について詳細に規律している（424 条の 2〜424 条の 9, 425 条〜426 条）。

　改正法は，詐害行為取消請求を認容する確定判決は，債務者及びその全ての債権者に対してもその効力を有するとし（425 条），債務者の受けた反対給付に関する受益者の権利（425 条の 2），受益者の債権の回復（425 条の 3），詐害行為取消請求を受けた転得者の権利（425 条の 4）の規定を追加した。詐害行為取消権の期間の制限については，改正前民法は「債権者が取消しの原因を知った時から 2 年間行使しないときは，時効によって消滅する。行為の時から 20 年を経過したときも同様とするとしていたが，改正法は，「詐害行為取消請求に係る訴えは，債務者が債権者を害することを知って行為をしたことを債権者が知った時から 2 年を経過したときは，提起することができない。行為の時から 10 年を経過したときも同様とする」（426 条）と修正した。

転付命令（民事執行法 159 条，160 条）　債権回収方法として，上記の債権者代位権を用いないで，転付命令などの方法が用いられることがある。転付命令は，差押債権者の申立てにより，支払いに代えて券面額で差し押さえられた金銭債権を差押債権者に転付する執行裁判所の命令をいう。転付命令が確定した場合には，差押債権者の債権等は，転付命令が第三債務者に送達された時に弁済されたものとみなされる。

３　多数当事者間の債権及び債務

⑴　概　観

　債権（債務）関係にある当事者の数をみると，債権者Ａ対債務者Ｂというように，債権者と債務者がそれぞれ単独の場合ばかりでなく，一方又は双方に複数の債権者・債務者が登場する事例が少なくない。債権と債務は表裏の関係にあるから，債権における利益状況は債務における利益状況に通ずるところがある。民法はこのような複数の債権関係，あるいは複数の債務関係が生じる場合をまとめて，多数当事者間の債権と債務の制度として規律している（以下，両者を「多数当事者間の債権関係」ともいう）。

　今日，私たちの生活関係は高度化し，これに伴い多数当事者間の債権関係も複雑化し，適切かつ合理的に規律することが要請されている。多数当事者間の債権関係の制度は，現代社会における様々な取引を可能にするものである。

　民法は，多数当事者間の債権関係の規律の態様として，不可分債権，不可分債務，連帯債権（改正法によって導入），連帯債務，保証債務を挙げている。これらの原則形は，複数の債権・債務がそれぞれ独立する分割債権，分割債務である（427条）。これに対して，それぞれが連帯関係にある場合には連帯債務，連帯債権といい，それどれが不可分な場合には不可分債務，不可分債権となる。なお，商行為における債務は原則として連帯債務になることを定めている（511条1項）。

　多数当事者間の債権関係では，債権者と債務者との間の関係はもちろん，複数債権者間，あるいは複数債務者間の公平を図ることが重要である。多数当事者間の債権関係は，資本主義経済社会を成り立たせるものであり，人々が地域のなかでどのように生活するかを問うものである。

　改正前民法は「多数当事者の債権及び債務」の節のもとに，第1款：総則（427条），第2款：不可分債権及び不可分債務（428条～431条），第3款：連帯債務（432条～445条），第4款：保証債務（第1目：総則（446条～465条），第2目：貸金等根保証契約（465条の2～465条の5））を配置した。改正法は同節のもとに，第1款：総則（427条），第2款：不可分債権及び不可分債務（428条～431条），第3款：連帯債権（432条～435条の2），第4款：連帯債務（436条～445条），第5款：保証債務（第1目：総則（446条～465条），第2目：個人根保証契約（465条の2～

465条の5)，第3目：事業に係る債務についての保証契約の特則（465条の6〜465条の10）について規律する。他の改正部分と異なり，新旧各規定の対応がやや複雑である。

(2)　各種の債権と債務

不可分債権　債権の目的がその性質上不可分である場合に，その債権を不可分債権という。改正法は，以下の連帯債権の規定（433条及び435条の規定を除く。）は，不可分債権について数人の債権者があるときについて準用するとしている（428条）。

不可分債務　債務の目的がその性質上不可分である場合に，その債務を不可分債務という。改正法は，連帯債務の規定（440条の規定を除く。）は，債務の目的がその性質上不可分である場合において，数人の債務者があるときについて準用するとしている（430条）。

連帯債権　連帯債権とは，債権の目的がその性質上可分である場合において，法令の規定　又は当事者の意思表示によって数人が連帯して債権を有する場合に，その債権をいう。

改正法は連帯債権の規定を新設した。

①　連帯債権者による履行の請求等

連帯債権について，「各債権者は，全ての債権者のために全部又は一部の履行を請求することができ，債務者は，全ての債権者のために各債権者に対して履行をすることができる。」と定めた（432条）。

②　連帯債権者の一人との間の更改又は免除

改正法は，「連帯債権者の一人と債務者との間に更改又は免除があったときは，その連帯債権者がその権利を失わなければ分与されるべき利益に係る部分については，他の連帯債権者は，履行を請求することができない。」と定めた（433条）。

③　連帯債権者の一人との間の相殺

改正法は，「債務者が連帯債権者の一人に対して債権を有する場合において，その債務者が相殺を援用したときは，その相殺は，他の連帯債権者に対しても，その効力を生ずる。」と定めた（434条）。

④　連帯債権者の一人との間の混同

新設。「連帯債権者の一人と債務者との間に混同があったときは，債務者は，弁済をしたものとみなす。」と定めた（435条）。

連帯債務　連帯債務とは，債務の目的がその性質上可分である場合において，法令の規定又は当事者の意思表示によって数人が連帯して債務を負担する場合に，その債務をいう。

改正前民法（440条）は，「434条から前条までに規定する場合を除き，連帯債務者の一人について生じた事由は，他の連帯債務者に対してその効力を生じない。」と，相対的効力を原則としつつも，例外としての絶対的効力を広く認めていた。これは連帯債務者間の主観的な共同関係があることが考慮されたものである。

しかし，連帯債務に生ずる事由は複数あり，その態様は同じではない。これに伴い，連帯債務者間の共同関係が強いものから弱いものまでいろいろである。そこで，改正法は，438条，439条第1項及び前条に規定する場合を除き，「連帯債務者の一人について生じた事由は，他の連帯債務者に対してその効力を生じない。ただし，債権者及び他の連帯債務者の一人が別段の意思を表示したときは，当該他の連帯債務者に対する効力は，その意思に従う。」と定めた。ただし書は新設された。

改正法は1人に対する債務の免除，1人のための時効の完成，1人に対する履行の請求を相対的効力にした（441条）。これらは旧制度では絶対的効力とされた。連帯債務者の一人についての法律行為の無効等は，改正前民法と同様，相対的効力である。また，更改，相殺，混同は，債務の履行と同様の状況をもたらすことから，改正前民法と同様に絶対的効力とされた。

保証債務　保証人は，主たる債務者がその債務を履行しないときに，その履行をする責任を負う（446条1項）。保証契約は，書面でしなければ，その効力を生じない（同2項）。保証とは，例えば代金の支払いや貸金の返済を負う者（主たる債務者）が，それらの債務を履行しない場合に，代わって履行することをいう。

保証債務は債権者と保証人との間の契約によって成立し，債権者が債務者から弁済を得られないときに債務者に代わって保証人から弁済を受けること

を内容とするものである。連帯債務，すなわち債務者と保証人が連帯して保証する場合は，通常の保証人が有する催告の抗弁，検索の抗弁を有しない（454条, 452条・453条）。したがって，弁済期に弁済がされないと，債権者がいきなり連帯保証人に支払を請求することができる。

　従来，保証契約のもとで，保証人はしばしば過度な責任を負担してきた。これに対しては，保証人の保護が社会的，法的に要請され，2004年改正によって一定の改善が図られた（前掲446条2項のほか，極度額を設けない貸金等の根保証契約を無効とする（旧465条の2）など）。2017年改正法は保証人保護をより徹底している。

(1)　保証人への情報提供義務

　改正法は保証人への情報提供義務について，次の3点を定めた。

① 　主たる債務の履行状況に関する情報提供義務

　第1に，主債務者の委託を受けた保証・根保証契約について，主たる債務の履行状況に関する情報の提供義務を定める。すなわち，「保証人が主たる債務者の委託を受けて保証をした場合において，保証人の請求があったときは，債権者は，保証人に対し，遅滞なく，主たる債務の元本及び主たる債務に関する利息，違約金，損害賠償その他その債務に従たる全てのものについての不履行の有無並びにこれらの残額及びそのうち弁済期が到来しているものの額に関する情報を提供しなければならない。」（458条の2）と定めた。

② 　主たる債務者が期限の利益を喪失した場合における情報提供義務

　第2に，個人保証・根保証契約について，主たる債務者が期限の利益を喪失した場合における情報提供義務を定める。すなわち，改正法（458条の3）は，「主たる債務者が期限の利益を有する場合において，その利益を喪失したときは，債権者は，保証人に対し，その利益の喪失を知った時から2箇月以内に，その旨を通知しなければならない。」（1項），「前項の期間内に同項の通知をしなかったときは，債権者は，保証人に対し，主たる債務者が期限の利益を喪失した時から同項の通知を現にするまでに生じた遅延損害金（期限の利益を喪失しなかったとしても生ずべきものを除く。）に係る保証債務の履行を請求することができない。」（2項），「前2項の規定は，保証人が法人である場合には，

適用しない。」（3項）と定めた。

③ 契約締結時の情報の提供義務

改正法（465条の10）は，第1に，「主たる債務者は，事業のために負担する債務を主たる債務とする保証又は主たる債務の範囲に事業のために負担する債務が含まれる根保証の委託をするときは，委託を受ける者に対し，次に掲げる事項に関する情報を提供しなければならない。」とし，①財産及び収支の状況，②主たる債務以外に負担している債務の有無並びにその額及び履行状況，③主たる債務の担保として他に提供し，又は提供しようとするものがあるときは，その旨及びその内容，を掲げた（1項）。

第2に，情報提供義務違反の効果について，「主たる債務者が前項各号に掲げる事項に関して情報を提供せず，又は事実と異なる情報を提供したために委託を受けた者がその事項について誤認をし，それによって保証契約の申込み又はその承諾の意思表示をした場合において，主たる債務者がその事項に関して情報を提供せず又は事実と異なる情報を提供したことを債権者が知り又は知ることができたときは，保証人は，保証契約を取り消すことができる。」（2項）と定めた。

第3に，「前2項の規定は，保証をする者が法人である場合には，適用しない。」（3項）と定めた。

(2) 個人保証における保護

① 根保証人の責任の範囲を限定

根保証とは将来発生する不特定の債務に対する保証をいう（これに対し，契約時に債務額などが特定される特定債務保証がある）。根保証人は，最終的にどれほどの金額の債務を負担するかは分からず，保証人の負担がしばしば過度になっていた。

改正法は，根保証人の責任の範囲を限定することによって保証人の保護を図っている。すなわち，個人根保証契約（465条の2），個人貸金等根保証契約（465条の3），個人根保証契約（465条の4），法人根保証人の主債務者に対する求償権を保証する個人保証・根保証契約（465条の5第1項），法人貸金等根保証人の主債務者に対する求償権を保証する個人保証・根保証契約（465条の5

第2項）の規定など，重要な改正をした。

②　個人根保証契約の保証人の責任等

前述のように，根保証とは一定の範囲に属する不特定の債務を主たる債務とする保証契約をいい，保証人が法人でないものを「個人根保証契約」という。個人根保証契約には，資金等債務など主たる債務の内容を問わず，極度額（負担の上限額）の定めが義務付けられた。極度額の定めのない根保証契約は無効になる。

保証人が法人である根保証契約において，465条の2第1項に規定する極度額の定めがないときは，その根保証契約の保証人の主たる債務者に対する求償権に係る債務を主たる債務とする保証契約は，その効力を生じないとし，効力要件とした（465条の5第1項）。

図Ⅵ─2　根保証人保護の改正

貸金等の債務（2004年改正）　→　極度額の設定が必要 　　　　　　　　　　　　　　　　　　保証期間（原則3年，最長5年） 貸金等の債務以外の債務（2017年改正）　→　極度額の設定が必要 （アパート・マンションの賃貸借など）　　　　保証期間は制限なし

4　債権譲渡（債権の移転）

債権は財差権として譲渡性を有するが，物権と違って譲渡の自由性が劣っている。すなわち，債権は，譲り渡すことができるとし，ただし，その性質がこれを許さないときは，この限りでない（466条1項）。また，改正前民法は，1項の規定は，当事者が反対の意思を表示した場合には，適用しないとし，ただし，その意思表示は，善意の第三者に対抗することができない（同条2項）としていたが，改正法はこれを改め，「当事者が債権の譲渡を禁止し，又は制限する旨の意思表示（「譲渡制限の意思表示」）をしたときであっても，債権の譲渡は，その効力を妨げられない。」（2項），「前項に規定する場合には，譲渡制限の意思表示がされたことを知り，又は重大な過失によって知らなかった譲受人その他の第三者に対しては，債務者は，その債務の履行を拒むことができ，かつ，譲渡人に対する弁済その他の債務を消滅させる事由をもってその

第三者に対抗することができる。」(3項)，「前項の規定は，債務者が債務を履行しない場合において，同項に規定する第三者が相当の期間を定めて譲渡人への履行の催告をし，その期間内に履行がないときは，その債務者については，適用しない。」と定めた。実務では「債権譲渡制限特約」がなされることが多く，改正前民法ではこの特約に反してなされた債権譲渡は原則として無効とされているが，改正法によって有効とされたのである。

　有価証券については別の規律がなされる（後掲⑦）。

5　債務の引受け（債務引受）

　改正法は債務引受の規定を新設し，規律を明確にした。債務引受には，債務者の債務が引受人と併存するもの（併存的債務引受）と，債務者が債務を免れ引受人のみが債務を引き受けるもの（免責的債務引受）がある。

併存的債務引受の要件及び効果（470条）　第1，併存的債務引受の引受人は，債務者と連帯して，債務者が債権者に対して負担する債務と同一の内容の債務を負担する。

　第2，併存的債務引受は，債権者と引受人となる者との契約によってすることができる。

　第3，併存的債務引受は，債務者と引受人となる者との契約によってもすることができる。この場合において，併存的債務引受は，債権者が引受人となる者に対して承諾をした時に，その効力を生ずる。

　第4，前項の規定によってする併存的債務引受は，第三者のためにする契約に関する規定に従う。

免責的債務引受の要件及び効果（472条）　第1，免責的債務引受の引受人は債務者が債権者に対して負担する債務と同一の内容の債務を負担し，債務者は自己の債務を免れる。

　第2，免責的債務引受は，債権者と引受人となる者との契約によってすることができる。この場合において，免責的債務引受は，債権者が債務者に対してその契約をした旨を通知した時に，その効力を生ずる。

　第3，免責的債務引受は，債務者と引受人となる者が契約をし，債権者が引受人となる者に対して承諾をすることによってもすることができる。

6　債権の消滅

(1)　概　観

　債権は，約定債権，法定債権のいずれの債権にあっても，当該債権に係る債務が履行されることによって消滅する。債権が消滅するとは，債権が債務者等の行為によって満足することをいう。債権の消滅は実質的には，債権の満足とは何か，債務の履行とは何かを追求することにほかならない。

　債務の履行として認められるもののうち，最も基本となるのは弁済である。改正前民法は弁済の効果を明記していなかったが，改正法は弁済の効果を定めた。

　民法典第6節：債権の消滅では，債権がどのような場合に消滅するかについて規律している。債権消滅事由は複数あり，弁済のほか，相殺，更改，免除，混同がある。民法典の構成は次のようになっている。第1款：弁済（第1目：総則（473条〜493条），第2目：弁済の目的物の供託（494条〜498条），第3目：弁済による代位（499条〜504条），第2款：相殺（505条〜512条の2），第3款：更改（513条〜518条），第4款：免除（519条），第5款：混同（520条）。

(2)　各種の消滅事由

弁　済　弁済とは，債権の目的を達成する事実をいう。弁済によって債権は消滅するが，これは意思表示の効果ではない。弁済は準法律行為であり，債務消滅の意思表示までは不要と解されている。

　改正法は，「債務者が債権者に対して債務の弁済をしたときは，その債権は，消滅する。」と定め（473条），弁済が債権の消滅原因であることを明文化した。

① 　特定物の現状による引渡し

　改正前民法は，「債権の目的が特定物の引渡しであるときは，弁済をする者は，その引渡しをすべき時の現状でその物を引き渡さなければならない。」としていた。改正法は，「債権の目的が特定物の引渡しである場合において，契約その他の債権の発生原因及び取引上の社会通念に照らしてその引渡しをすべき時の品質を定めることができないときは，弁済をする者は，その引渡しをすべき時の現状でその物を引き渡さなければならない。」と定めた（483条）。「契約その他の債権の発生原因及び取引上の社会通念に照らしてその引渡し

をすべき時の品質を定めることができるとき」は，本条の反対解釈により，現状による引渡しとならない。

特定物の引渡しの場合の注意義務について，改正前民法は「債権の目的が特定物の引渡しであるときは，債務者は，その引渡しをするまで，善良な管理者の注意をもって，その物を保存しなければならない。」と定めており，善管注意義務違反とは何かが問題になった。改正法は善管注意義務について，「債権の目的が特定物の引渡しであるときは，債務者は，その引渡しをするまで，契約その他の債権の発生原因及び取引上の社会通念に照らして定まる善良な管理者の注意をもって，その物を保存しなければならない。」と（400 条）し，その内容を具体化した。

② 弁済の場所及び時間

弁済の場所につき，当事者の意思表示又は取引慣行があれば，これによる。意思表示又は取引慣行がなければ，特定物の引渡しは債権発生時にその物が存在した場所，その他の弁済は債権者の現在の住所において，それぞれしなければならない（持参債務の原則）（484 条 1 項）。改正法は同条に，法令又は慣習により取引時間の定めがあるときは，その取引時間内に限り，弁済をし，又は弁済の請求をすることができる（2 項）を加えた。

③ その他

改正法は，弁済の充当，弁済による代位，その他弁済に関する規律を明確にしている。

相　殺　① 相殺の要件等　相殺とは，「2 人が互いに同種の目的を有する債務を負担する場合において，双方の債務が弁済期にあるときは，各債務者は，その対当額について相殺によってその債務を免れることができる（ただし，債務の性質がこれを許さないときは，この限りでない）。」制度をいう（505 条 1 項）。これにより簡易な決済が可能になる。

改正前民法は 2 項について，「当事者が反対の意思を表示した場合には，適用しない。ただし，その意思表示は，善意の第三者に対抗することができない。」としていた。改正法は，「②前項の規定にかかわらず，当事者が相殺を禁止し，又は制限する旨の意思表示をした場合には，その意思表示は，第三

者がこれを知り，又は重大な過失によって知らなかったときに限り，その第三者に対抗することができる。」と定めた（505条）。

② 不法行為等により生じた債権を受働債権とする相殺の禁止

改正前民法は，「債務が不法行為によって生じたときは，その債務者は，相殺をもって債権者に対抗することができない。」としていたが，改正法は，「次に掲げる債務の債務者は，相殺をもって債権者に対抗することができない。ただし，その債権者がその債務に係る債権を他人から譲り受けたときは，この限りでない。」とし，1号，悪意による不法行為に基づく損害賠償の債務，2号，人の生命又は身体の侵害による損害賠償の債務（前号に掲げるものを除く。）」と定めた（509条）。悪意者を保護する必要はないとの趣旨である。

③ 差押えを受けた債権を受働債権とする相殺の禁止

改正前民法は，「支払の差止めを受けた第三債務者は，その後に取得した債権による相殺をもって差押債権者に対抗することができない。」としていたが，改正法（511条）は，「差押えを受けた債権の第三債務者は，差押え後に取得した債権による相殺をもって差押債権者に対抗することはできないが，差押え前に取得した債権による相殺をもって対抗することができる。」と定めた（1項）。また，「前項の規定にかかわらず，差押え後に取得した債権が差押え前の原因に基づいて生じたものであるときは，その第三債務者は，その債権による相殺をもって差押債権者に対抗することができる。ただし，第三債務者が差押え後に他人の債権を取得したときは，この限りでない。」（2項）と定めた。

④ 相殺と差押え──制限説と無制限説

民法において相殺（505条以下）は，決済（金銭の受け払い）の手段あるいは技術として位置づけることができる。実務はかかる決済手段としての利用に加え，担保としての利用を認める。相殺の担保的機能といわれるものである。相殺の担保的機能は，実務では相殺予約の方法によって進められてきた。相殺予約は実務では，「受働債権が差し押さえられたら自働債権について期限の利益を失う」旨の特約が付されることによって行われる。

相殺予約がなされている債権について差押えがなされた場合，相殺予約と差押えのいずれの効力が優先するかが問題になる。判例法はこの場合につい

て，法定相殺をなし得る条件を緩和してきた。すなわち，当初は，双方債権の弁済期未到来であっても，自働債権の弁済期が受働債権の弁済期より先に到来する場合には，相殺を対抗することができるとした（最判昭 39・12・23 民集 18 巻 10 号 2217 頁）（制限説）。これによると，相殺を差押債権者に対抗することができるのは，差押時に自働・受働両債権の双方の弁済期が到来している場合と，自働債権（反対債権）の弁済期は到来しているが受働債権の弁済期が未到来の場合になる。しかし，その後，第三債務者は，自己の債権が受働債権差押後に取得されたものでない限り，自働債権及び受働債権の弁済期の前後を問わず，相殺適状に達しさえすれば，差押後においてもこれを自働債権として相殺をすることができるとした（最大判昭 45・6・24 民集 24 巻 6 号 587 頁）（無制限説）。これにより，相殺の条件が緩和された。なお，期限利益喪失条項（この条項は実務においてしばしば用いられる）の対外効も広げられた。判例法は現在，45 年判決に従っている。

　相殺予約は今日，一方では簡易な決済方法としての機能を残しつつ，他方ではかかる決済機能から独立して一つの担保としての機能が認められている。すなわち，判例及び学説はこれを担保として構成し，相殺の担保的機能として説明する。法定相殺と相殺予約とは，一部に差異を残すが，重要部分において同様の効果を有するに至った。両者には制度としての類似性が認められる。

　以上の考え方の延長に，「担保制度としての相殺」の考え方が構想される。相殺は債権・債務の人的関係であるから特に公示は要求されていない。しかし，担保制度としてみると，利害関係を有する第三者への配慮が必要である。

　更　改　更改とは，債務の要素を変更する契約をいい，債権消滅の原因となる（513 条以下）。債務の要素とは，債権者の交替，債務者の交替，目的の変更などをいう。更改には，債務者の交替による更改と，債権者の交替による更改がある。旧債務の消滅と新債務の成立とは，因果関係を有することが必要である。旧債務が不存在なら，新債務は存在しない。また，新債務の成立が無効なら，旧債務は消滅しない。

　改正前民法は，「①当事者が債務の要素を変更する契約をしたときは，その債務は，更改によって消滅する。②条件付債務を無条件債務としたとき，無

条件債務に条件を付したとき，又は債務の条件を変更したときは，いずれも
債務の要素を変更したものとみなす。」としていたが，改正法（513条）は，「当
事者が従前の債務に代えて，新たな債務であって次に掲げるものを発生させ
る契約をしたときは，従前の債務は，更改によって消滅する。」とし，従前の
給付の内容について重要な変更をするもの（1号），従前の債務者が第三者と
交替するもの（3号），従前の債権者が第三者と交替するもの（3号），と定めた。

　中間試案では，三当事者が参加して二当事者間の債権を三当事者間の2つ
の債権に置き換える制度（三面更改）が提案されたが，立法化は見送られた。

7　有価証券

　改正法は，新たに有価証券の項目を設け，指図証券，記名式所持人払証券，
その他の記名証券，無記名証券について規律している（520条の2〜520条の20）。
これらの規律は商法の一般法として位置づけることができる。

VII　物権法の基本——人と物の関係

　物を直接，排他的に支配する権利を物権といい，物権に関する法を物権法という。物権法は前述した債権法（本書IV〜VI）とともに，民法における財産法（Property Law）を構成する。

　物権は，人が動産，不動産を所有し，あるいは動産，不動産に担保権を設定するなど，人と物の関係について規律している。物権は私たちが地域生活を送るうえでまさに岩盤となるべき権利であり，制度である。人と人の関係，すなわち債権の関係（本書IV〜VI）は物権のうえにくりひろげられているのである。物権法は物権法定主義を基本にしていることから，個々の規定は強行法規として捉えられるものが多い。この点では親族法，相続法と共通し，債権法，とりわけ契約法が多くの任意規定から構成されていることと違っている。図式的には，民法（典）は，物権法という堅固な土台の上に柔軟な債権法を配置しているという印象である。なお，物権総則は，債権法の一般ルールを定める債権総則に対応する。本書では債権法は債権法I〜IIIのもとに整理したが，物権法については本章に収めた。民法典の規定の配列は物権，債権の順であるが，学習の便宜上本書では逆にした。以下，民法典の物権総則と物権各則の順序で概観する。

図VII—1　民法その他の法律で認められた物権

権利（物権）		
人	→	物

第1　物権総則（物権法の一般ルール）

1　物権法とは——人と物の関係

　民法典第2編は「物権」について規律し，民法の物権法の分野を構成するが，その第1章「総則」(175条〜179条) が物権総則にあたる。物権総則は，物権の一般ルールを定めている。物権法の一般ルールは，物権とは何かという

物権の性質を明らかにしている。

　前述（本書Ⅲ第4）のように，民法は物に対して人が有する権利を物権として捉えている。物権は物を直接，排他的に支配する権利であり，1つの物のうえには同じ物権（例えば所有権）は1つしか成立しない（一物一権主義）。物権の排他性を示すものであり物権の本質から導かれる性質といえる。なお，一物一権主義は，1つの物権の客体は1つの物であるという意味で用いられることもあるが，これについては集合物や財団の概念のもとに例外的扱いが認められている（集合物については集合動産譲渡担保，財団については財団抵当）。

　以上のように，物権法は人と物の関係について規律する。人と物の関係は，人と人の関係を通じて，新たな関係をもたらすものであり，そうした関係に関心を広げることが今後は必要になってくるであろう。

［2］　物権の創設——物権法定主義

　物権の効力は誰に対しても主張することができ第三者に直接に影響するので，どのような権利が物権になるかをあらかじめ法定することが必要となる。そこで民法は，物権は民法典その他の法律に定めるものでなければ創設することができないと規定する（175条）。これを物権法定主義という。

　物権法定主義の歴史的意味は，封建時代の複雑な権利関係を整理し，近代的所有権を確立することにあった。世界史をみると，フランス革命などの市民革命前に存在した王政下の重畳的土地利用関係を，所有権といくつかの物権とに整理し，単純化した。かかる単純化は，公示方法（とりわけ不動産登記制度）の確立にも貢献した。公示制度，とりわけ登記制度の確立は物権が有する観念性（所有と占有の分離）に基づいている。以上は，大陸法系の諸国だけでなく，英米法系でもほぼ同様である（例えば19世紀，20世紀のイギリス土地法，特に不動産登記制度の展開過程に学ぶことができる）。

　以上の改革が進められた結果，物権規制と，物権取引における安全（動的安全，静的安全）が制度的に保障されることになったのである。

　物権法定主義は，物権規制，すなわち物権による規律の基礎となるものである。それは契約自由の原則が支配する債権法の世界とは基本的に異なっている。

(1) 民法典上の物権

民法典が規定する物権は，次の 10 の権利である。それぞれ物権各則として整理されるものである。

①占有権（180 条〜205 条），②所有権（206 条〜264 条），③地上権（265 条〜269 条の 2），④永小作権（270 条〜279 条），⑤地役権（280 条〜293 条），⑥入会権（263 条，294 条），⑦留置権（295 条〜302 条），⑧先取特権（303 条〜341 条），⑨質権（342 条〜368 条），⑩抵当権（369 条〜398 条の 22）。

このうち，③〜⑥は用益物権，⑦〜⑩は担保物権という。

(2) 特別法上の物権

特別法では，鉱業権，租鉱権，採石権，漁業権，入漁権，ダム使用権などの権利が，物権とみなされている。

(3) 判例法，慣習法上の物権的権利等

ある権利について，その利用の実態等から，新たに物権あるいは物権的権利を承認する必要性が生じ得る。判例及び学説は，水利権，温泉権（温泉専用権，湯口権などともいう）などの権利について物権性を承認する。物権的権利の承認である。なお，通説は慣習法（あるいは判例法）上の物権と称する。

また，仮登記担保や譲渡担保は，取引実務の慣習を基礎に，判例法によって物権性が与えられてきた。このうち仮登記担保については，1978 年に仮登記担保契約に関する法律が成立した。

民法典において債権として構成された賃借権は，特別法や判例法によってその効力が強化され物権化している。

【判例】
湯口権
　　○本件ノ湯口権カ一種ノ物権的ノ権利ニシテ原泉地ノ所有権ト獨立シテ處分セラルヘキモノナル以上ハ土地果實ノ處分ノ場合ト同シク立札其ノ他ノ標識ヲ掲クル等第三者ヲシテ其ノ事實ヲ明認セシムヘキ公示方法ヲ講スルニ非サレハ其ノ處分ヲ第三者ニ對抗スルコトヲ得サルモノト論斷スヘキハ當然ナリ（大判昭 15・9・18 大審院民事判例集 19 巻 1611 頁）。

公水使用権の性質

　○公水使用権は，それが慣習によるものであると行政庁の許可によるものであるとを問わず，公共用物たる公水の上に存する権利であることにかんがみ，河川の全水量を独占排他的に利用し得る絶対不可侵の権利ではなく，使用目的を充たすに必要な限度の流水を使用し得るに過ぎないものと解するのを相当とする（大判明31・11・18民録4輯10巻24頁，同大5・12・2民録22輯234頁参照）（最判昭37・4・10民集16巻4号699頁）。

3　物権的請求権

　物権的請求権とは，物権に対する侵害あるいは侵害の可能性がある場合に，その排除を求める権利である。これを物上請求権ともいう。物上請求権を行使するにあたり相手方の故意，過失の要件は不要である（通説）。物権のうち所有権（括弧内の後掲占有権・占有訴権に対応）を例にとれば，所有権に基づく返還請求権（占有回収の訴え，200条），所有権に基づく妨害排除請求権（占有保持の訴え，198条），所有権に基づく妨害予防請求権（占有保全の訴え，199条）が，それぞれ物権的請求権にあたる。

物権的請求権の性質　物権的請求権の性質については，侵害者の一定の行為を請求する行為請求権か，物権的請求権者が行う行為を相手方は忍容せよとする忍容請求権かの争いがある。

　物権的請求権は物権と結合しており，物権からきりはなして独立して他に移転することはできず，また，独立して消滅時効にかかることもないと解される。

　判例は，物権的請求権は，独立の権利ではなく物権の作用として導かれるものに過ぎないとする。学説は，「独立の請求権だが純粋の債権ではない」とし，その理由を「物権の本来の内容たる物に対する直接の支配自体とは異なり，人に対する請求権であるから，物権そのものとは別の権利とみることが適当だが，物権と運命を共にし，物権の存在する限り不断にこれから派生し，破産の場合などには，普通の債権と異なる強力な地位を有する点などにおいて，物権から派生するものである特色が強く現れるからである」と説明する（我妻栄著・有泉亨補訂『新訂物権法（民法講義Ⅱ）』23頁（岩波書店，1983年））。

(1)　物上請求権と損害賠償請求権

物権に対する侵害行為が不法行為の要件を充たす場合は，物権的請求権は不法行為に対する特定的救済として機能する（幾代通『不法行為』295頁（筑摩書房，1977年））。なお，物権的請求権において損害賠償が認められるためには，故意・過失等の不法行為の要件（709条）が必要である。本書では物権的請求権を物上請求権の意味として用いる。

(2)　物権的請求権が認められるべき物権

物権的請求権が認められるべき物権は，民法典上の物権だけでなく，特別法によって物権とみなされるもの，例えば鉱業権（鉱業法12条），漁業権（漁業法23条），採石権（採石法4条）などであってもよい。

物権的請求権の根拠

(1)　実質論

物権的請求権が認められるべき根拠は，物権の本質に求められている（我妻栄著・有泉亨補訂『新訂物権法（民法講義2）』22頁など（岩波書店，1950年改版，1983年新訂））。すなわち，物権の本質である，物の直接支配が侵害されあるいは侵害されようとしている場合には，当然にその排除を求めることができるとする。

(2)　条文上の根拠

民法は占有権の効力として占有の訴え（198条，199条，200条。占有訴権ともいう）を認めているが，これは物権的請求権を明示したものと考えられる。占有権について物権的請求権が認められるなら，その他の物権についてこれを否定する理由はないというのである。また，民法202条は占有の訴えと本権の訴えとの関係を定めている。

対抗要件は不要　物権的請求権を行使するために，その物権に対抗要件（不動産は登記：177条，動産は引渡し：178条）を備える必要はない。

費用負担の考え方　物権的請求権を行使するための費用は誰が負担すべきか。

(1)　我妻説

Ａの土地にＢが何らの権限なしに建物を所有する場合の，Ａの土地所有権に基づく明渡請求権の内容は，土地が建物を妨害しているのではなく，建物が土地を妨害していると捉え，AB間に特別の事情がなければ，Ａは土地所有権の妨害を理由にＢにその費用で建物を収去するよう請求し得ると解すべきであるとする（我妻・有泉『新訂物権法』264頁）。物権的請求権の基本的かつ典型的事例の考え方を明らかにする。

(2)　責任原理の導入

物権的請求権における費用負担の問題を，請求内容の問題とは切り離し，自覚的に責任原理を導入すべきであるとする（田山輝明『物権法』30頁（成文堂，2012年））。そしてその場合，「どちらが侵害状態を除去すべきか」という条理の判断を基準にして，侵害者に故意・過失があったときはその者が費用を負担すべきである。また，故意・過失がなくても自己の支配下にある物を原因として侵害を生じさせている者も費用を負担すべきであるとする。

物権的請求権の不動産賃借権への拡張　物権的請求権は不動産賃借権にも認めることができるか。物権的請求権の根拠を物権の本質から導き出しこれを厳格に解する場合には，物権以外の権利に拡張することは論理的には困難である。しかし，判例・学説は，不動産賃借権の性質が物権と類似する点に着目し，これを承認する（ただし，最高裁判例は対抗要件の具備を要件とする）。

さらに学説は，権利本来の内容を維持，回復することが容易に，かつ効果的に実現でき，それに格別の不都合をともなわない場合には，基本的に承認してよいとし，不動産賃借権はもとより，動産賃借権，使用借権においても，同様の保護は承認されてよいという。なお，かつて末広は，すべての権利侵害に対する救済手段として，いかなる条件のもとに妨害排除請求などを認めるべきかを，衡平の見地から考察すべきであると指摘した（末広厳太郎『民法雑

記帳(上)』212 頁，217 頁以下（日本評論社，1953 年））。このいずれの見解も，民法規制のあり方を考え，物権法制に柔軟な考え方をもたらすものであろう。

【判例】
　　○**物権的請求権の性質**（大判昭 12・11・19 大審院民事判例集 16 巻 1881 頁）
（凡ソ所有権ノ円満ナル状態カ他ヨリ侵害セラレタルトキハ所有権ノ効力トシテ其ノ侵害ノ排除ヲ請求シ得ヘキト共ニ所有権ノ円満ナル状態カ他ヨリ侵害セラルル虞アルニ至リタルトキハ又所有権ノ効力トシテ所有権ノ円満ナル状態ヲ保全スル為現ニ此ノ危険ヲ生セシメツツアル者ニ対シ其ノ危険ノ防止ヲ請求シ得ルモノト解セサルヘカラス然リ而シテ土地ノ所有者ハ法令ノ範囲内ニ於テ完全ニ土地ヲ支配スル権能ヲ有スル者ナレトモ其ノ土地ヲ占有保管スルニ付テハ特別ノ法令ニ基ク事由ナキ限リ隣地所有者ニ侵害又ハ侵害ノ危険ヲ与ヘサル様相当ノ注意ヲ為スヲ必要トスルモノニシテ其ノ所有ニカカル土地ノ現状ニ基キ隣地所有者ノ権利ヲ侵害シ若クハ侵害ノ危険ヲ発生セシメタル場合ニ在リテ該侵害又ハ危険カ不可抗力ニ基因スル場合若クハ被害者自ラ右侵害ヲ認容スヘキ義務ヲ負フ場合ノ外該侵害又ハ危険カ自己ノ行為ニ基キタルト否トヲ問ハス又自己ニ故意過失ノ有無ヲ問ハス此ノ侵害ヲ除去シ又ハ侵害ノ危険ヲ防止スヘキ義務ヲ負担スルモノト解スルヲ相当トス）

4　物権変動

(1)　物権変動とは

　物権が発生，変更あるいは消滅すること（物権の得喪）を物権の変動（物権変動）という。

　物権変動の原因は種々ある。法律行為では贈与，売買，地上権設定，抵当権設定などの契約があり，法律行為以外では相続，取得時効，消滅時効，混同などがある。

　物権変動によって A の物権は B に移転し B は物権を取得する。すなわち，物権の承継取得が行われる。

　物権変動には不動産の物権変動と，動産の物権変動がある。

物権変動の考え方　所有権（その他の物権）は意思表示のみによって移転するという立法主義を意思主義といい（フランス法の考え方），意思表示のみでは足りず登記（不動産）や引渡し（動産）を必要とする立法

主義を形式主義という（ドイツ法の考え方）。日本法制は意思主義を採用した（指名債権の譲渡についても同様）。

特約がない場合　物権の設定及び移転は，当事者に特約がない場合には，「当事者の意思表示のみによって」効力を生ずる（176条）。

　登記や引渡しは，対抗要件であって（177条，178条），物権変動の効力発生要件ではない。当事者の意思表示の内容については見解が分かれ，債権行為とは別の，物権変動を目的とする物権行為が必要であるとする学説（物権行為の独自性を肯定）と，物権行為だけを行う必要はないとする学説（物権行為の独自性を否定）がある。判例及び通説は後者に立ち，売買契約のような債権契約の時点で物権変動が行われると解する。

　契約の性質上，契約時に物権変動があったといえない場合がある。例えば仕事の完成を目的とする請負契約（632条）では，契約時ではなく，仕事の完成時に物権変動があったものと解される。

特約がある場合　特約がある場合は，その特約に従う。実務上は，特約により，売買代金の支払，登記の移転，又は目的物の引渡しの時などに所有権が移転するとする例が多い。

物権変動に関する学説の対立の意義（鈴木禄弥『物権法講義（4訂版）』100頁〜101頁（創文社，1994年））

　「上に述べたように，物権変動に関しては，各種の学説が，華やかに対立しているが，いずれの学説をとるとしても，実際の結果には，あまり差異がない。

　⑷　物権行為独自性説も，売買契約と同時に物権行為が行われる場合があるばかりでなく，一つの行為のうちに債権行為たる売買契約と物権行為たる所有権移転の合意とが含まれている場合のあり得ることも，否定するわけではない。逆に，意思主義説も，当事者が，合意で，所有権移転の効果をのちに生ずべき事項（代金支払い，登記など）にかからしめ，又は，のちにあらためてなされる所有権移転の合意によりはじめて所有権が移転する旨を特約することは禁じられている，とするわけではない。それゆえ，いずれの説に従っても，具体的な各ケースについて，裁判官は，適宜の内容の合意が存在する

と認定することにより，所有権移転が生じたと解するのが妥当だと自分で思う時点で所有権移転が生じた，と結論づけることは，可能なのである。

　（ロ）　意思主義説ないし折衷説によると，例えば，売買契約が無効又は取消された場合，所有権移転も効力を失うから，登記に公信力が与えられていない関係で，第三者（例えば，買主からの転得者）の取引の安全が害され，この点で，物権行為の独自性を前提とする無因主義説が，すぐれているように見える。しかし，債権行為に無効・取消しの理由があるときは，物権行為にも同じ瑕疵がある場合が多いから，無因主義を採用したとしても，物権行為自体に存在する瑕疵のゆえに，物権行為は効力を失う結果となることが少なくない。また，意思主義説ないし折衷説をとっても，不可能ではない。それゆえ，学説の対立は，この点でも，あまり大きな意味は，もちえない。」

物権変動の対抗要件と公示　物権の効力は強いため，公示制度を設けることにより，どのような物権が誰に帰属しているかなど，当該物権の現状や履歴を明らかにすることが望ましい。民法は，不動産物権変動については登記（177条）を，動産物権変動については引渡し（178条）を，それぞれ対抗要件と定める。そして，登記に不動産物権変動の，引渡しに動産物権変動の公示機能をもたせている。

　自動車，航空機，船舶などは動産であるが，所有権あるいは抵当権の得喪について登録あるいは登記が対抗要件とされており，取引上は不動産のように扱われる（道路運送車両法5条，自動車抵当法5条，商法687条など）。このほか，即時取得は動産にのみ認められる（192条）。民法の抵当権は不動産（及び一定の財産権）についてのみ設定することができる（369条）。

(2)　不動産物権変動と登記

　不動産の物権変動は，登記を経由することによって，対抗要件を備えることができる（177条）。

登記を必要とする物権　第三者に対抗するために登記を必要とする物権は，所有権，地上権，永小作権，地役権，先取特権，不動産質権，抵当権などである（不動産登記法1条）。これに対し，占有権，入会権，留置権などは，それぞれの権利の性質・内容上，登記は不要である。

登記の機能　　登記には，公示機能のほか，優劣を決定する機能がある。さらに，96 条 3 項（詐欺による意思表示の取消と善意の第三者），545 条 1 項ただし書（解除による原状回復義務と第三者の権利）などについて，登記に権利保護機能があるとする見解がある。

不動産登記簿　　不動産の権利関係の公示は，不動産登記法の定める手続に従い，不動産登記簿によって行われる。不動産登記簿は，登記という社会生活の基本的制度を支える重要な役割を担っている。そこで，権利の登記は専門家として司法書士が関与し（当事者が登記申請を司法書士に委任する），表示の登記は同様に土地家屋調査士が関与し得る。

　民法を所管するのは法務省であるが，同省ホームページでは「民事局は，登記，戸籍，国籍，供託，公証，司法書士及び土地家屋調査士に関する事務，さらに民法，商法及び民事訴訟法など民事基本法令の制定，改廃に関する法令案の作成などの立法に関する事務を行っています。これらの事務のうち登記，戸籍，国籍，供託，公証，司法書士及び土地家屋調査士の事務を処理するための地方実施機関として 8 か所の法務局及び 42 か所の地方法務局が設置されています。」と解説している。登記は，不動産の表示の登記と，不動産に関する権利（所有権，地上権，永小作権，地役権，先取特権，質権，抵当権，賃借権，採石権）の登記がある（不動産登記法 1 条，3 条）。

不動産登記法の改正　　不動産登記簿の考え方は近時大きく変わった。従来の考え方を整理すると，不動産登記簿には土地登記簿と建物登記簿があった（旧法 14 条）。土地登記簿には一筆の土地につき一用紙が備えられ，建物登記簿には一個の建物に一用紙が備えられ，一棟の建物を区分した建物については，その一棟の建物に属する全部につき一用紙が備えられた（旧法 15 条）。物的編成，一不動産一登記用紙の原則が採られた。権利の登記は，登記権利者と登記義務者（又はその代理人）が，「登記所に出頭して」共同して行った（旧法 26 条 1 項）。

　不動産登記法は 2004 年に全部改正され（2005 年 3 月 7 日施行），登記は，登記官が登記簿に登記事項を記録することによって行い（11 条），登記記録は，表題部及び権利部に区分して作成する（12 条）こととなった（表題部には不動産の表示に関する事項（土地の所在・地番・地積，建物の所在・家屋番号・種類・構造・床面

積等）が記録される）。また，従来までの書面申請に加えて，オンライン申請が導入されるとともに（18条以下），登記済証に代わる本人確認手段として登記識別情報の制度が導入された（21条〜23条）。また，書面申請における出頭主義が廃止された（60条）。

　なお，不動産登記の精度を高めるために国の地籍調査が1951年から実施されている。また，2005年の不動産登記法改正により筆界特定制度（6章，123条〜150条を新設）が導入された（2006年1月20日運用開始）。筆界とは公法における土地の境界であり，所有権界とは区別される。議論はあったが，境界確定訴訟（民事訴訟）は存続することになった。

二重譲渡　不動産甲の所有権がAからB，その後AからCに譲渡され，Cが登記を経由した場合，所有権は誰が取得できるか。

　二重譲渡を例に検討しよう。二重譲渡の典型は二重売買である（二重売買によって物の所有権が二重に譲渡される）。例えば，AがBに建物を売却したが，その後に同じ建物をCに売却したところ，Cが先に移転登記を経由した。この場合，Cが先のAB間の売買を知っていても（すなわち，悪意であっても），所有権の取得をBに対し対抗（主張）することができる（根拠は民法177条）。

　ここでは登記は，BとCのどちらに所有権が帰属したのかを確定する方法として機能する。所有権の取得ということでいえば，勝つか負けるかの決め手になっている。負けたBは，損害があればこれをAに請求せざるをえない。

　二重譲渡（例えば二重売買）は，民法上は原則として有効とされるが，これは自由主義経済が許容する範囲と考えられているからである。ただし，刑法上は罪（横領罪）となることがある（売主のほか，第2譲受人も共犯となり得る）。

不動産登記法5条に該当する者　不動産登記法によると，詐欺又は強迫によって登記の申請を妨げた第三者は，登記が欠けていることを主張することができない（同法5条1項）。他人のために登記を申請する義務がある者は，その登記が欠けていることを主張することができない（同法5条2項本文）。以上の場合は，Cはもはや単なる悪意とはいえず，保護に値しないのである。

背信的悪意者を保護する必要はない　Cが，信義則上許されない悪意者と認められる場合は，詐欺又は強迫に係る

上記場合と同様に，保護に値しないと考えられる。判例，通説は，これらの者を背信的悪意者として，177 条の第三者にあたらないと解する。

　背信的悪意者かどうかは，第 1 譲受人との間で相対的に判断される（判例）。背信性は，物権法・取引法秩序を害するかどうかという観点から，具体的事案に応じて判断されなければならない。

登記の公信力　日本の登記には公信力は認められていないから，不実の登記を真実であると信頼して取引をしても保護されない。登記官には登記の真否についての実質的審査権がなく，また，現に不完全な登記や未登記の不動産が存在しているから，一律に登記に公信力を認めると，真の権利者に損失を及ぼすことになる（取引の静的安全）。そこで立法者は，登記を対抗要件（177 条）にとどめたのである（動産については 192 条で公信力が与えられたが，これは取引の動的安全を優先するものである。同様の考え方は証券的債権の譲渡においてみられる）。

　解釈論上も，一部の学説（篠塚説など公信力説と称される）を除き，登記に公信力を認めない。しかし，登記を信頼した者が常に保護されないということは適切でなく，取引の動的安全を図らなければならない場合がある。そこで，判例及び学説は，虚偽表示の第三者保護規定（94 条 2 項）を類推適用することによってかかる要請に応えている（虚偽表示の解説参照）。この結論は公信力説のそれと主要部分で重なるが，両者は法制度の捉え方や利益衡量の視点・判断要素が違っている。

図Ⅶ─2　不動産物権変動と動産物権変動

	【所有権の移転】	【公示（第三者との関係）】	【公信力（第三者との関係）】
不動産	意思表示で可能	登記（177 条）	なし
動産	意思表示で可能	引渡（178 条）	あり（192 条～194 条）
（債権も，意思表示で移転する。第三者への公示は確定日付によって行われる。）			

不動産取引と専門家　不動産取引では，登記の経由，行政手続，目的物の瑕疵の調査などにおいて，しばしば専門家の助力を必要とする。そこでは，司法書士，宅地建物取引士，不動産鑑定士，土地家屋調査士などが関与し，取引の適正化，迅速化が図られている（弁護士，公証

人，行政書士の関与もある）。専門家の関与は，不動産取引が複雑かつ専門的であることに加え，動産と比べ不動産の価値が相対的に高く，詐欺など不正行為が行われると被害が大きくなること，そのような被害が少なからず発生してきたことなども考慮されている。

【判例】
　○倉庫業者に寄託された商品の売買と所有権移転時期（最判昭35・3・22民集14巻4号501頁）
　○中間省略登記。A→B→Cと順次に所有権が移転したのに登記名義は依然としてAにある場合，現に所有権を有するCは，Aに対して直接自己に移転登記すべき旨を請求することはできないが，登記名義人A及び中間者Bが同意する場合は中間省略登記をすることができる（最判昭40・9・21民集19巻6号1560頁）。
　○賃貸中の不動産が譲渡された場合，譲受人から賃借人に対する賃料請求をし，賃貸借契約を解除するには，所有権移転の登記を経由しなければならない（最判昭49・3・19民集28巻2号325頁）。

第三者性
　○177条にいう第三者とは，当事者並びに包括承継人以外の者であって，「登記がないことを主張するにつき正当の利益を有する者」をいう（大連判明41・12・15民録14輯1276頁）。
　○不法占拠者は177条の第三者に該当せず，これに対しては登記がなくても所有権の取得を対抗できる（最判昭25・12・19民集4巻12号660頁）。

背信的悪意者──転得者が登記を完了した場合
　○背信的悪意者は，177条の第三者に該当しない（最判昭43・8・2民集22巻8号1571頁，最判昭44・1・16民集23巻1号18頁，最判平8・10・29民集50巻9号2506頁）。
（所有者甲から乙が不動産を買い受け，その登記が未了の間に，丙が当該不動産を甲から2重に買い受け，更に丙から転得者丁が買い受けて登記を完了した場合に，たとい丙が背信的悪意者にあたるとしても，丁は，乙に対する関係で丁自身が背信的悪意者と評価されるのでない限り，当該不動産の所有権取得をもって乙に対抗することができるものと解するのが相当である。けだし，(1)丙が背信的悪意者であるがゆえに登記の欠缺を主張する正当な利益を有する第三者にあたらないとされる場合であっても，乙は，丙が登記を経由した権利を乙に対抗することができないことの反面として，登記なくして所有権取得を丙に対抗することができるというにとどまり，甲丙間の売買自体の無効を来すものではなく，したがって，丁は無権利者から当該不動産を買い受

けたことにはならないのであって，また，⑵背信的悪意者が正当な利益を有する第三者にあたらないとして民法 177 条の「第三者」から排除される所以は，第 1 譲受人の売買等に遅れて不動産を取得し登記を経由した者が登記を経ていない第 1 譲受人に対してその登記の欠缺を主張することがその取得の経緯等に照らし信義則に反して許されないということにあるのであって，登記を経由した者がこの法理によって「第三者」から排除されるかどうかは，その者と第 1 譲受人との間で相対的に判断されるべき事柄であるからである（最判平 8・10・29））

二重譲渡の法理
　○**法律行為の取消**（大判昭 17・9・30 大審院民事判例集 21 巻 911 頁），時効取得（最判昭 46・11・5 民集 25 巻 8 号 1087 頁），共同相続（最判昭 38・2・22 民集 17 巻 1 号 235 頁），遺産分割（最判昭 46・1・26 民集 25 巻 1 号 90 頁）

取引安全
　○**不実の登記と 94 条 2 項類推適用**（最判昭 45・9・22 民集 24 巻 10 号 1424 頁）

⑶　動産物権変動と引渡し

　動産の物権変動の対抗要件は，引渡しによって備えることができる（178 条）。引渡しとは，当事者の意思に基づく占有の移転をいう。不動産物権変動の対抗要件である登記と比べると，公示機能は十分でない。

　引渡しには，①現実の引渡し（182 条 1 項）のほか，②簡易の引渡し（同条 2 項），③占有改定（183 条），④指図による占有移転（184 条），の各方法がある（占有権の譲渡参照）。

　動産物権変動については，即時取得の規定（192 条以下）が適用される。取引安全を図り取引の相手方を保護している（ここでの「保護」は，物権変動の効果を維持することをいう）。

登録制度　自動車，航空機，船舶，建設機械などは動産であるが，権利関係を明確にするために登録制度が設けられている。

立木法の登記　立木は，土地の定着物として不動産となる。立木は立木法（立木ニ関スル法律）によって登記することができる。登記された立木は，次の明認方法ではなく，登記が対抗要件となる。

明認方法　未分離果実，立木，温泉権などが取引の対象になる場合，当該樹木を所有する旨を墨守する，標杭を立てる等の明認方法が用いられることがあり，これが取引における一定の公示機能を果たしている。

立木法による対抗要件が具備されない場合でも，明認方法を施すことにより，対抗要件が具備される。これにより，立木自体の取引が可能になる。

5　物権の承継取得と原始取得

前述のように，BがAの所有権を売買などにより承継することによって，Aの所有権を取得することができる。これを物権の承継取得という。所有権の承継取得の原因としては，売買，贈与などのほか，相続もここに位置する。承継取得ではその所有権が有する負担（制限物権，担保物権など）や瑕疵を引き継ぐ。

他方，Bが承継によらずに，すなわち原始的に自己の物とすることを原始取得という。物権の原始取得として，所有者が不明等の場合である無主物の先占（239条），遺失物の拾得（240条），埋蔵物の発見（241条）があり（なお，2006年の遺失物法改正により240条が改正された），また，添付（242条〜248条）がある。添付には，不動産の付合（242条），動産の付合（243条・244条），混和（245条），加工（246条）があり，いずれも所有者の異なる物が1つの物になる場合である。原始取得にはさらに，時効（取得時効），即時取得による取得がある。原始取得では原則として負担や瑕疵のない所有権を取得する。

6　取得時効

取得時効は，所有権を取得する場合と，所有権以外の財産権を取得する場合とがある。

10年，20年

所有権　他人の物について時効で所有権を取得するための要件は，他人の物を所有の意思をもって一定期間平穏かつ公然に継続して占有することである。この期間は，占有開始時に，占有者が善意・無過失のときは10年，そうでないときは20年である（162条）。所有の意思をもってする占有を自主占有という（所有の意思のない占有を他主占有という）。自主占有か他主占

有かは占有の態様によって客観的に判断される。所有の意思，平穏かつ公然（取引による取得など），善意（他人の物とは知らなかったこと）は，推定されるから（186条1項），それぞれの主張立証は不要である。また，判例は前主の善意は承継されると解し，「善意占有の承継」を認める。

所有権以外の財産権　所有権以外の財産権（地上権，地役権，不動産賃借権等）は，一定期間その権利があるかのような状態が平穏かつ公然に継続することである。その期間は所有権の場合と同様，悪意は20年，善意無過失は10年である（163条）。なお，地役権の取得時効については「継続かつ表現」であることが必要である（283条）。

　抵当権は，物の交換価値を把握する権利であるから，取得時効の対象にならない。

不動産の時効取得と登記　民法典は不動産の時効取得の要件として，一定期間の占有の継続のみを要求し，登記は要求していない。

　時効取得の対抗について，判例は，不動産を時効取得した場合には登記を真の所有者から経由すべきであり，経由しない間に真の所有者が別の者にその不動産を譲渡し，登記をその者に経由してしまった場合には，時効取得者は登記の経由を受けた者に対して時効取得を主張することができないと解する。不動産取引の物権規制は，登記の有無を基準にすべきであるとする考え方である。しかし，これに対しては，時効制度の趣旨を考慮し，占有の継続という事実を重視する考え方もあり，これによると登記の経由を受けた者があっても，時効の起算点を後日にずらすことによって，登記経由時よりも後に時効期間が到来するときは，時効の利益を援用することができると解する。

7　取引安全に関する民法制度

　取引安全に関する民法制度としては，表見代理（109条以下），制限行為能力者の取引相手方の保護（20条，21条），心裡留保（93条本文）・虚偽表示（94条2項）・錯誤（95条），詐欺（96条3項），動産の即時取得（192条），債権の準占有者

への善意・無過失の弁済 (478 条)，などがある。これらの規定を意思表示論として総合的に捉えることが重要である。

　取引安全といっても，民法と商法では同一でない。商法は商人を対象とするから，取引安全について一層の合理性が追求される。

　取引安全は，民法財産法における原則であるが，例えば成年後見法分野では，取引安全よりも本人の利益がより重視される。そこでは取引安全を重視する財産法の論理が修正されている。

⑧ 所有者不明土地

　民間研究会 (増田寛也代表) の報告 (2017 年 10 月) によると，所有者不明の土地が広がっており，災害復旧，公共事業に支障が生じている。また，土地の有効利用ができない経済損失は 6 兆円に登るという。2018 年 6 月，所有者不明土地の利用の円滑化等に関する特別措置法が制定された。要点は，所有者の把握・実態の確認のため，地籍整備の加速，登記官の調査権限の強化，登記簿と戸籍の情報の連携など，所有者不明土地の発生抑制のため，相続登記の義務化，所有権放棄を認める制度の創設などである。

　立法の背景となる事情は，不動産登記が義務化されていないこと，土地所有権の放棄が認められていないこと等の実体法上の問題や，多数の書類が必要となる (死亡者の出生からのすべての戸籍 (除籍)・住民票 (除票) 相続人全員の戸籍と住民票，固定資産の評価証明書，住所表示に変更があった場合の証明書，遺言状又は遺産分割協議書・印鑑証明，登記申請書 (代理申請は委任状)，登録免許税) など，登記制度が複雑なことなどが指摘され，登記簿，固定資産税台帳，地籍調査などの情報を一元的に管理する制度の創設が期待されている (法務省法制審議会で検討中)。

　以上の問題とも関連するが，空き家問題も深刻になりつつあり，空き家の管理 (老朽化，シロアリ，雑草・倒木等)，管理の不足による周辺環境の悪化，近隣住民や地域の安全性の問題などが生じている。こちらは所有者が判明していることも多い。

　以上は，民事政策の必要性を明らかにしており，政策立案に資する民法学者による規範定立作業の重要性を明かにした実例として評価することができる。

【判例】

明認方法

　○明認方法は，それが存続することによって対抗力を有する（最判昭36・5・4民集15巻5号1253頁）。

取得時効

　○自己の物の時効取得。162条の占有者には，権利なくして占有をした者のほか，所有権に基づいて占有をした者も含まれる（大判昭9・5・28民集13巻857頁）。同条は，自己の物について取得時効の援用を許さない趣旨ではない（最判昭42・7・21民集21巻6号1643頁）。

　○建物賃借人らは，敷地の所有権を時効取得すべき者（建物賃貸人）又はその承継人から，敷地上に同人らが所有する建物を賃借しているにすぎず，敷地の取得時効の完成によって直接利益を受ける者ではないから，敷地の所有権の取得時効を援用することはできない（最判昭44・7・15民集23巻8号1520頁）。

　○**前主の無過失**。10年の取得時効の要件としての占有者の善意・無過失の存否については，占有開始の時点においてこれを判定すべきものとする162条2項の規定は，時効期間を通じて占有自体に変更がなく同一人により継続された占有が主張される場合だけでなく，占有自体に変更があって承継された2個以上の占有が併せて主張される場合についてもまた適用される。後の場合は，その主張にかかる最初の占有者につきその占有開始の時点においてこれを判定すれば足りる（最判昭53・3・6民集32巻2号135頁）。

　○**第三者異議事件**（最判平24・3・16判時2149号68頁，判タ1370号102頁）

　本件各土地につき抵当権の設定を受けていた上告人が，抵当権の実行としての競売を申し立てたところ，本件各土地を時効取得したと主張する被上告人が，この競売の不許を求めて第三者異議訴訟を提起した。土地の取得時効と登記，抵当権の関係が問題となった。

「(4)被上告人は，平成20年8月9日，Bに対し，本件各土地につき，所有権の取得時効を援用する旨の意思表示をした。

3　所論は，時効取得者と取得時効の完成後に抵当権の設定を受けてその設定登記をした者との関係は対抗問題となり，時効取得者は，抵当権の負担のある不動産を取得するにすぎないのに，これと異なり，被上告人の取得時効の援用により本件抵当権は消滅するとした原審の判断には，法令の解釈を誤る違法があるというのである。

4　(1)時効取得者と取得時効の完成後に抵当権の設定を受けてその設定登記をした者との関係が対抗問題となることは，所論のとおりである。しかし，不動産の取得時効の完成後，所有権移転登記がされることのないまま，第三者が原所有者から抵当権の設定を受けて抵当権設定登記を了した場合において，上記不動産の時効取得者である占有者が，その後引き続き時効取得に必要な期間占有を継続したときは，上記占有者

が上記抵当権の存在を容認していたなど抵当権の消滅を妨げる特段の事情がない限り，上記占有者は，上記不動産を時効取得し，その結果，上記抵当権は消滅すると解するのが相当である。その理由は，以下のとおりである。

ア　取得時効の完成後，所有権移転登記がされないうちに，第三者が原所有者から抵当権の設定を受けて抵当権設定登記を了したならば，占有者がその後にいかに長期間占有を継続しても抵当権の負担のない所有権を取得することができないと解することは，長期間にわたる継続的な占有を占有の態様に応じて保護すべきものとする時効制度の趣旨に鑑みれば，是認し難いというべきである。

イ　そして，不動産の取得時効の完成後所有権移転登記を了する前に，第三者に上記不動産が譲渡され，その旨の登記がされた場合において，占有者が，上記登記後に，なお引き続き時効取得に要する期間占有を継続したときは，占有者は，上記第三者に対し，登記なくして時効取得を対抗し得るものと解されるところ（最高裁昭和 34 年（オ）第 779 号同 36 年 7 月 20 日第一小法廷判決・民集 15 巻 7 号 1903 頁），不動産の取得時効の完成後所有権移転登記を了する前に，第三者が上記不動産につき抵当権の設定を受け，その登記がされた場合には，占有者は，自らが時効取得した不動産につき抵当権による制限を受け，これが実行されると自らの所有権の取得自体を買受人に対抗することができない地位に立たされるのであって，上記登記がされた時から占有者と抵当権者との間に上記のような権利の対立関係が生ずるものと解され，かかる事態は，上記不動産が第三者に譲渡され，その旨の登記がされた場合に比肩するということができる。また，上記判例によれば，取得時効の完成後に所有権を得た第三者は，占有者が引き続き占有を継続した場合に，所有権を失うことがあり，それと比べて，取得時効の完成後に抵当権の設定を受けた第三者が上記の場合に保護されることとなるのは，不均衡である。」

第 2　物権各則

1　概　観

　民法典第 2 編の「物権」の第 2 章〜第 10 章は物権各則の分野を構成する。物権各則では占有権，所有権，抵当権など 10 の物権を扱い，その要件や効果等について規律している。

図Ⅶ—3　民法典上の物権（民法典第2編第2章～第10章）　物に対する支配の内容

〈占有権〉
第2章　占有権　・物を占有する権利（事実上の支配）
〈所有権〉
第3章　所有権　・物を使用，収益，処分する権利
〈用益物権〉〈他人の所有する土地を使用，収益する権利〉
第4章　地上権　・工作物や竹木を所有する権利
第5章　永小作権　・耕作又は牧畜をする権利
第6章　地役権　・自己の土地の便益（公路への通行など）に供する権利
＊入会権　・その村の住民らが山や川に入り会う慣習上の権利（263条，294条）
〈担保物権〉〈債権の担保として他人の物を支配する権利〉
第7章　留置権　・その物を留置することにより債務の履行を促す権利
第8章　先取特権　・特別の債権を有する者が優先弁済を受ける権利
第9章　質権　・物を占有しその物につき優先弁済を受ける権利
第10章　抵当権　・占有を移さずに提供された不動産につき優先弁済を受ける権利

2　占有権とは

　占有権は，自己のためにする意思をもって，物を所持することによって，これを取得する（180条）。占有権は，物の所持という事実に基づく権利であり，所持することにつき法律上の根拠（これを権原という）を有するか否かは問わない。この点，所有権などその他の物権にはない特徴を有する。

　占有権は事実上の支配に注目するものであるから，180条の規定にもかかわらず自己のためにする意思をあまり厳密に解する必要はない。

占有権の効力

占有の訴え　　占有の訴え（占有訴権ともいう）には，占有保持の訴（198条），占有保全の訴（199条），占有回収の訴（200条）がある。これらは物権的請求権の根拠にもなっている。

即時取得（善意取得）　　民法は占有権の効力として，即時取得について規定する。すなわち，取引行為によって，平穏に，かつ，公然と動産の占有を始めた者は，善意であり，かつ，過失がないときは，即時にその動産について行使する権利を取得する（192条）。ただし，盗品又は遺失物については，特則がある（193条～194条）。「動産の占有を始めた」という

要件は民法現代語化の改正によって明記された。即時取得の要件のうち，平穏，公然，善意は推定されるから（186条1項），即時取得の効果を主張する者はこれらの事実を主張立証する必要はない。無過失についても同様である（188条参照）。

　以上を物権変動としてみると，動産の引渡し（現実の引渡し，指図による引渡し）には公信力が認められており，取引の動的安全が図られている。なお，制限行為能力者からの即時取得の可否については，制限行為能力者を保護する必要があるから即時取得は適用されないと解されている。

図Ⅶ—4　即時取得に関する判例

(1)　即時取得の規定が適用される場合
　○工場財団に属する動産（最判昭36・9・15民集15巻8号2172頁）
　○道路運送車両法により登録された自動車の登録が抹消された場合（最判昭45・12・4民集24巻13号1987頁）
(2)　即時取得の規定が適用されない場合
　○占有改定による引渡しと即時取得（消極）（最判昭35・2・11民集14巻2号168頁）
　○道路運送車両法により登録された自動車（最判昭62・4・24判時1243号24頁）

3　所有権とは

　所有者は，法令の制限内において自由にその所有物の使用，収益及び処分をなす権利を有すると規定する（206条）。

　本条は「法令の制限内において」と述べているが，このことについては，「本条の書き方は，ややミスリーディングであるように思われる。というのは，本条では，何か絶対的に自由な所有権という実体が存在し，法令がそれを外から制限する，というように把握されているからである。所有権は，決してそのようなものではなく，法律が規制している具体的な関係そのものを含む多くの諸関係の束にほかならない。所有権の内容そのものが法律や判例によって形成されていくのであり，まず絶対的な所有権が存在しそれが法律や判例によって制限されていくのではない。」（野村好弘）とする指摘がある。

　所有権の内容を定める法令は，数多く存在する。これらのうち例えば土地収用法は，その目的を「公共の利益の増進と私有財産との調整を図り，もっ

て国土の適正かつ合理的な利用に寄与すること」に求める。

　物権法は，所有権法を基礎とする。所有権法を明らかにするためには，民法とともに，以上のような実定法の原理とその機能を探ることも重要である。

憲法の財産権保障　　憲法 29 条は「財産権は，これを侵してはならない」(1項) と定め，財産権不可侵の原則を定める。この原則はわが国の私有財産制度を保障したものである。ここに財産権とは，財産上の利益を守るための権利をいい，民法上の物権 (所有権，用益物権，担保物権など) や債権が典型的な権利である。所有権は財産権のなかで最も基本となる権利である (わが国の経済社会発展の法的基礎となっている)。

　憲法 29 条は財産権の保障を掲げるとともに，さらに「財産権の内容は，公共の福祉に適合するように，法律でこれを定める」(2項)，「私有財産は，正当な補償の下に，これを公共のために用いることができる」(3項) と定め，財産権に対する一定の制限を認める。3 項は公用収用の根拠規定であり，この補償を損失補償という。なお，正当な補償とは適正補償をいい，完全補償を意味するものではない (通説)。

　自動車交通，道路設置，道路管理維持作業等に起因して，沿道住民，農作物等に被害が生ずる場合があり得るが，かかる被害を事業損失といい，違法性が認められれば損害賠償の対象となる。また，個別に補償規定が設けられていればそれに従う。

土地の立体的活用

空中権　　現代における科学・技術の進歩は，地下鉄，地下街，モノレール，立体道路など，地下・空中 (空間) の利用，開発を可能にした。かかる土地利用の立体化，高度化は，経済社会の発展，都市への人口集中などに伴って，法律論や政策論としても要請されることがあろう。

　土地の有効利用又は高度利用は，土地利用のあり方の一つと考えることができる。そこでは，土地の無秩序な開発，利用が許されるわけではなく，環境，安全，防災に配慮しなければならないことはいうまでもない。わが国の土地基本法は，土地についての公共の福祉優先 (2条)，適正な利用及び計画に従った利用 (3条)，投機的取引の抑制 (4条)，及び，価値の増加に伴う利益

に応じた適切な負担 (5条)，国・地方公共団体，事業者，国民の各責務 (6条〜8条)，などについて明らかにしている。

　地下・空中の開発，利用のための法的手法として用いられている権利を総称し，あるいはその一部をとりだして，空中権 (又は地下権) という。

　空中権は一般には，地下又は空中の一定範囲を利用することを内容とする権利を総称し，私的権利としては，区分地上権 (民法 269 条ノ 2)，地役権 (同 280条)，賃借権 (同 601 条)，建物区分所有権 (建物の区分所有等に関する法律) などがその機能を担う。区分地上権は，土地の有効利用，土地利用の高度化という当時の社会的要請を受け，1966 年の民法改正によって導入された。地役権は自己の土地 (要役地) の便益のために他人の土地 (承役地) を利用する権利をいう。電力会社と地権者との間で送電線架設のために地役権が設定されることがあり，空中利用の例として掲げることができる。

　建物区分所有権は，元々は民法の相隣関係の 1 つとして規定されていた(208 条) が，マンション等の集合住宅の権利関係を明確にするため，1962 年改正により同規定は削除され，特別法による整備がなされたのである。

　また，地下・空中の開発，利用を促進する公法上の制度があり，具体的には，容積率の割増・移転 (TDR ともいう)，道路の占用許可，立体道路整備，特定街区，総合設計などを挙げることができる。これらの仕組みを，より容易に利用するための方法として，地区計画制度との複合利用が提案されている。

　大深度地下利用　土地の所有権は，法令の制限内において，その土地の上下に及ぶため (207 条)，その上下を他人が利用するためには地上権，賃借権等の何らかの権原が必要となり，しばしば補償等の要否，その額をめぐって紛争が生じ得る。しかし，権原の必要性は，観念的にはそういえるということであり，実際上の影響が皆無あるいはほとんどないと認められるような場合にまで常にその考え方を貫徹する必要があるかは疑問であり，政策的判断が求められていた。とりわけ電気，水道，ガス，道路・鉄道など，一定の公益事業の開発については，土地所有者の同意を必須の要件とせず，無補償で開発することを認める必要性がある。

　以上のような背景のもとに，大深度地下の公共的使用に関する特別措置法(2000 年) が制定された。同法は，公共の利益となる事業による大深度地下の

使用に関し，環境，安全，防災において問題がないことなど，その要件，手続等について特別の措置を講ずることにより，当該事業の円滑な遂行と大深度地下の適正かつ合理的な利用を図ることを目的とする（1条）。

相隣関係　所有権の章のなかに相隣関係の規定が設けられている（209条～238条）。相隣関係の規定は，互譲の精神に基づき，隣接する土地の利用関係を調整することを目的としている。相隣関係は実務上，土地利用関係の紛争の解決において重要な役割を果たしている。なお，相隣関係法における互譲の精神は，地域における良好な生活関係を構築する基礎となり得るものであり，広く民法解釈論において参考にされてよい。

相隣関係の法的性格は法定地役（旧民法，仏民法649条～685条の考え方）ではなく，所有権の内容そのものをなすものである。

以上の所有権における相隣関係の規定は，地上権者間又は地上権者と土地所有者との間に準用されている（267条）が，土地利用の調整という規定の趣旨から永小作権や土地賃借権など類似の利用権にも準用されるべきである（通説）。

民法の相隣関係の内容は，土地，水，境界，建物等に分かれているが，以下では水について概観する。

水に関する相隣関係　自然的排水に関する規定（214条，215条，217条）と，人工的排水に関する規定（216条～218条，220条，221条）とがある。このほか流水に関する規定（219条，222条）がある。

自然（的）排水，すなわち水の自然な流れについては，低地所有者はこれを妨害してはならない（214条）。また，水流が事変により低地でつまったときは，高地所有者は自費で低地に対する疎通工事を行うことができる（215条）。他方，人工（的）排水，すなわち排水施設を利用した排水は原則として認められない。しかし，高地所有者が浸水地を乾かすため，又は家用・農工業用の余水を排泄するために，公路，公流又は下水道に至るまで低地に水を通過させることができる（220条本文）。ただし，低地のために損害の最も少ない場所及び方法を選ばなければならない（同ただし書）。また，土地の所有者は，その所有地の水を通過させるため，高地又は低地の所有者が設けた工作物を使用することができる（221条1項）。この場合に他人の工作物を使用する者はその

利益を受ける割合に応じて工作物の設置及び保存の費用を分担することを要する（同2項）。

【判例】
相隣関係

　○宅地の所有者は，他の土地を経由しなければ，水道事業者の敷設した配水管から当該宅地に給水を受け，その下水を公流又は下水道等まで排出することができない場合において，他人の設置した給排水設備をその給排水のため使用することが他の方法に比べて合理的であるときは，その使用により当該給排水設備に予定される効用を著しく害するなどの特段の事情のない限り，民法220条及び221条の類推適用により，当該給排水設備を使用することができるものと解する（最判平14・10・15判時1809号26頁）。

　○入浴，洗面，便所の使用，会話，炊事，洗濯など常識的な日常生活に伴って必然的に発生する騒音は，基本的には社会生活上のエチケットの問題であり，音量や頻度が常識を欠いて甚だしい程度に達するなど，特別の事情のない限り，社会生活上近隣居住者が相互に受忍し合うべきものというべきである（東京地判平4・1・28判タ808号205頁）。

4　用益物権──地上権，永小作権，地役権，入会権

　地上権，永小作権，地役権，入会権は，他人の土地の用益（使用，収益）を目的とする物権であり，用益物権と呼ばれる。

　機能をみると，20世紀の中頃から後半に至り，大都市及びその近郊において土地の高度利用・有効利用が求められ，そのための法制度として所有権，建物区分所有権のほか，区分地上権，地役権（さらには定期借地権，定期借家権など）が考えられる。

(1)　地上権とは

　地上権とは，他人の土地において工作物や竹木を所有するため，その土地を使用する権利をいう（265条）。なお，地上権が建物所有を目的とする場合は，借地借家法の適用がある（同法1条参照。ここでは地上権と賃借権が同様の機能を果している）。

区分地上権 区分地上権(269条の2)は,土地の高度利用の要請にふさわし い権利内容を実現するために,1966年に導入された。通称, 地下権,空中権などともいわれる。

すなわち,地下又は空間は,上下の範囲を定め工作物を所有するためこれ を地上権の目的となすことができる。この場合においては設定行為をもって 地上権の行使のために土地の使用に制限を加えることができる(同条第1項)。

区分地上権は,第三者が土地の使用又は収益をなす権利を有する場合にお いてもその権利又はこれを目的とする権利を有するすべての者の承諾あると きは,これを設定することができる。この場合,土地の使用又は収益をなす 権利を有する者は,その地上権の行使を妨げることができない(同条第2項)。

区分地上権は地上権の一つの態様である。

(2) 地役権とは

地役権とは,設定行為をもって定めた目的に従い,他人の土地を自己の土 地の便益に供する権利をいう(ただし,公の秩序に関する規定に違反しないことを要 する)(280条)。この場合,他人の土地を承役地(285条1項参照),自己の土地を 要役地(281条1項参照)という。

相隣関係は上記のように所有権の内容として当然に認められるが,地役権 は契約によって設定される。

地役権の例としては,用水地役権(285条),通行地役権などがあり,送電線 施設にも利用されている。

例えば送電線下の土地利用をみよう。先にみた区分地上権は,送電の物的 施設(鉄塔,変電所,送電線等)に着目すると適合するが,電気エネルギーの送 電という機能に着目すると適合しないところがある。区分地上権は,電線の 地中化が進められる場合には,権利の範囲が確定できるので有効な権利とな り得る。現状では,送電線の実際のたるみ等を登記簿面に表示することは煩 雑かつ困難であるといわれている。

地役権の本質をどうみるか 地役権の本質を,承役地に対する負担と考える か,それとも要役地の価値増加と考えるかにつ いては,およそ三つの考え方があり得る。

第 1 説，要役地の価値を増すために承役地に一定の制限あるいは不作為を課すことにその本質を求めるもの，第 2 説，要役地の価値を増す点に本質があるとし，その反射的な跳ね返りとして承役地に一定の負担がかかるに過ぎないとするもの，第 3 説，要役地の価値増加と承役地の負担とが不可分一体となっている点にその本質を求めるもの，である。承役地の負担だけをとりだしてしまうと，それはもはや民法の規定する地役権の概念から外れてしまう。このうち，第 2 説は地役権の機能面を重視し，第 3 説は要役地と承役地とのバランスを重視する。

イーズメント　イーズメント（easement）とは，英米法上，「ある土地の所有者が隣接する土地をその所有権と両立するような特定目的で利用し得る権利」とされ，これには通行権，流水権，空気利用権，採光権，囲繞権，行楽権などの種類がある。イーズメントの機能は広範に及んであり，土地利用の需要に応えることができる。

　イーズメントの一態様として，コンサヴェイション・イーズメント（conservation easement）がある。これは，土地所有者が土地保存のため土地の一定区画の開発権を移転するものである。保存の対象となる土地は，野生生物の生息地，川の流域，名勝地，農地，放牧地，森林地などがある。また，歴史的価値のある土地，建物の保存も含まれている。開発の制限がどこまで及ぶかは場合によって異なり，原始的自然地域の保存の場合は伐採，発掘など土地の現状を変更する行為や建物の築造等が制限される。これに対し，農地の保全の場合は農地の分割や一定の開発は制限されるが，農業に必要な築造等は認められる。

(3)　入会権とは

　わが国の村落には昔から入会の慣行（山や川に入り会い，山菜，茸，薪等を採取することなど）があり，村人の日常生活を維持し，地域生活における村人相互の結束を高める重要な役割を果たしてきた。

　民法は入会権について，共有の性質を有する入会権（263 条）と共有の性質を有しない入会権（294 条）とに分け，それぞれ当地の慣習を重視する。なお，共同所有の態様としては，その全体と個との関係において強弱があり，共有

のほか，合有と総有の類型が考えられている。全体への個の従属性は，共有
は弱く総有は強い（合有はその中間に位置する）。入会権における共同所有は総有
と解されているが，個々の権利の従属性がより弱いものも存在した。

　入会権の近代化については，入会林野等に係る権利関係の近代化の助長に
関する法律（1966 年施行）が制定された。これにより村落の近代化が進み，入
会の慣行は急速に解体している。これは物権の合理的な整序として評価でき
る反面，地域の人々の関係は希薄化している。入会の慣行は今日，地域の絆
とは何かをあらためて考えさせる。

【判例】
地役権
　○通路所有者が原告らの通行に異議を唱えず，それを黙認していたこと及びその通
路の維持・管理費用の負担を原告らに求めていたことなどの事情において，通路を承
役地とする通行のための地役権が黙示的に設定されたと認められる場合がある（東京
地判平 2・2・27 判時 1366 号 65 頁参照）。

入会権
　○入会権は権利者である一定の村落住民の総有に属する（最判昭 41・11・25 民集
20 巻 9 号 1921 頁）。
　○国有地の入会権（最判昭 48・3・13 民集 27 巻 2 号 271 頁）
　○村落住民が入会団体を形成し，それが権利能力のない社団にあたる場合には，当
該入会団体は構成員全員の総有に属する不動産につき，これを争う者を被告とする総
有権確認請求訴訟を遂行する原告適格を有する（最判平 6・5・31 民集 48 巻 4 号 1065
頁）。

5　担保物権——留置権，質権，先取特権，抵当権

(1)　担保制度と担保物権

　担保制度は，銀行等の金融機関が企業，個人等に融資する場合の基礎にな
るものである。

　担保物権の種類には，民法典に規定された留置権，質権，先取特権，抵当
権のほか，譲渡担保などがある。担保物権も物権の一種である（物の経済的価
値を支配する）が，担保物権に特有の問題がある。ここに，より基本的には，近

代社会における金銭債権及び担保制度の意義を確認することができる。

債権者平等の原則　なぜ担保制度が必要かは，債権の性質に求めることができる。すなわち，債権者は債務者の総財産（一般財産）に対して権利を行使することができるが，その地位は他の債権者と平等である（これを債権者平等の原則という）から，A が先に債権を取得しても後に債権を取得した B に優先しない。また，債務者 C の財産が，維持されるとは限らず，売却されるなどして減少することもある。債権には，その効力として詐害行為取消権や債権者代位権があり，A は一定の要件のもとにこれを行使することができるが，それにも限界がある。これでは安心して取引することができないので，担保制度が必要とされているのである（担保制度の存在根拠）。

典型的な取引態様では，金銭消費貸借契約を締結するにあたり，債務者の弁済を担保するための手当てが行われる。担保制度はその有力な方法である。

物的担保と人的担保　担保には，債務者等の物や権利を支配する物的担保（留置権，質権，先取特権，抵当権，譲渡担保など）と，債務者以外の人に対して弁済義務を負わせる人的担保（保証，連帯保証など）とがある。

物的担保は物権編，人的担保は債権編（債権総則）において規律される。物的担保と人的担保とは，担保ということでは目的，機能が共通しており，民法典の担保物権と債権編とは密接に関連する。そこで，最近の教科書にはこの両者を一括して扱うものがある。

図Ⅶ—5　民法における物的担保の種類

（1）　法定担保物権　→　留置権，先取特権 　　　　（法律上当然に発生する担保物権）
（2）　約定担保物権　→　質権，抵当権 　　　　（契約によって設定される担保物権）

担保物権の性質　担保物権に共通する性質として，付従性（附従性），随伴性，不可分性，物上代位性を挙げることができる。

① 付従性

担保物権は，被担保債権（担保される債権）がなければ成立せず，被担保債権が消滅すれば消滅する（付従性）。しかし，質権や抵当権では，付従性は緩和されている。

② 随伴性

担保物権は，被担保債権の処分とともに移転する（随伴性）。

③ 不可分性

担保物権は，債務の全部の弁済を受けるまでは，その目的物の全部を支配することができる（296条，305条，350条，372条）（不可分性）。

④ 物上代位性

担保物権の目的物が売却，賃貸，滅失又は損傷した場合，それによって債務者が受けるべき代金債権，損害賠償債権などに効力を及ぼす（304条，350条，372条）（物上代位性。留置権は物上代位性を有しない）。これが物上代位権である。

物上代位権を行使するためには，その払渡し又は引渡し前に，差押えをしなければならない（304条1項ただし書）。

民法典上の担保物権　物的担保のうち，民法典が規定する担保物権は4種あり，そのうち(1)留置権と先取特権は一定の要件が備われば法律上当然に生ずる（法定担保物権）。これに対して，(2)質権と抵当権は当事者の約定（契約）によって設定される（約定担保物権）。

(1)　留置権とは——法定担保物権の1

留置権とは，他人の物の占有者がその物と関連性のある債権を有するとき，その債権の弁済があるまでその物を留置することのできる権利をいう（295条）。留置機能を認めることにより，債務の弁済を促すことができる。そして，これにより当事者間の公平を図ることができる。例えば，車の修理業者は，その車の修理代金の支払いがなされるまで，その車を留め置くことができる。

【判例】
　　○留置権の成立要件。その物に関して生じた債権といえない場合は，留置権は成立しない（不動産二重売買につき，最判昭43・11・21民集22巻12号2765頁）。

○**留置権と不可分性の捉え方**（最判平 3・7・16 民集 45 巻 6 号 1101 頁）

「民法 296 条は，留置権者は債権の全部の弁済を受けるまで留置物の全部につきその権利を行使し得る旨を規定しているが，留置権者が留置物の一部の占有を喪失した場合にもなお右規定の適用があるのであって，この場合，留置権者は，占有喪失部分につき留置権を失うのは格別として，その債権の全部の弁済を受けるまで留置物の残部につき留置権を行使し得るものと解するのが相当である。そして，この理は，土地の宅地造成工事を請け負った債権者が造成工事の完了した土地部分を順次債務者に引き渡した場合においても妥当するというべきであって，債権者が右引渡しに伴い宅地造成工事代金の一部につき留置権による担保を失うことを承認した等の特段の事情がない限り，債権者は，宅地造成工事残代金の全額の支払を受けるに至るまで，残余の土地につきその留置権を行使することができるものといわなければならない。」

(2)　先取特権とは──法定担保物権の 2

先取特権とは，法律により規定された特別の債権を有する者が，債務者の財産について優先弁済を受けることができる権利をいう（303 条）。ここでの債務者の財産は，総財産（一般の先取特権），動産（動産の先取特権），不動産（不動産の先取特権）に分かれる。先取物権は特別の債権に優先弁済機能を認めることにより，これを保護することを目的とする。なお，民法以外にも先取特権の規定をおくものがある（例えば，行政代執行法 6 条 2 項（費用の徴収について）など）。

一般の先取特権　共益の費用（307 条），雇用関係（308 条），葬式の費用（309 条），日用品の供給（310 条），の債権者は，債務者の総財産の上に先取特権を有する（306 条）。これを一般の先取特権という。

動産の先取特権　不動産の賃貸借（312 条〜316 条），ホテル・旅館の宿泊（317 条），旅客又は荷物の運輸（318 条），動産の保存（320 条），動産の売買（321 条），種苗又は肥料の供給（322 条），農業の労役（323 条），工業の労務（324 条）の債権者は，債務者の特定動産の上に先取特権を有する（311 条）。これを動産の先取特権という。

不動産の先取特権　不動産の保存（326 条），不動産の工事（327 条），不動産の売買（328 条），の債権者は，債務者の特定不動産の上に先取特権を有する（325 条）。これを不動産の先取特権という。

先取特権の効力——第三取得者，物上代位　先取特権は，債務者（例えば動産を売主Aから購入した買主B）がその動産を第三取得者（Bから転得した第三者C）に引き渡した後は，Aはその動産についてこれを行うことができない（333条）。この場合，Aは，BがCに対して有する転売代金債権を差し押え，そこから売買代金を優先的に回収することができる（304条1項）。これを物上代位という。

【判例】
　　○動産売買の先取特権と債権譲渡（最判平17・2・22判時1889号46頁）
　　「民法304条1項ただし書は，先取特権者が物上代位権を行使するには払渡し又は引渡しの前に差押えをすることを要する旨を規定しているところ，この規定は，抵当権とは異なり公示方法が存在しない動産売買の先取特権については，物上代位の目的債権の譲受人等の第三者の利益を保護する趣旨を含むものというべきである。そうすると，動産売買の先取特権者は，物上代位の目的債権が譲渡され，第三者に対する対抗要件が備えられた後においては，目的債権を差し押さえて物上代位権を行使することはできないものと解するのが相当である。」

(3)　質権とは——約定担保物権の1

　質権とは，債権者が債権の担保として債務者又は第三者から受け取った物を占有し，かつ，その物につき他の債権者に優先して自己の債権の弁済を受ける権利をいう（342条）。

　質権を設定するには，目的物の引渡しを必要とする（要物契約）。

質権の効力　質権は，留置的効力と優先弁済的効力の双方を有する。留置的効力を質権制度に特有のものとして重視する考え方と，留置機能は小さく優先弁済の補助的機能しかないとする考え方がある。

質権の目的物　質権の目的物は動産，不動産だけでなく，財産権についても認められる（それぞれ動産質，不動産質，権利質という）。民法は，質権に共通する総則（342条〜351条）のほか，動産質（352条〜355条），不動産質（356条〜361条），権利質（362条〜368条）の各節をおく。

　質権の目的物は，譲渡性を有するものでなければならない。

(4)　抵当権とは——約定担保物権の 1

抵当権とは，債務者又は第三者が占有を移さずに債務の担保として提供した不動産について優先弁済を受ける権利をいう（369条）。債務者以外の者が抵当権設定者になることができ，このような第三者を物上保証人という。民法上，抵当権の客体となるのは不動産（土地，建物）であり，地上権，永小作権が含まれる（特別法では船舶，航空機等も抵当権の客体になる）。

抵当権者は，設定行為で定めるところにより，一定の範囲に属する不特定の債権を極度額の限度において担保するためにも設定することができる。これを根抵当権といい，1971年の民法改正によって制度化された（398条の2～398条の22）。根抵当権の担保すべき不特定の債権の範囲は，債務者との特定の継続的取引契約によって生ずるものその他債務者との一定の種類の取引によって生ずるものに限定して，定めなければならない。特定の原因に基づいて債務者との間に継続して生ずる債権又は手形上もしくは小切手上の請求権は，上記の規定にかかわらず，根抵当権の担保すべき債権とすることができる。

抵当権設定者は，設定後も当該目的物の占有を継続することができるので，利用し易い。抵当権者も目的物について質権者のように管理をする必要がない。このような理由から抵当権は今日，不動産担保の主流として用いられ，担保制度のモデルとなっている。

抵当権法は，担保物権法の理論と実務の双方において，重要な位置を占めている。抵当権は，市場の不動産価値が上昇し続けたバブル経済が崩壊する前までは，安定した不動産担保方法として実務において高い信用力を保持したが，反面，融資基準・運用の甘さが起因して，バブル崩壊後はその被担保債権はいわゆる不良債権の元凶となってしまった。その後不良債権の処理が進められ，抵当権は再び物的担保としての信頼を取り戻しつつある。なお，近時は不動産担保に頼らない資金調達・金融支援の方法が開発・導入されている。

2003 年の担保法の改正　　2003年に抵当権を含む担保法の改正が行われた（2004年施行）。

担保法改正は，借地借家，成年後見，建物区分所有などの改正に続く私法

改革の一環として位置づけられるものである。特に，担保法と執行法，実体法と手続法における課題に総合的にとりくんだものとして評価することができる。

この改革は，担保法が，交換価値担保の機能とともに，収益価値担保の機能を有することを鮮明にさせている。

短期賃貸借保護制度の廃止等 短期賃貸借は，抵当権と利用権の調整を図ることを意図するものであるが，抵当権の実行を阻害するなど，しばしば抵当取引実務に弊害をもたらしてきた。そこで2003年の法改正により短期賃貸借保護制度を廃止し，抵当権に後れる賃貸借は，その期間の長短にかかわらず，抵当権者及び競売における買受人に対抗することができないとした。2003年改正法は，抵当権者同意制度（387条）と，建物明渡猶予制度（395条）の二つの制度を導入したのである。

法定地上権（388条） 土地及びその上に存する建物が同一の所有者に属する場合において，その土地又は建物につき抵当権が設定され，その実行により所有者を異にするに至ったときは，その建非物について，地上権が設定されたものとみなす。この場合において，地代は，当事者の請求により，裁判所が定める。

法定地上権制度の趣旨 民法は土地と建物を別個の不動産として扱っている。また，土地所有者が自己のために借地権（地上権あるいは賃借権）を設定すること（自己借地権）を認めていない（例外として借地借家法15条）。その結果，「土地とその上に存する建物が同一所有者に属する場合」に，土地あるいは建物に抵当権が設定され，実行された結果，土地と建物の所有者を異にした場合には，建物についてはその土地上に存立すべき権利（利用権）が設定されていないため，土地所有者から建物収去・土地明渡の請求があれば応ぜざるをえなくなる。これでは建物所有者に酷であり，建物を撤去するとなると社会経済上も損失である。つまり，建物撤去は私益，公益いずれも問題がある。そこで民法は建物所有者に法定地上権を認め，建物存立の法的根拠を与えたのである。

法定地上権の成否をめぐる問題は，抵当権（あるいは担保物権一般）と利用権との調整問題として要約できる。法定地上権の成立要件は，判例・学説によっ

て次第に緩和され，法定地上権の成立範囲が広げられた。しかし，更地事例については否定的に解されている。

　判例上は，法定地上権の成否について，建物保護の公的（＝社会経済的）要請，抵当権者保護，競落人保護，土地・建物所有者保護の各要請が考慮されてきた。

全体価値と個別価値　　土地と地上建物の共同抵当権については，目的物の価値の捉え方について考え方が分かれている。個別価値考慮説は，建物の価値は利用権付の価値と捉え，したがって，土地の価値は利用権の価値を差し引いた底地価値とみる。これに対して，全体価値考慮説は，土地と建物の価値の全体を支配しているとみる。地上建物が滅失して建物が再築された場合，法定地上権の成立は，個別価値考慮説では肯定され，全体価値考慮説では否定される。

【判例】
法定地上権
　○土地及びその地上の非堅固建物の所有者が土地につき抵当権を設定したのち地上建物を取り壊して堅固建物を築造した場合において，抵当権者が，抵当権設定当時，近い将来地上建物が取り壊され堅固建物が建築されることを予定して同土地の担保価値を算定したときは，抵当権者の利益を害しない特段の事情があるから，堅固建物の所有を目的とする法定地上権が成立する（最判昭52・10・11民集31巻6号784頁）。
　○最判平2・1・22民集44巻1号314頁
「土地について1番抵当権が設定された当時土地と地上建物の所有者が異なり，法定地上権成立の要件が充足されていなかった場合には，土地と地上建物を同一人が所有するに至った後に後順位抵当権が設定されたとしても，その後に抵当権が実行され，土地が競落されたことにより1番抵当権が消滅するときには，地上建物のための法定地上権は成立しないものと解するのが相当である。けだし，民法388条は，同一人の所有に属する土地及びその地上建物のいずれか又は双方に設定された抵当権が実行され，土地と建物の所有者を異にするに至った場合，土地について建物のための用益権がないことにより建物の維持存続が不可能となることによる社会経済上の損失を防止するため，地上建物のために地上権が設定されたものとみなすことにより地上建物の存続を図ろうとするものであるが，土地について1番抵当権が設定された当時土地と地上建物の所有者が異なり，法定地上権成立の要件が充足されていない場合には，1番抵当権者は，法定地上権の負担のないものとして，土地の担保価値を把握するのであるから，後に土地と地上建物が同一人に帰属し，後順位抵当権が設定されたことに

よって法定地上権が成立するものとすると，1番抵当権者が把握した担保価値を損な
わせることになるからである。なお，原判決引用の判例（大判昭14・7・26民集18巻
772頁，最判昭53・9・29日民集32巻6号1210頁）は，いずれも建物について設定さ
れた抵当権が実行された場合に，建物競落人が法定地上権を取得することを認めたも
のであり，建物についてはこのように解したとしても1番抵当権者が把握した担保価
値を損なわせることにはならないから，土地の場合をこれと同視することはできな
い。」

物上代位

○物上代位権に基づく差押えと一般債権者の差押えが競合した場合

　一般債権者による債権の差押えの処分禁止効は差押命令の第三債務者への送達に
よって生ずるものであり，他方，抵当権者が抵当権を第三者に対抗するには抵当権設
定登記を経由することが必要であるから，債権について一般債権者の差押えと抵当権
者の物上代位権に基づく差押えが競合した場合には，両者の優劣は一般債権者の申立
てによる差押命令の第三債務者への送達と抵当権設定登記の先後によって決せられ，
右の差押命令の第三債務者への送達が抵当権者の抵当権設定登記より先であれば，抵
当権者は配当を受けることができないと解すべきである（最判平10・3・26民集52
巻2号483頁）。

○物上代位と賃借人の相殺（最判平13・3・13民集55巻2号363頁）

　「抵当権者が物上代位権を行使して賃料債権の差押えをした後は，抵当不動産の賃
借人は，抵当権設定登記の後に賃貸人に対して取得した債権を自働債権とする賃料債
権との相殺をもって，抵当権者に対抗することはできないと解するのが相当である。
けだし，物上代位権の行使としての差押えのされる前においては，賃借人のする相殺
は何ら制限されるものではないが，上記の差押えがされた後においては，抵当権の効
力が物上代位の目的となった賃料債権にも及ぶところ，物上代位により抵当権の効力
が賃料債権に及ぶことは抵当権設定登記により公示されているとみることができるか
ら，抵当権設定登記の後に取得した賃貸人に対する債権と物上代位の目的となった賃
料債権とを相殺することに対する賃借人の期待を物上代位権の行使により賃料債権に
及んでいる抵当権の効力に優先させる理由はないというべきであるからである。そし
て，上記に説示したところによれば，抵当不動産の賃借人が賃貸人に対して有する債
権と賃料債権とを対当額で相殺する旨を上記両名があらかじめ合意していた場合にお
いても，賃借人が上記の賃貸人に対する債権を抵当権設定登記の後に取得したもので
あるときは，物上代位権の行使としての差押えがされた後に発生する賃料債権につい
ては，物上代位をした抵当権者に対して相殺合意の効力を対抗することができないと
解するのが相当である。」

担保物権の物権性

　○**抵当権に基づく妨害排除請求，債権者代位権**（最大判平 11・11・24 民集 53 巻 8 号 1899 頁）。

　「抵当権は，競売手続において実現される抵当不動産の交換価値から他の債権者に優先して被担保債権の弁済を受けることを内容とする物権であり，不動産の占有を抵当権者に移すことなく設定され，抵当権者は，原則として，抵当不動産の所有者が行う抵当不動産の使用又は収益について干渉することはできない。

　しかしながら，第三者が抵当不動産を不法占有することにより，競売手続の進行が害され適正な価額よりも売却価額が下落するおそれがあるなど，抵当不動産の交換価値の実現が妨げられ抵当権者の優先弁済請求権の行使が困難となるような状態があるときは，これを抵当権に対する侵害と評価することを妨げるものではない。そして，抵当不動産の所有者は，抵当権に対する侵害が生じないよう抵当不動産を適切に維持管理することが予定されているものということができる。したがって，右状態があるときは，抵当権の効力として，抵当権者は，抵当不動産の所有者に対し，その有する権利を適切に行使するなどして右状態を是正し抵当不動産を適切に維持又は保存するよう求める請求権を有するというべきである。そうすると，抵当権者は，右請求権を保全する必要があるときは，民法 423 条の法意に従い，所有者の不法占有者に対する妨害排除請求権を代位行使することができると解するのが相当である。

　なお，第三者が抵当不動産を不法占有することにより抵当不動産の交換価値の実現が妨げられ抵当権者の優先弁済請求権の行使が困難となるような状態があるときは，抵当権に基づく妨害排除請求として，抵当権者が右状態の排除を求めることも許されるものというべきである。

　最高裁平成元年（オ）第 1209 号同 3 年 3 月 22 日第 2 小法廷判決・民集 45 巻 3 号 268 頁は，以上と抵触する限度において，これを変更すべきである。

　四　本件においては，本件根抵当権の被担保債権である本件貸金債権の弁済期が到来し，被上告人が本件不動産につき抵当権の実行を申し立てているところ，上告人らが占有すべき権原を有することなく本件建物を占有していることにより，本件不動産の競売手続の進行が害され，その交換価値の実現が妨げられているというのであるから，被上告人の優先弁済請求権の行使が困難となっていることも容易に推認することができる。

　右事実関係の下においては，被上告人は，所有者である B に対して本件不動産の交換価値の実現を妨げ被上告人の優先弁済請求権の行使を困難とさせている状態を是正するよう求める請求権を有するから，右請求権を保全するため，B の上告人らに対する妨害排除請求権を代位行使し，B のために本件建物を管理することを目的として，上告人らに対し，直接被上告人に本件建物を明け渡すよう求めることができるものというべきである。」

（裁判官奥田昌道の補足意見がある。）

6　非典型担保

　取引実務では，民法典に規定された担保方法の他に，慣習法や判例法によって承認された担保方法が機能している。それらは民法典に規定されていないことから，非典型担保（あるいは変態担保）といわれる。非典型担保の例としては，譲渡担保などがある。

譲渡担保とは　譲渡担保は，債権の担保のために，設定に際し目的物（動産，不動産）の所有権あるいは財産権を債権者に移転するという方法をとる（以下，典型的場合である所有権移転を考える）。このような担保方法は，取引実務の要請をうけて発展してきたものであり，中小企業の生産金融等において一定の役割を果してきた。

　しかし，いわゆる「担保価値の丸取り」に典型的に現れるように，設定者（債務者等）の利益がしばしば害された。理論上は，譲渡担保は民法典に規定された担保方法でなかったこともあり，その有効性，暴利性などが問題とされた。この問題は，判例法において清算ルールが確立することによって解決された。学説は清算ルール等に関する法的構成論を精緻化している。

譲渡担保の法的構成論　譲渡担保の法的性質については，所有権移転という形式を重視する考え方から，担保としての実質を重視する考え方へ変化した。学説はかかる変化を，その構成の特徴を捉えて，「所有権的構成から担保（権）的構成へ」と表現する。

　譲渡担保の担保的構成の妥当性については，今日の学説が一致して承認する。もっとも，担保的構成の捉え方については考え方が分かれている。近時の新しい分類によると，担保的構成は所有権移転構成と所有権非移転構成に分けることができる。ここでは所有権移転構成は担保的構成の一つであって，担保的構成と対立する概念として用いられた所有権（的）構成とは異なる。授権説，二段物権変動説，期待権説は所有権移転を前提とする。譲渡担保における所有権の帰属が未確定の状態を容認し，一定時期を捉え，所有権を確定的にいずれかの者に帰属させる。所有権非移転構成の典型は，抵当権説である。

　所有権移転構成と所有権非移転構成とは対立するが，いずれも所有権移転の有無を民法の物権法レベルで捉える点において共通する。そこでは譲渡担

保契約の当事者が取得する権利はどのようなものかに問題の関心があり，これついて所有権，設定者留保権，抵当権，譲渡担保権などと諸論が主張されたのである。

特別法による整備

抵当権法の特別法としては，工場抵当法，鉄道抵当法，鉱業抵当法（以上，財団抵当3法），立木抵当，抵当証券法，農業動産信用法，動産抵当法（自動車，航空機，建設機械），企業担保法，などが制定されている。

流動動産譲渡担保の整備

動産物権変動の対抗要件は前述のように「引渡し」であるが，動産譲渡登記制度が創設され（動産及び債権の譲渡の対抗要件に関する民法の特例等に関する法律），流動動産譲渡担保の整備に貢献している。

【判例】
譲渡担保

○清算ルールの確立（最判平6・2・22民集48巻2号414頁）

「不動産を目的とする譲渡担保契約において，債務者が弁済期に債務の弁済をしない場合には，債権者は，右譲渡担保契約がいわゆる帰属清算型であると処分清算型であるとを問わず，目的物を処分する権能を取得するから，債権者がこの権能に基づいて目的物を第三者に譲渡したときは，原則として，譲受人は目的物の所有権を確定的に取得し，債務者は，清算金がある場合に債権者に対してその支払を求めることができるにとどまり，残債務を弁済して目的物を受け戻すことはできなくなるものと解するのが相当である（最高裁昭和46年（オ）第503号同49年10月23日大法廷判決・民集28巻7号1473頁，最高裁昭和60年（オ）第568号同62年2月12日第1小法廷判決・民集41巻1号67頁参照）。この理は，譲渡を受けた第三者がいわゆる背信的悪意者にあたる場合であっても異なるところはない。けだし，そのように解さないと，権利関係の確定しない状態が続くばかりでなく，譲受人が背信的悪意者にあたるかどうかを確知し得る立場にあるとは限らない債権者に，不測の損害を被らせるおそれを生ずるからである」。

○譲渡担保権者が被担保債権の弁済後に目的不動産を売却してしまった場合，譲渡担保設定者は，第三者である買主より先に登記を譲渡担保権者から経由していなければ，所有権の復帰を第三者に主張できない（最判昭62・11・12判時1261号71頁）。

<h1 style="text-align:center">第3　特別法の制定──物権法の展開</h1>

1　所有権のあり方

(1)　総論

　不動産所有者の権利と義務を明らかにするためには，不動産所有（権）に関連する実定法における原理を探求することが有益であろう。財産権の保障は憲法上の要請である（29条1項）が，公共のために制限を受けることもある（同条2項，3項）。私権が公共に遵うことは，私法の基本法である民法の基本原則でもある（1条1項）。

　分野別の基本法を，不動産所有権のあり方と密接に関連する土地と環境についてみると，土地基本法は，土地についての公共の福祉優先（2条），適正な利用及び計画に従った利用（3条），投機的取引の抑制（4条），及び，価値の増加に伴う利益に応じた適切な負担（5条），国・地方公共団体，事業者，国民の各責務（6条〜8条），などについて明らかにしている。また，環境基本法は，その基本的理念及び原則として，環境の恵沢の享受と継承等（3条），環境への負荷の少ない持続的発展が可能な社会の構築等（4条），国際的協調による地球環境保全の積極的推進（5条），を掲げる。そして，持続的発展が可能な経済社会の構築に向けて国，地方公共団体，事業者，国民のそれぞれの責務を明確にする（6条〜9条）。規制手法のほかに，環境影響評価，経済的措置などの重要性を明らかにし（20条，22条），環境教育・環境学習の推進，環境情報の提供，国際協力などについて規定する（25条，27条，32条〜35条）。さらに，原因者負担，受益者負担の原則（37条，38条）の考え方を示す。環境分野では，環境基本法の理念を基本法として展開した循環型社会形成推進基本法にも注目することができる。以上の基本法における責務規定は，原則として努力義務を課すものであり，また，それにとどまる。そのような規定の趣旨を受け，個別法レベルではより具体的，実質的な展開がみられる。

　不動産関係実定法としては，居住法だけでも建物区分所有法，マンション建替え円滑化法，マンション管理適正化法，住宅品質確保促進法，借地借家法，高齢者の居住の安定確保に関する法律など，多くの法律が制定，改正さ

れている。また，不動産所有権は民法の所有権法を基礎にして，用益物権法，担保物権法などのほか行政法にも及んでいる。所有権の内容を定める法令は多数ある。例えば，土地収用法（公共事業のための土地収用・使用），都市計画法（開発許可の制限），建築基準法（建築の規制），温泉法（温泉の掘さくなどの制限），航空法・特定空港周辺航空機騒音対策特別措置法・幹線道路の沿道の整備に関する法律（空港や道路周辺の土地利用制限），電波法（中継波の通路部分の建築制限），大気汚染防止法・水質汚濁防止法・騒音規制法（公害防止のための，機械設備等に対する制限），文化財保護法（重要文化財の管理の制限），鉱業法（鉱業権，租鉱権を土地所有権とは別の物権とした），農地法（農地の処分の制限）など。

　さらに，所有権の制限に関する立法は，国土利用計画法，公有地の拡大の推進に関する法律，土地区画整理法，自然環境保全法，自然公園法，都市公園法，都市緑地保全法，首都圏近郊緑地保全法，生産緑地法，都市の美観風致を維持するための樹木の保全に関する法律，古都における歴史的風土の保存に関する特別措置法，林業基本法，森林法，農業振興地域の整備に関する法律，農用地の土壌の汚染防止等に関する法律，土地改良法，鉱山保安法，採石法，温泉法，河川法，道路法，水道法，下水道法，建物の区分所有等に関する法律，鳥獣の保護及び狩猟の適正化に関する法律，砂防法，水防法，海岸法，工業用水法，建築物用地下水の採取の規制に関する法律，軌道法，廃棄物の処理及び清掃に関する法律，伝染病予防法，宗教法人法，消防法などに及んでいる。

(2)　災害対策基本法

　阪神・淡路大震災は，立法や法律・条令の運用にあたって危機意識をもつことの重要性を再確認させた。具体的には，不動産所有権については公益性をどのように捉え，公益性と私権との衝突にいかに対応するか，などが問われる。公益性と私権が真正面からぶつかる典型例が災害である。

　災害対策基本法は，国土並びに国民の生命，身体及び財産を災害から保護するため，防災に関し，国，地方公共団体及びその他の公共機関を通じて必要な体制を確立し，責任の所在を明確にするとともに，防災計画の作成，災害予防，災害応急対策，災害復旧及び防災に関する財政金融措置その他必要

な災害対策の基本を定めることにより，総合的かつ計画的な防災行政の整備
及び推進を図り，もって社会の秩序の維持と公共の福祉の確保に資すること
を目的とする（1条）。災害対策基本法に基づく災害基本計画では，震災，風水
害，火山災害，雪害，海上災害，航空災害，鉄道災害，道路災害，原子力災
害，危険物等災害，大規模な火事災害，林野火災などの災害対策について定
めている。

　災害法制の個別分野として，土砂災害防止法制がある。土砂災害は，地震
や豪雨によってしばしば惹起されてきた。土砂災害警戒区域等における土砂
災害防止対策の推進に関する法律（2000 年 5 月 8 日公布，2001 年 4 月施行。以下「土
砂災害防止法」という）は，1999 年広島を襲った土砂災害を契機に制定された（6
章 33 条から成る）。

　土砂災害防止法は，土砂災害から国民の生命及び身体を保護するため，土
砂災害が発生するおそれがある土地の区域を明らかにし，当該区域における
警戒避難体制の整備を図るとともに，著しい土砂災害が発生するおそれがあ
る土地の区域において一定の開発行為を制限するほか，建築物の構造の規制
に関する所要の措置を定めること等により，土砂災害の防止のための対策の
推進を図り，もって公共の福祉の確保に資することを目的とする（1条）。

　土砂災害防止法は，以上の目的を実現するため，①特定開発行為の制限，
②建築制限，③立入検査，④移転等の勧告などについて定めている。さらに，
罰則を設けている。それらの規制，制限は不動産所有権の内容のモデルを示
している。

　土砂災害防止法は，私権である不動産所有権が担うべき一般的機能につい
て，重要な示唆を与えている。同法における規制・制限の上記①〜④及び⑤
は，その具体的現れとして参考にすることができる。同法は所有者のみなら
ず，管理者又は占有者についても規制するが，考え方の基礎になっているの
は所有者であり，所有権であろう。不動産所有者に対して平時からの対応を
要求しており，かかる対応は災害防止に特有の問題であるとともに，生命に
関わる問題として普遍性を有する。

(3)　不動産所有権義務論

　現代的不動産所有権は，公益性を追求しなければならない。不動産所有権については，自由の制限という捉え方を進め，その内容に着目し，義務としての側面に注目することができる。土地の公共性を明確にし，例えば土地所有権の内容に土地供用義務を導入すべきであるとする学説（丸山英気『現代不動産法論』27 頁以下（清文社，1989 年））もある。以上は，不動産所有権が有する義務性を考慮するものであり，このような考え方を不動産所有権義務論ということができる（『新版注釈民法(7)物権(2)』314 頁以下（野村好弘，小賀野晶一）(2007年)，小賀野晶一・判評 432 号 40 頁以下（1995 年），同「不動産所有権のあり方について」日本不動産学会誌 70 号（日本不動産学会設立 20 周年特集）35 頁以下（2005 年））。

　不動産所有権が義務を伴うことについては一般的には指摘されているが，近代的所有権論から現代的所有権論という民法現代化の課題として具体的かつ総合的に探求すべきであろう。不動産所有権義務論では，不動産学のもとに規範と政策の双方が追求されるべきである。不動産所有権義務論は，規範論としては私的規範を濃密化させる。義務の実効性を確保するために私法だけでなく公法からの関与が必要である。明治の土地公有論は歴史的文脈で語られているが，不動産所有権の公益性を追求する場合，土地公有論からも有益な示唆を得ることができるであろう。

2　マンション法制度の整備

(1)　建物区分所有等に関する法律

　建物の区分所有については，1962 年に建物区分所有等に関する法律（以下「建物区分所有法」という。本法は「マンション法」とも称される）が制定され，民法の相隣関係法（さらに共有法）の当該規定は廃止された（208 条削除）。建物区分所有法の制定により，従来の水平的な相隣関係法に加えて，立体的な相隣関係法が導入されたのである。

　建物区分所有法は，一棟の建物に構造上区分された数個（2 以上）の部分で独立して住居，店舗，事務所又は倉庫その他建物としての用途に供することができるものがあるときは，この法律の定めるところにより，それぞれ所有権の目的とすることができると規定する（同法 1 条）。本法は建物の区分所有，

団地，罰則の3章から構成され，第1章「建物の区分所有」は，総則，共用部分等，敷地利用権，管理者，規約及び集会，管理組合法人，義務違反者に対する措置，復旧及び建替えの各節から成る。

　建物区分所有法は，区分所有者の権利・義務等について，「区分所有者は，建物の保存に有害な行為その他建物の管理又は使用に関し区分所有者の共同の利益に反する行為をしてはならない」（同法6条1項）とし，共同の利益に反する行為の停止等の請求（同法57条），専有部分使用禁止請求（同法58条），区分所有権の競売請求（同法59条），占有者に対する引渡し請求（契約解除・明渡請求）（同法60条）について規定する。かかる制度は，多数の権利者が密着して共同生活を強いられる区分所有関係の特殊性に基づく。したがって，これらの要件は厳格に定められるとともに，他の区分所有者の共同の利益と違反区分所有者の個別利益との調整が図られている。

　建物区分所有法は，高度経済成長期に建築された団地の建替え問題に典型的に現れているように，高齢社会の問題に直面している。

⑵　マンションの建替えの円滑化等に関する法律（2002年）

　20世紀後半に至り数十年前に建築されたマンションの老朽化が社会問題化し，そのなかで区分所有法制のあり方が問われるようになった。また，1995年阪神・淡路大震災は倒壊・損壊したマンションの建替え，修繕等の問題を噴出させ，これが契機となって法の整備が進められたのである。

　この法律は，マンション建替組合の設立，権利変換手続による関係権利の変換，危険又は有害な状況にあるマンションの建替えの促進のための特別の措置等マンションの建替えの円滑化等に関する措置を講ずることにより，マンションにおける良好な居住環境の確保を図り，もって国民生活の安定向上と国民経済の健全な発展に寄与することを目的とする（同法1条）。

　マンション建替組合による建替事業は，建物区分所有法62条による建替え決議が行われていることを前提とする。

Ⅷ　民法の展望——民法規範の研究

　本書は民法総則を基礎にして，人と人の関係，人と物の関係を中心に，民法の財産法を概観した。明治期に近代法として制定された民法典を柱とする民法は，民法典の改正，特別法の制定・改正，判例の蓄積，解釈論など法理論の進歩を通じて，近代法の原則に修正を加え，民法の現代化を遂げてきた。かかる民法現代化は，弱者保護・弱者支援の法理を形成，発展させている。他方，近代法の基礎にある合理人・合理的考え方の標準（規律，規範）は，端的には本書Ⅵ「債権総則」の規律にみられるように，近代法の延長線上にそのまま位置している。

　しかし，長寿化，認知症高齢者の増加などに伴い，判断能力の低下した人，判断能力に不安を感じる人が増加し人口の相当割合を占めてきた今日の社会において，このままでよいかは問題であろう。民法現代化において獲得した人間尊厳に基づく弱者保護・弱者支援の法理が一般化し，民法の原則的規範となることが必要ではないだろうか。民法規範のあり方を明らかにするために，本書Ⅱで概観した「民法の原則」が任うべき役割を再評価することも必要である。

　本章では，本書の結びとして，民法はどのようにあるべきかを中心に民法を展望する。

第1　民法の展開

1　概　観

　民法典の制定により近代法原則が導入されたが，社会の変化に対応して近代法原則は修正されてきた（近代法から現代法へ）。近代法原則の修正は法的には，民法典の改正，特別法の制定など民法現代化を通して実現し，主として自由の制限を内容とし，部分的に弱者保護・弱者支援の法理として結実している。以上は権利（私権）の展開として整理することができる。

　前述のように，民法の現代化を辿るためには，近代法原則とその修正を確認することが有益である。近代法がその規律や制度の前提とする合理人・合理的行動の標準が，地域生活にもたらす意義と問題点を明らかにし，あるべき規範を展望することが民法の研究課題となる。

図Ⅷ―1　民法の展開とあるべき規範

1　近代法　→　近代法原則の導入　⇔　合理人・合理的行動の標準（規範，規律）
2　民法現代化　→　近代法原則の修正（弱者保護，弱者支援）
3　高齢社会における民法　→　合理人・合理的行動の標準（規範，規律）の修正

⑴　民法典の改正

　民法典は社会経済的状況等の変化に対応するため，部分的に改正が進められてきた。戦後の主要な改正には以下のものがある。

1947 年　親族法・相続法の全面改正，1 条，1 条の 2（現 2 条）の新設

1962 年　同時死亡の推定及び代襲相続，建物の区分所有等に関する法律施行に伴う改正

1966 年　地下又は空間を目的とする地上権（地下空間地上権あるいは空中権）

1971 年　根抵当権

1979 年　準禁治産者の規定から聾者・唖者・盲者を削除

1980 年　法定相続分の変更

1987 年　特別養子

1999 年　成年後見

2003 年　担保物権及び民事執行

2004 年　民法典の現代語化。貸金等根保証契約

2006 年　法人（法人の設立・管理・解散に関する規定（38 条〜84 条）を削除）

2011 年　親権の喪失等，未成年後見制度，離婚後の面会交流等

2017 年　民法（債権関係）

2018 年　成年年齢の引下げ，相続法

2019 年　特別養子

⑵　特別法の制定

　私たちの生活は様々な分野に及んでいるが，社会経済の変化に伴い各分野において民法の修正が必要とされた。かかる要請に対して，国内法では民法特別法や解釈論によって対応した。こうして民法を中心にして多くの民法特別法が制定され，消費生活，生活支援，不動産，担保，金融，商事，不法行為など，民法規範は様々な分野に及んでいる（『六法』を読むことにより特別法を概観することができる）。

　例えば，所有権法及び契約法については建物区分所有等に関する法律（マンション法），借地借家法，消費者契約法等の消費者立法など，不法行為法については自動車損害賠償保障法，製造物責任法，大気汚染防止法など，複数の法律によって民法の規定が補充，修正されている。

　日本では民法典の改正は比較的慎重に行われてきており，特別法制定は民法典による規律の不足を補う役割も果たしてきた。なお，このことは　般法である民法と，その特別法との理論的，制度的関係を判例法の展開を考慮してどのように整理するかを考えさせるものである。

⑶　近代法における合理人・合理的考え方の標準（合理原則）

　民法の制度は近代社会（市民社会）の諸活動の基礎となり，また商品交換法の基礎となっている。民法は個人の人格（＝権利能力）を認め，個人の自由な意思に基づく生活を保障する。こうした考え方のもとに導入される制度は，ものごとを合理的に考えることができ合理的に行動することができる人（本書では合理人といい，合理人の行動を合理的行動という）を前提にする。ここにいう行動には，契約など法律行為を行うこと，事実行為を行うことの双方を意味する。そして，合理人と合理的考え方は一体となり民法規範の根本となっている。合理人は近代法が想定した人であり，国家の政策課題を実現するために法によって設定された人（抽象的人間）と捉えることができる。換言すれば，合理人とは近代法原則のもとで自由に活動し成果をあげることができる人をいい，民法が取引の動的安全（以下「取引安全」という）を重視していることは合理人を前提にしているということができる。

　民法は近代社会における市民の法（civil law）として，国家・社会を成り立

たせる基本となっている。合理原則，すなわち民法の合理人・合理的行動の標準は民法の規範として，近代法原則とともに 1960 年代の高度経済成長を支え，私たちの社会経済の発展をもたらした。そして，この考え方は民法の規律の根底において，今日に継承されている。民法の合理人・合理的行動の標準は，主張・立証責任の考え方として訴訟法的にも担保されている。

　債権法，特に債権総則は基本的には，合理人を前提にする近代法の考え方を維持している。債権総則における合理的考え方は債権各則にも影響している。2017 年改正民法は第 3 の法制改革期 (星野英一) の集大成となり得る壮大な事業の成果として評価されるものであり，繰り返し述べたように，定型約款の規定の新設，保証人保護の強化など特筆すべきであるが，民法・債権法における合理人・合理的考え方は維持されている。補足すると，公刊された債権法 (債権総則，債権各則) の教科書は近代法における合理人を前提にして，民法における合理性，論理性を徹底して追求してきたといってよい。このような研究は商法，会社法等の商事法ルールに位置し，あるいは接近する。しかし，このような姿勢は高齢社会の今日に適合するとはいえない。合理原則から人間尊厳の原則へ，問題意識を修正する必要がないだろうか。

２　弱者保護・弱者支援の考え方——民法と環境法の視点

　弱者保護・弱者支援の営みについては，経済学分野など一部からそのような政策が健全な競争を妨げるとの主張がみられるが，これは合理人・合理的行動の標準を前提とし，あるいはこれに疑問を感じない見解である。また，弱者の呼称に対しては，ハンディを有する者を弱者と扱うことは適切でないなどの理由から社会福祉分野等の一部に強い抵抗がある。しかし，地球環境問題に直面した今日，生物としての人間は誰もが等しく弱者であることを認識すべきであり，人間の社会的活動も生物としての人間の生存を前提とする以上，弱者の概念は不適切ではない。そして，このような考え方に立つことによって，健全な競争の規範も成立すると捉えるべきであろう。もっとも，弱者の概念は対の概念として強者の存在を連想させる。従来，合理人 (という強者) から外れる者として弱者を捉えることができたが，今後は弱者の概念を用いず，弱者・強者を超越する存在として例えば「人間」を用いることも

一案であろう。また，環境法の知見を踏まえると，「人間」ではなく「生命」を用いることも考えられる。環境法の通説は権利の主体は人であることを根拠に人間中心主義を採っているが，人間の生存は地球の存続を前提にしなければならないであろう。環境法の分野では，地球環境主義に立って自然（動植物）に権利主体性を認めるべきではないかとし，人間中心主義に対する問題提起が行われている。本書では合理人・合理的行動の標準に代わるべき規範として，弱者支援・弱者保護の規範を掲げ，これが民法の原則的規範となるべきであると考える。このように捉えることによって，真の人間尊厳が実現するのではないか。まちづくり，環境法，社会福祉法等の分野で目標とされる共生社会，持続的社会の考え方はここに位置づけられるものである。

　民法教科書は従来，資料として環境問題を扱うことはあったが，環境法の規範を自覚的に民法規範として導入することはなかった。しかし，これからは権利（及び義務）のあり方として個人，団体等に働きかけることが要請されている。情報化，グローバル化が進み，地域の利害関係がますます複雑化する今日，私たちの生活や生存のあり方を根本的に問い直す文明論ともいうべきものが必要であるが，環境問題から私たちの立ち位置を確認することも意味がある。以上のような民法学を環境民法論として位置づけることができるであろう（小賀野晶一『基本講義 環境問題・環境法（2版）』（成文堂，2021 年）参照）。

　以下，「寛容」と民法規範のあり方について補足し本書を閉じる。

第 2　民法と寛容な社会

1　寛容な社会とはどのような社会か

　65 歳以上の高齢者の認知症患者と有病率の将来推計（厚生労働省）をみると，2012 年は認知症患者が 462 万人と，65 歳以上の高齢者の 7 人に 1 人（有病率15.0%）であったが，2025 年には約 700 万人，5 人に 1 人になると見込まれている。今日，数字のうえでは誰もが認知症になり得るし，ガンにもなり得る。また，日常生活においてうっかりすることも少なくない。事故や災害にも遭い，地球環境問題の影響から逃れることはできない。

　他方において，日本社会は現在，間違ったと思われる「権利意識」が学校，

会社，団体，地域などに蔓延，いわゆる「モンスター」を輩出し，そうした風潮のなかで違法行為，犯罪行為も出現している（名誉毀損，暴行，傷害，いじめ，虐待などのほか，例えば道路交通における「あおり運転」もここに含めることができる）。高度情報化に伴う人間関係の希薄化，評価絶対主義の傾向などがモンスター輩出の風土を助長している面もあろう。「モンスター」の実態を明らかにし，問題の原因を総合的に解明することが必要である。

　裁判をとりあげよう。モンスターと苦情とはもちろん異質の問題である。苦情が受け容れられず裁判に至ることは当然の流れであり何ら非難されることではない。紛争処理のあり方としても，苦情を述べることや，話し合いをするか裁判をするかは，当事者の自由である。しかし，裁判は紛争の白黒を決着する方法であるところ，もめごとの性質や内容によっては裁判を回避する知恵や工夫が必要ではないだろうか。裁判外紛争処理（ADR）や和解はそのための方法である。

　前述した JR 東海事件の事案は当然のことながら「モンスター」と評価されるものではなく，「モンスター」とは無縁である。このことを確認したうえで，この事件については，（個別事情は捨象して）この種の事案における一般的問題として，訴訟による決着が適切であったのかを問うてみたい。この種の事案は私たちの生活の周辺に意外に多く存在しているのではないだろうか。問題が難しいのは，JR の提訴は適法であり，JR（さらにはここに関与する多くの人々）の権利・利益を守るために行われていることである。裁判は近代法の産物であり何人にも保障された基本権である。しかしながら，それでもなお，次の問いを発することは許されないだろうか。A が事故によって死亡したこと，亡くなる直前まで懸命に生きていた A（徘徊＝外出もその現れであろう），懸命に介護していた家族の姿を思うとき，これに少しでも報いるための対応が法的にも求められるべきではないだろうか。寛容な社会とは互いに慈しむ社会，人々が希望をもつことができる社会ということもできるであろう。これは道徳，倫理，あるいは宗教で求められる規範とも違う。過ちを許す（赦す）というとこれも少し違う。かように寛容とは曖昧な概念であるが，変化する日常の生活のなかから創りあげ民法規範として明確にすることが望まれる。

　民法に求められるべき規範として従来，以上のような「寛容」について言

及されることはあまりなかったように思われる。しかし，寛容の精神は地域
における慣習の重視，入会権の思想などその時代，その地域に存在していた。
高齢社会の今日，寛容な社会の形成を地域生活の目標として位置づけ，かか
る営みを自覚することが必要ではないだろうか。この問題は近代法原則の修
正の延長に位置づけられる現代民法の課題である。

2　民法の展開と規範──寛容な社会の法的条件

(1)　私的規範のあり方

本書は民法総則を基礎にして人，物，権利の基本を確かめ，民法概論（財産
法）として，人と人の関係，人と物の関係について概観した。そして，消費者
契約における民法・一般条項の活用，成年後見及び意思決定支援論，所有権
の義務化，契約における協働的関係，相当因果関係論の発展と寄与度論など
について問題を提起した。これらの問題は私的規範のあり方，私的規範の濃
密化に関係する。民法現代化のなかで，近代法原則が導入した自由に対する
制限は，人と人の関係において自らが行うべき義務の所在を明らかにしてい
る。人と物との関係においても，自由に対する制限として，法的，社会的に
物の循環が要請されている。人と物の関係は私的関係では物権法の規律のも
とにあるが，他方で環境法の規律のもとにある。人々は地域生活において，
循環型社会の形成のために，人と人，人と物のそれぞれの関係において一定
の義務を負っているのである（環境基本法，循環型社会形成推進基本法など環境立法
の規律及び各主体の責務規定を参照）。

民法規範は将来，私的規範の濃密化のもとで，生活法，取引法（民事取引，
商事取引），家族法の3つの規範とそれぞれ相互の関係が一層明確になるので
はないだろうか。そして，これら3つの規範を包摂したものとして新しい民
法規範を定立することが考えられる。

(2)　合理人の規範から人間の規範へ

寛容な社会を構築するために，弱者保護・弱者支援の規範を人間尊厳の規
範と位置づけ，その原則化，すなわち人間尊厳の民法システムを構築するこ
とが考えられる。新しい規範のもとで，個人の意思を絶対的に重視する意思

絶対主義を改め，新しい私的意思自治を確立し，生活及び生活関係において求められるべき規範を生命の尊厳，自然への畏敬に裏打ちされたものに転換することが望まれる（このような考え方はヒューマニティの思想と重なる）。

　法・政策等における弱者保護・弱者支援の営みについては，経済学，経済政策の一部に健全な競争を妨げるとの主張がみられるが，これは合理人・合理的行動の標準の規範に親和的な見解である。また，弱者の呼称に対しては，ハンディを有する者を弱者と扱うことは適切でないとして一部に強い反対があるが，高齢社会の今日，考え方を転換することが必要ではないだろうか。民法規範のあり方として，私たちは皆，弱い人であり弱者と考えることによって適正な規律が可能になると考えると，合理人の合理的行動を標準とすること（合理原則の考え方）は再考しなければならない。認知症高齢者の増加及びその傾向の実態など高齢社会の典型的事象を観察すると，このような考え方を否定することはできないであろう。

　人間尊厳の地域社会は，合理人・合理的行動の標準の規範に替わり，弱者支援・弱者保護の規範を民法の原則的規範と捉え，部分的規律にとどまらずシステム化することが必要である。日常生活自立支援事業など地域の魅力ある資源に注目し，連携や契約の方法を用いて，不動産の取引，遺言の作成，医療同意など地域生活における意思決定の支援を社会システムとして構築することが必要である。判断能力の低下した人だけでなく判断能力に不安を感じる人が利用することができる意思決定サポートシステムはここに位置づけることができる。これは地域の資源，創意工夫を活かすものであり住民からの社会改革の源となるものである。地域社会の問題を解決するために，社会システムの基礎になる考え方として問題提起をすることが必要である（小賀野晶一「高齢社会と民法の課題──生活に関する民法規範の研究」『社会の発展と民法学（上巻）』（近江幸治先生古稀記念論文集）95 頁以下（成文堂，2019 年），同「成年後見制度と意思決定サポートシステム⑴問題の所在──高齢社会と地域生活」判時 2375・2376 合併号 267 頁以下（2018 年）参照）。

事項索引

著者紹介

小賀野晶一（おがの しょういち）

| 1982 年 | 早稲田大学大学院法学研究科博士課程単位取得後，秋田大学専任講師，助教授，教授，千葉大学教授を経て， |
| 現 在 | 中央大学法学部教授　博士（法学）（早稲田大学） |

主要著作

『環境と金融』（共著）（成文堂，1997）
『人口法学のすすめ』（共編著）（信山社，1999）
『成年身上監護制度論』（信山社，2000）
『道路管理の法と争訟』（共著）（ぎょうせい，2000）
『成年後見と社会福祉』（共著）（信山社，2002）
『割合的解決と公平の原則』（共編著）（ぎょうせい，2002）
『判例にみる共同不法行為責任』（共著）（新日本法規，2007）
『ロースクール環境法（補訂版）』（共著）（成文堂，2007）
『現代民法講義（3 版）』（成文堂，2009）
『判例から学ぶ不法行為法』（成文堂，2010）
『民法と成年後見法』（成文堂，2012）
『賠償科学〔改訂版〕』（共著）（民事法研究会，2013）
『名誉毀損の慰謝料算定』（共編著）（学陽書房，2015）
『社会福祉士がつくる身上監護ハンドブック（2 版）』（共編著）
　（民事法研究会，2016）
『逐条解説　自動車損害賠償保障法(2 版)』(共著)（弘文堂，2017）
『民法（債権法）改正の概要と要件事実』（共編著）（三協法規出
　版，2017）
『植木哲先生古稀記念論文集　民事法学の基礎的課題』（共編著）
　（勁草書房，2017）
『認知症と民法』（共編著）（勁草書房，2018）
『認知症と医療』（共編著）（勁草書房，2018）
『認知症と情報』（共編著）（勁草書房，2019）
『平沼髙明先生追悼　医と法の課題と挑戦』（共編著）（民事法研
　究会，2019）
『リサイクルの法と実例』（共編著）（三協法規出版，2019）
『交通事故訴訟（2 版）』（共編著）（民事法研究会，2020）
『交通事故における素因減額問題（2 版）』（共編著）（保険毎日新
　聞社，2020）
『基本講義　環境問題・環境法（2 版）』（成文堂，2021）

基本講義 民法総則・民法概論 ［第2版］

2019 年 4 月 20 日　初　版第 1 刷発行
2021 年 1 月 20 日　第 2 版第 1 刷発行

著　　者　　小 賀 野 晶 一

発 行 者　　阿 部 成 一

〒 162-0041　東京都新宿区早稲田鶴巻町 514 番地

発 行 所　株式会社 成 文 堂

電話　03（3203）9201（代）　Fax 03（3203）9206
http://www.seibundoh.co.jp

製版・印刷　三報社印刷　　　　　　　　製本　弘伸製本
定価（本体 2800 円＋税）